家からみる江戸大名

前田家 加賀藩

宮下和幸

吉川弘文館

企画編集委員
野口朋隆
兼平賢治

刊行のことば

現在、日本の行政区分は四十七の都道府県にわかれているが、各地ではそれぞれの行事や祭礼が行われ、方言が残り、また食文化に違いがあるなど、いまだ独自の地域文化が残っており、これが豊かな現代日本を形成している。こうした地域社会独自の在り方において、特に大きな影響を与えたのが、泰平の世が約二百六十年以上に渡って続いた江戸時代だったのではないだろうか。江戸時代の日本列島は、現代よりもさらに細かい陸奥国や武蔵国といった旧国六十六州にわかれ、さらに大部分が将軍のお膝元である江戸を中心とした幕府の領地や、大名の領地である藩であった。細かく言えば、さらに朝廷や寺社の領地など、支配者である領主の違いによる様々な区分があった。いずれにせよ江戸時代の地域には様々な歴史や背景が異なる領主がおり、これによる支配が行われたのである。

本シリーズでは、こうした領主の中でも、江戸幕府を開いた徳川家や地域において大きな領主であった藩・大名家を取り上げる。現代日本において、徳川家は小学校社会科の教育課程から必ず学び、東京はまさに徳川家の城下町であり、世界でも有数の都市として発展した歴史を持っている。また、たとえば岩手県の南部鉄器や佐賀県の伊万里焼、徳島県の藍染めなど、大名家によって保護され、現在まで伝えられている地域独自の殖産興業は枚挙にいとまがない。これらは江戸時代の長きに渡り、領主や住民である領民、さらには時に外部の者によって、積み重ねられていった歴史や文化であり、他の地域には見られない独自の地域を形成する大きな土台となっている。本シリーズでは、こうした地域独自の在り方に注目して、徳川家や大名家をみていくことで、より豊かな江戸時代の日本を描いていくことにしたい。

また本シリーズのタイトルは「家からみる」としている。「江戸幕府」や「藩」は、そもそも当時一般的に使われていた用語ではなく、江戸幕府であれば「公儀」「公辺」「柳営」などと呼ばれ、藩もまた江戸時代後期以降に一般化したものであり、明治四年の廃藩置県によって正式に使用され、地域においては藩もまた「公儀」と称された。では、これらの政治組織は当時どのように称されていたのかというと、「家」や「御家」であった。少なくとも、江戸時代が始まった前期から中期にかけては、米沢藩よりも上杉家、薩摩藩士よりも島津家中といった方が一般的であった。徳川家では少なくとも十五世紀に遡って史料上活動が確認でき、右の上杉家や島津家さらに京極家など、中世において守護大名の系譜を引く大名家もいれば、金沢前田家や備前岡山池田家といった織田信長や豊臣秀吉に家臣として仕えて大名として取り立てられた織豊系大名など、もともと「家」が基盤にあり、これが江戸大名へと続いているのである。この中にはもともと徳川の家臣だった彦根井伊家などの譜代大名も含まれる。

日本における「家」が平安時代、藤原氏など貴族の「家」や、「兵の家」と呼ばれた源氏や平氏などの武家において誕生して以来、一部を除き、人々は「家」に属することが一般的になった。「家」は、家長（当主）を頂点として、家名、家産、家業の永続を図る世代を越えた組織であり、家長が祖先崇拝を担い、本分家という同族と婚姻による親類を軸として、非血縁の家臣・奉公人をも包み込んだ社会集団であった。江戸時代、武家をはじめとした諸身分の社会的基盤は「家」であり、現代に至るまで日本の社会に大きな影響を与えている。本シリーズでは、こうした側面から徳川家や大名家をみてみることで、江戸時代の領主とはどのような歴史的性格であったのかを従来とは異なる視角からとらえていくことを目指している。さらに、こうした「家」的支配の在り方は、日本に限られたことではない。同時代、たとえば、中央アジアから西アジアにはオスマン帝国を創建したオスマン家がスルタンを名乗りカリフの宗教的権威も兼ねて統治をしていたし、ヨーロッパでもハプスブルク家がドイツ・オーストリアを中心に広くヨーロッパを支配していた。もちろん、これらの「家」は組織形態も構成員等も異なるものであるが、当主と妻をはじめとした親族組織を中核とする「家」は世界史でもみられ、とりわけ前近代においては特徴的な支配形態であった。こうした点を踏まえて各帝国・王国などの「家」を比較していくことで、世界史レベルでの各国史の特徴を明らかにしていくことも可能となる。ただし、本シリーズではまず日本の江戸時代における「家」の特質や新しい側面を徳川家や各大名家の個性にも着目しながら明らかにしていくことを目指し、こうした点も視野に入れているという点に留めて、今後の課題としていきたい。

二〇二三年三月

野口朋隆
兼平賢治

目次

プロローグ——加賀前田家と「御家」

「百万石」をまとう加賀前田家

本巻で取り上げる加賀藩については膨大な研究蓄積があるとともに、一つのストーリーが広く地域に浸透しているようにおもわれる。それは、おおむね次のようなものではないだろうか。尾張荒子《あらこ》出身の前田利家《まえだとしいえ》が織田信長《おだのぶなが》のもとで出世を重ね、その後北陸において有力大名となると、豊臣秀吉《とよとみひでよし》の盟友として五大老のなかでは徳川家康《とくがわいえやす》と肩を並べる存在となり、藩祖として加賀藩の礎を築いていく。そして利家の跡を継いだ前田利長《としなが》は、緊迫する情勢において徳川家に恭順する選択をして「百万石」を領有する「外様の大藩」となり、さらに前田利常《としつね》が将軍徳川秀忠《ひでただ》娘の珠《たま》と婚姻し、徳川将軍家との関係を強化したことで、参勤交代や江戸屋敷の規模にみるように、他藩とは比べることができないほどの存在にのぼりつめた、というものである（幕末期には、その立場に安穏として「維新のバス」に乗り遅れたとの話が付属する）。

これは、地域の人々にとっては大切なストーリーとなっており、とりわけ「百万石」というフレーズは、藩の規模のみならず、加賀前田家の特別な地位や、当時の政治・経済の規模を表現する場合などで多様に用いられている。現在でも、「百万石」はきわめてポジティブに捉えられて観光や地域おこしといった場面で頻繁に使用されていることからも、この地域の人々が地域を誇り賞賛する際の魅力的なフレーズであることは間違いない。

しかし、このストーリーは堅実な研究蓄積による成果というよりも、いわば「百万石」のフレーズが半ば一人歩きしたことによって構築された、ひとつのストーリーとして成立しているようにみえる。明治六年（一八七三）に創建された尾山《おやま》神社は、前田利家の功績を永久に讃えることを目的とし、「旧藩祖」と「旧藩」の顕彰、すなわち「加賀百万石」の記憶装置として地域に受容されたとの指摘がある（本康宏史、二〇一九）。また、明治二十年代以降は全国的に「紀年祭の時代」といわれ、この地域でも金沢開始三百年祭、藩祖三百年祭、尾山神社昇格祭などが開催されており、前田家と地域が「旧藩」の記憶により結びつき、歴史意識を共有することに繋がっていった。もちろん、このような顕彰の動きは全国的な潮流であって、けっしてこの地域にかぎったものではないことに留意すべきであるが、加賀藩、そして前田家を誇る意識がこの地域で醸成され、大切にされたことは、「百万石」意識を高めたものとおもわれる。

ちなみに、このような傾向は、実は幕末期からすでにみられる。本論でも触れるが（第一章）、幕末期に家臣が提出した意見書には、前田利家の多大な軍労によって百万石規模の大藩となったにもかかわらず、動くべきところで動かなければ、利家の武徳を失墜させて衰廃の汚名となる、との発言がある。別の意見書でも、「藩屏」としての役割と「祖宗」（利家）以来の恩義を結びつけて具体的な政治行動を藩組織に求めており、前田利家が政治的文脈のなかで使用されている。幕末期に浸透した「藩」の語と、その礎を築いたとされる利家が繋がり、「藩祖前田利家」との認識になったとみられ、「百万石」の大藩と「藩祖前田利家」は、幕末期からキィワードとして結びついているのである。

しかし、近年ではこのような「百万石」意識が「めぐりめぐって、利家・利長研究の足かせになってきた」と、警鐘が鳴らされている（大西泰正、二〇一九）。この批判が的を射るものであり、「百万石」意識が本当に研究の足枷になってきたのだとすれば、それは加賀藩研究全体にかかわるものと認識して向き合わなければならないが、そこで鍵になるのは大名家の視点、つまり加賀藩ではなく加賀前田家の視点による分析である。近年、「御家」に注目した大名家の研究が精力的にすすめられているが、このアプローチによってあたらしい成果が生まれる可能性がある。

「御元祖様」から「皇室の藩屏」へ

加賀前田家については、近年では前田家における年寄（他大名家の家老に相当）に注目し、養子の相続過程や相続観念の検討から、「御家」形成の規定要因を探る試みもなされており（林亮太、二〇二三）、今後の研究成果が期待される。

このような傾向も踏まえつつ、本巻では史料で「御元祖様」や「御祖宗」と表現される前田利家から、幕末維新期に当主であった前田慶寧《よしやす》までを分析の対象とするが、近代の華族制度のなかで「皇室の藩屏」として生き抜いた前田利嗣《としつぐ》についても、若干ではあるが触れておきたい。それは、分析の射程を長く設定することによって、「御家」をとりまくさまざまな内容を取り上げることが可能であること、さらに近世と近代をはっきりとは断絶させないことで、その歴史的な推移を確認できると考えるためである。

本巻のねらい

よって、本巻では加賀前田家について、「御家」を意識しながら論じていく。具体的には、前述のとおり前田利家から歴代当主を取り上げることとし、歴代当主の言動や政策を中心に整理していくなかで、近年あらたに出された研究成果をできるだけ取り上げてみたい。

前田利家が織田信長に仕官後、所領が急速に拡大するなかで家臣団も膨れあがっていくことになる。「先祖由緒并一類附帳」（金沢市立玉川図書館近世史料館蔵。以下、とくに断りのない史料については同館所蔵）の分析によると、当時の家臣団では朝倉旧臣が多いことが特徴とされるが、金沢を拠点としてからは朝倉旧臣や柴田旧臣に加え、武田や上杉、後北条などの旧臣も召し出されている。また、人数としては尾張出身者も多く、尾張荒子時代に召し出された「荒子衆系」と、かつて織田信長の家臣であった「信長旧臣系」に大きく分けられるという（佐藤孝之、二〇一六）。つまり、急速に拡大する家臣団をどのようにまとめ上げるのか、いわゆる家中統制が喫緊の課題になったのであり、それ故に慶長七年（一六〇二）には家中でも歴戦の雄であった太田《おおた》長知《ながとも》の誅殺一件が発生する。徳川と豊臣の対立が家中にも入り込み、まさに家中を二分するかの状況に至ったことで、前田利長は自身の考えと異なる見解を示していた太田の誅殺を命じている。そして、この利家・利長期については、前述のように通説が近年批判的に再検討されているため、取り上げておきたい。また、利家が東北大名の「取次」を勤めたことから、近世において盛岡南部家とのかかわりが深いことや、さらに幕末期や近代において利家が顕彰される藩祖顕彰の動きがあらわれていることも明らかにしていく（第一章）。

そして、急速に拡大した家臣団をどのように編制し統制するかはその後も課題でありつづける。家中をまとめきれていなかった前田利常は、大坂両陣を好機として本多《ほんだ》政重《まさしげ》・横山長知《よこやまながちか》両名を中心とする体制を構築するが、この大坂両陣での戦功書上の内容に特徴がみられるという。また、利常による分家創出や、家督を相続した前田光高《みつたか》が家臣の人材難に直面するなか、隠居の利常に対して有力家臣の譲渡を願い出た一件もこの時期の特徴であり、近年は藩統治機構のあり方としての「藩公儀」が提唱されている（第二章）。

その後、徳川家による全国諸大名の統制が確立していく過程で、加賀前田家においても「中興の祖」とも評される前田綱紀《つなのり》の主導により、「御家」が確立していったとみることができる。この綱紀期に幕末期まで続く職制が整備され、さらに江戸城殿席や武家官位、陪臣叙爵などによって御三家に準じる前田家の家格が定まったことからも、綱紀が「御家」の確立に果たした役割は大きかったが、その一方で、綱紀は足軽や小者に至るまで家臣の家の由緒を調べ、さらには寺社や町年寄の由緒までも調査しており、このような由緒の世界が、綱紀の意識にも影響を与えた可能性が指摘されている（林亮太、二〇二三）。つまり、大名と家臣が互いの関係を家同士の関係性として歴史的に捉え返すことで、「御家」の意識が浸透していったということになろう（第三章）。

その「御家」については、大名家が何より安定的でなければならないが、近習出頭人《きんじゅうしゅつとうにん》の問題が表出したことで揺らいでしまい、前田吉徳《よしのり》の死去後には加賀騒動という御家騒動が発生している。近年は騒動の経緯が明らかになるなかで、部屋住格大名としての重煕《しげひろ》・重靖《しげのぶ》、そして仮養子をめぐる評価に相違がみられる。また、大名家による家紋の独占も大名家の権威を高める目的がある以上、当該紋の使用をめぐる一門筆頭の前田家（直之《なおゆき》系）との軋轢も、「御家」の問題として捉えることができる。そして、前田重教《しげみち》の隠居における将軍連枝からの養子問題は、まさに「御家」にかかわる重大なものであったが、当主の早世が相次ぎ、武家官位が下がる可能性があったなかでの隠居であり、御三家に準じるという前田家の家格を守るために、将軍連枝から養子を求めた可能性がある。やはり、いかにして「御家」を維持するかは重大な問題であり、ここでは前田家における「一揆国」認識もみてとれる（第四章）。

さらに幕末維新期については、年寄奥村栄実《おくむらてるざね》から「言路」と「一致」の重要性を諭された前田斉泰《なりやす》と、嫡男で徳川将軍家の血を引く前田慶寧が、混迷する政局にあってどのような国事周旋をおこなったのかを詳細に検討する必要がある。一歩間違えれば「御家」が潰えるという危機意識のもとで、「一致」を導くために斉泰や慶寧は幾度も決断を求められ、藩是《はんぜ》や「藩論」が決定するが（「藩公議」）、そこにみえる選択と決断の連鎖を解明することは、「御家」の視点で考える上でも不可欠であろう。そして近代に入ると、前田侯爵家として「皇室の藩屏」を標榜しながら生き抜いていくことになる（第五章・第六章）。

以上、本巻ではこのようなアプローチにより分析していくが、これは先に述べたように加賀前田家の視点を意識した分析となる。長らく加賀藩研究として重厚な成果が出されてきたなかで、「御家」の視点による研究成果は、これまでとは異なるあらたな地平を切り拓くものとなるはずである。

一　北陸に雄飛する前田家

利家・利長

1　織豊期の加賀前田家

まずは、加賀前田家の祖である前田利家について、近年の研究成果を取り上げながら概観したい。

前田利家　利家は尾張荒子に生まれ、幼名を犬千代、織田信長に仕官した後に初陣を果たし、孫四郎を名乗ったという。のち又左衛門尉と改め、まつ（芳春院）と婚姻する。永禄初年には信長の赤母衣衆《あかほろしゅう》となるも（諸説あり）、同朋衆の十阿弥《じゅうあみ》を切ったことで出仕停止の処分を受けている。しかし、処分期間もひそかに活動し、今川義元《いまがわよしもと》、そして斎藤龍興《さいとうたつおき》とのあいだでおこなわれた桶狭間、美濃森部の両合戦に加わり功績を挙げたことで、家臣団に復帰することが叶っている。

永禄十二年（一五六九）には信長の命令によって兄にかわり家督を相続し、荒子城の城主となった。元亀元年（一五七〇）以降は、大坂本願寺、越前朝倉氏、近江浅井氏との合戦など、織田信長の領土拡大にともなう合戦に従軍して功績を挙げており、天正三年（一五七五）の武田勝頼《たけだかつより》との長篠合戦にも前線で鉄砲隊を率いて戦ったという。そして、同年の越前一向一揆攻めでの功績により府中三人衆（不破光治・佐々成政・前田利家）の一人として越前府中で三万三千石の大名となり、柴田勝家《しばたかついえ》の与力《よりき》をつとめた。

その後、天正九年に能登一国が与えられて国持大名となると、利家は能登畠山氏の家臣であった長連龍《ちょうつらたつ》らを与力とし、七尾《ななお》城の整備を実施したようである。翌九年、上杉景勝に従っていた長景連《かげつら》が奥能登に侵攻して棚木《たなぎ》城を制圧すると、一族の長連龍を派遣して討ち取っているが、その際に在地で抵抗して捕虜となった者たちの取り扱いについては、利家が全員殺害を命じるなど厳しい態度で臨んだとされる。

しかし、天正十年六月二日に本能寺において織田信長が明智《あけち》光秀《みつひで》に討たれると、能登の状況も大きく変容し、上杉勢が攻勢を強めるなかで能登畠山氏の家臣であった温井《ぬくい》景隆《かげたか》、三宅《みやけ》長盛《ながもり》らが石動山《せきどうさん》天平寺の衆徒らと蜂起している。利家は金沢にいた佐久間《さくま》盛政《もりまさ》に援軍を求め、両者は石動山・荒山に展開する抵抗勢力に攻めかかり勝利すると、さらに石動山を焼き討ちしてことごとく屈服させ、能登の安定化をすすめていった。

一方で、本能寺の変による信長死去後の政権継承をめぐり、羽柴秀吉と柴田勝家との関係が緊迫化していく。天正十一年正月、伊勢の滝川一益《たきがわかずます》が勝家を支持して挙兵すると、秀吉は軍勢を率いて攻撃を仕掛けているが、それに呼応するかたちで柴田勝家も挙兵したことで、利家も勝家に従って出陣している。そして同年四月、秀吉と勝家の軍勢が賤ヶ《しずが》岳《たけ》において激突すると、利家は越前府中に退却し、秀吉に降伏してからは勝家が自害した越前北庄《きたのしょう》攻めから金沢に至るまでの戦闘に参加している。

合戦後、利家は加賀国河北郡・石川郡を加増されて金沢に入り、その後金沢の名を「尾山《おやま》」に改めたという。なお、この改称については諸説がある。古くは佐久間盛政による改称説や、「尾山」「金沢」が併用された時期があったとの説があったが、利家が「尾山」に改称したとの説が出されると、利家が「尾山」に改称するも中央では「金沢」が使用され続けたため、「尾山」が定着しなかったとの見解が示された。近年この見解に対して、地名と城郭名を同一に捉えているのではないかと述べて、利家はあくまでも城郭名を「尾山」に改称したのであり、すでにあった地名としての「金沢」は変更しなかったのではないかとの指摘がある（大西泰正、二〇二一a）。

その利家は、金沢に入ると本格的に金沢城普請に着手しており、村々に普請人足を課している。天守については天正十四年ごろに築かれたようで、鉄の輸送を敦賀の商人高嶋屋伝右衛門に命じており、翌十五年に南部家家臣の北信愛《きたのぶちか》が金沢を訪問した際には、天守において饗応したとされる。また、地域への政策としては有力な百姓との関係構築として扶持百姓の創出が挙げられる。この扶持百姓については、天正期の統治問題や水運利用などの地政的要件により能登の百姓が多いが、その多くが慶長期になると十村《とむら》に任命されており、この十村制度が改作法を実施する素地となる（第二章）。また、天正期には幾度か検地も実施され、秀吉による小田原攻め直前には、測量なしの「一免四分増高」を強行して百姓の激しい抵抗を引き起こしている。そのほか、寺社については統制を加えながら、前田家の政治的権威を高めるツールとして利用する側面がみられる。

ところで、天正十二年に羽柴秀吉と徳川家康が戦った小牧長久手《こまきながくて》の戦いについては、その影響が全国に波及しており、北陸では家康と通じていた越中の佐々成政《さつさなりまさ》によって能登末守《すえもり》（末森）の合戦が発生し、城を守っていた奥村《おくむら》永福《ながとみ》の奮戦と利家の急襲によって成政を撃退している。その後も鳥越《とりごえ》城や倶利伽羅《くりから》において佐々勢との交戦は繰り返されたが、同十三年秀吉の越中出陣により成政は降伏し、その所領が越中新川《にいかわ》郡に縮小されると、のこりの砺《と》波《なみ》・射水《いみず》・婦負《ねい》の三郡が利家嫡男の前田利勝（利長）に与えられている（新川郡については、成政転封後に利家預かりとなり、その後利家に下賜される）。

五大老として

天正十三年（一五八五）、前田利家は豊臣秀吉から羽柴筑前守を譲られたとされ（後述）、以降は豊臣大名としての地位を固めていくことになる。同十八年、服属を拒否する姿勢を示した北条氏《ほうじょううじ》政《まさ》・氏直《うじなお》父子に対して秀吉が諸大名に出陣を命じると利家も出陣し、北国方の軍勢を取りまとめる役を担っている。参議中将となっていた利家は、一連の過程で武蔵鉢形《はちがた》城、八王子城を攻略し、関東・東北平定後の翌十九年には秀吉に従って参内し、清華《せいが》に準ずる待遇を受け、豊臣政権下においては嫡男利長とともに御伽衆《おとぎしゅう》に加えられている。

そして天正二十年、朝鮮出兵に向けて秀吉が出陣すると、利家もそれに従い肥前名護屋に入っているが、その後秀吉が秀頼《ひでより》の誕生により大坂に戻ったため、利家も二ヵ月あまりの在陣で帰還している。この朝鮮出兵において秀吉が朝鮮に渡海することを家康と利家が諌めたという話に着目し、これは両者が諸大名とは別格の地位を与えられて協働した事例であり、「二大老」制というべき関係性がみられるとの指摘がある（跡部信、二〇一六）。また、利家は文禄三年（一五九四）正月に上杉景勝《うえすぎかげかつ》や毛利輝元《もうりてるもと》とともに従三位に叙せられると、四月には権中納言となっているが、これは先の二人よりも早く、利家が秀頼を守る立場であることを明確にする秀吉の意図があったものとおもわれる。

文禄四年段階での前田家の所領は、加賀・能登・越中三ヵ国で七十七万石におよび（利家二十四万石、利長三十二万石、利政二十一万石）、利家自身も慶長元年（一五九六）には従二位権大納言となり、大老として家康と協働していくに相応しい格が付与されていった。同三年四月、利家は家督を利長に譲ったとされているが、この隠居については近年疑義が呈されている（大西泰正、二〇一六）。いずれにせよ、利家の影響力はなお大きく、同年八月に秀吉が死去した後も伏見・大坂にて豊臣秀頼の傅役をつとめながら、独自の行動を強める家康とそれに反発する者たちとのあいだで周旋しており、利家と家康が双方を訪問するなどの関係性もみられたが、同四年閏三月に利家は大坂で死去した。死に際して、兵の配置など十一ヵ条の遺誡を出したことは有名だが、これについても近年は疑義が呈されている（後述）。

前田家と南部家

豊臣秀吉の信任を得た前田利家は、いまだ秀吉に従わない関東・東北の諸大名と交渉する役目を担ったが、服属後も一部の大名と関係性を有し、「取次」として豊臣体制における政策助言や普請などの動員にかかわっていた。利家は、奥州の有力大名である南部《なんぶ》信直《のぶなお》の「取次」として天正十四年（一五八六）以降に関係性を強めており、翌十五年に信直の家臣であった北信愛が金沢を訪問したときには、同人を金沢城の天守において饗応したとされる。また、南部家が小田原に参陣し、信直の嫡子が元服した際には、烏帽子親をつとめた利家の「利」の字を拝領したという。その後、のちの五奉行の一人浅野《あさの》長政《ながまさ》が東国諸大名の「取次」となり、南部家も同様に長政に配属したことから、有力大名による分権的な「取次」体制から、秀吉側近の有力奉行層による集権的な体制に移行したと捉えられたが、実際はそう単純に推移しておらず、豊臣秀次の失脚と秋田での騒動が相まって、慶長元年（一五九六）から再び利家が「取次」として南部家と深くかかわっており、慶長初年に南部家が課せられた伏見作事板の廻送の遂行については、利家が関与していたことが明らかになっている（西野隆次、二〇〇三）。

そして、徳川の世となっても前田家と南部家とのかかわりは継続することになる。享保十一年（一七二六）には、鳥取池田家を通じて南部信視《のぶみ》が前田吉徳に繋がりを求めているが、そこでは豊臣時代に利家と信直が「通路」を結んだこと、信直の嫡男が利家の一字を所望して利直《としなお》と改称したこと、さらには利家が奥州在陣の際に長柄鎗百本を所持したうちの十本が南部家に伝来していることが伝えられ、前田家はこれらを覚えていないかもしれないとの付言もある。ここにある「通路」とは、大名家の当主を主体とする家と家との交際を意味し、当主のほか、正室や子女による通信や贈答などをともなう交際と捉えられるが（第三章）、おそらく享保期には前田家と南部家との「通路」が途絶えた状況になっており、南部家としては当主の代替わりを機に前田家との「通路」を再構築しようとしたのであろう。また、元文三年（一七三八）には信視から「利」の一字を用いて改名したいとの問い合わせがあり、前田家としては問題ない旨を伝えたところ、利視《としみ》と改め、嫡男とともに前田家の江戸上屋敷である本郷邸を訪問したという（瀬戸薫、一九九九）。それが縁になったのか、翌四年には吉徳養女の繁（大聖寺前田利章娘、のち弓）が南部家の嫡男利雄《としかつ》に嫁いで姻戚関係が構築され、宝暦十年（一七六〇）には前年の大火で類焼した金沢城の再建に使用する木材五千本が南部家より送られており、金沢に運んだ南部家家臣には褒美が与えられている。

その後も関係は続き、明和元年（一七六四）に前田重教は南部利雄父子を江戸本郷邸に招いて能を催しており、寛政二年（一七九〇）には前田治脩《はるなが》父子が南部家の江戸外桜田邸を訪問して琉球行列を見学している。そして、同七年にも南部利敬《としたか》が本郷邸を訪問しているが、そこでは「往昔より御字、利の字進められる儀など、（中略）御旧例なり」（「政隣記」十八）との認識が示されている。たしかに、利直の事例を由縁として「利」の字を南部家の当主が用いたことは確認できるが、このことについて文化十年（一八一三）には、「利」の字はすでに南部家の通り字同様のため、そのつど無心しないようにしたいと要望が出され、前田家が受諾すると、南部利敬より御礼の使者が本郷邸を訪問している。

幕末期においてもその関係性は変わらなかったようで、嘉永二年（一八四九）には南部利剛《としひさ》が本郷邸を初訪問する際の作法書が前田家側で作成されているが、その末尾には文政八年（一八二五）の利済《としただ》、天保七年（一八三六）の利義《としとも》の初訪問時を参考にしたと記されていることから、南部家の当主が相続後に前田家を訪問することが慣例になっていたことがわかる。さらに慶応二年（一八六六）、飢饉にみまわれた南部家に対して金沢から米七千石を提供しているが、翌三年七月には御礼の使者が金沢を訪問している。

以上のような前田家と南部家の関係性について、「丑閏十二月（延享二年）改」と記載された「御通路帳」には、前述した本家の利視・利雄のほか、八戸二万石の南部家、のちに七戸を立藩する旗本麴町南部家、同じく旗本の三田南部家の当主の名が確認できる。また、明和期から明治初年まで書き継いだと考えられる「御通路諸侯」では、利敬・利用《としもち》・利済・利義・利剛・利恭《としゆき》の歴代当主だけではなく、利正《としまさ》から利剛までの夫人の名もみえる。そのほか、信房・信真《のぶまさ》・信経《のぶつね》・信一《のぶかず》・信順《のぶゆき》と続く八戸の当主らや、信鄰《のぶちか》・信誉《のぶのり》・信民といった七戸の当主も書き記されており、南部家の本家および分家との「通路」が確認できる。

さらに明和五年段階では、前田家の「一門」が書き上げられた箇所に、「大膳大夫（利雄）」の名がみられるが

(「勝興寺御帰俗一巻」一二)、これは前田吉徳養女と南部利雄の婚姻によって南部家が前田家の「一門」に該当したということだろう。以上のように、前田家と南部家については、大名家同士の関係性が途中で再確認されつつも、幕末期まで継続した典型的な事例といえるのではないだろうか。

前田利長

次に、利家の跡を継いだ前田利長についてみていきたい。尾張荒子に生まれた利長は、父が前田利家、母が芳春院で、幼名は犬千代、のちに利家嫡男として孫四郎を称している。織田信長に出仕後、父の利家が天正九年(一五八一)に能登一国の国持大名となると、利長は利家が以前領有していた越前府中を与えられ、信長娘の永《えい》と婚姻している。同十一年の賤ヶ岳の戦いでは父と行動を共にし、戦後は越前府中ではなく加賀松任四万石を与えられ、翌十二年の末守(末森)合戦で佐々成政に勝利して同十三年に成政が秀吉に降伏すると、利長は越中西三郡(砺波・射水・婦負)を領有し、さらに羽柴姓を許されて従四位下侍従、肥前守を称したとされる(肥前守を称したのは文禄二年とする見解もある)。さらに、天正十七年に権少将、文禄四年(一五九五)に権中将、慶長二年(一五九七)には参議に昇叙し、豊臣大名としての地位を確立していくが、これら官位昇進についても史料によって異同がある。

天正十八年の小田原攻め以前には利長と名を改めていたようであり、慶長二年には富山城を居城としていた利長は、通説では翌三年四月に利家の後継として家督を相続、官位は従三位権中納言になったとされる(近年、利家は最後まで家督を譲らず、昇叙の時期も同三年八月との指摘がある)。父と同様に豊臣秀頼を支える役目をつとめていたが、同四年の利家死去後、利長は大坂から金沢に戻っており、その後にわかに利長を征伐する動きが徳川家康にみられたという。家康との関係が悪化するなかで、利長は家康との融和につとめ、結果として母の芳春院を江戸に下向させることで一応の落着をみることになる(後述)。

そして、慶長五年に上杉景勝討伐の命令が届くと、利長も対応すべく動きはじめるが、上方で石田三成らが挙兵したことで利長は家康と合流すべく南下しており、石田方の大聖寺城《だいしょうじ》を攻め落としている。その後、越前まで進軍したところで急遽反転し金沢に戻っているが、そのときに加賀小松の浅井畷《あさいなわて》において小松城の丹羽長重《にわながしげ》と交戦し、結果として手痛い被害を出している。反転の理由としては、利長の南下に対して石田方の大谷吉継《おおたによしつぐ》が海路から金沢を攻撃するとの話が入ってきたこと、徳川方の伏見城陥落、越後における一揆蜂起などがあげられている。

帰国後、利長は家康からの要請で再度の出陣を計画するが、当時能登を所領としていた弟の前田利政《としまさ》が最後まで動かず、その影響もあって参集が遅れ、関ヶ原の合戦には間に合っていない。結局、出陣しなかった利政は改易となり、利長と浅井畷で交戦した丹羽長重も改易されたことで、先の大聖寺山口宗永《やまぐちむねなが》の所領と合わせて利長は加賀・能登・越中三ヵ国で百二十万石を領有する大名となった。また、合戦の翌年には徳川秀忠娘の珠と利家の四男で利長の養子となった利常との縁組がまとまったが、このことを江戸に滞在する芳春院との人質交換とみなして前田家への厚遇、すなわち徳川家と前田家の繋がりが強化されたとみる向きがある一方、利常が秀頼と義兄弟になったことに留意すべきとの見解もある。たしかに、慶長八年家康の征夷大将軍補任、同十年徳川秀忠の補任では、利長は京都伏見にて両者に拝謁するなど徳川家重視の姿勢を示しているが、この時期には豊国神社を二度参詣し、利長は署名に「はひ（羽柴肥前守）」を使用するなど、豊臣恩顧の大名である意識も読みとれるようにおもわれる。

隠居後の利長と領国統治

前田利長は慶長十年（一六〇五）に隠居し、家督を前田利光《としみつ》（利常）に譲って自身は越中新川郡二十二万石を隠居料として富山城に入っている。隠居後における利長の権力性、つまり利長から利常への権力移行については、利長と利常を並列的にみて二元的な支配体制があったとの見解が通説的で、有力家臣の補弼がありつつも若くして家督を相続した利常に一定程度の権力性をみてとる傾向があった。そのなかで近年では、富山にいる利長が金沢の年寄衆や横目衆らを介して自身の意向を反映させていたことや、家臣らに新恩給与や所領安堵をおこなって引き続き主君としての実権があることを家臣団に認識させていることから、前田家の家長たる利長が実質的に隠居政治を展開しており、加賀・能登・越中の三ヵ国を統治していたと評価されている（萩原大輔、二〇一五）。

つまり、利長は隠居後も利常の領国経営に対して関与し続けていたことになるが、この利長隠居については、前田家存続を将軍秀忠の娘と婚姻した利常に任せ、利長自身は豊臣恩顧の大名として秀頼を守るための行為であったとの理解がある一方で、隠居後も利長は親徳川で一貫しており、前田家の権力を掌握しながら徳川家との関係強化、そして家臣団統制につとめたと評価すべきとの見解も提示されている。かかる評価は、前田家が近世大名家としていかに成立し存続していくかにおいて重要な論点であり、さらなる史料の提示・分析が期待される。その後、慶長十四年に発生した富山大火により富山城が焼失したため、利長は高岡にあらたな城を築き、拠点としている。なお、近年の研究では富山城下についてはそれほど焼失しておらず、なぜ利長は富山城再建ではなく高岡城の新築を選択したのか、利長を取りまく当時の政治状況と利長自身の考えを分析すべきとの指摘がある（萩原大輔、二〇一四）。

また、どうやら利長はこのころには腫れ物を患っていたようで、将来を見据え、自身の家臣団を金沢に戻すことや、隠居料の返上、城の破却などを幕府に申し入れ、慶長十六年には過去に登用していた本多政重を藤堂高虎《とうどうたかとら》を介して再び前田家に迎え入れている。徳川家の重臣本多《ほんだ》正信《まさのぶ》の次子である政重は、大谷吉継や宇喜多《うきた》秀家《ひでいえ》、直江《なおえ》兼続《かねつぐ》らに仕えたとされるが、この政重登用の評価についても、幕府の主体性を指摘するもの、なかでも政重の父正信と兄正純に主体性を見出して前田家もそれを受け入れたとするもの、さらには利長と政重の旧縁を重んずる見解も出されている。政重登用における直接的な主体をいずれに見出すかはともかく、政重は五万石の知行を与えられるなど重用され、本多家はその後も格別の家柄であり続けたことから、「御家」分析においても重要な分析対象である。

そして利長は、利常と家臣団に対して慶長十六年に遺誡を残し、同十九年に死去している。この遺誡については、徳川家への忠誠こそが前田家の存続条件と確信した利長が、それを利常と家中に求め、若き利常には当主としての自覚を促し、家中には対立を諌めて利常への忠誠を要求する内容であった（見瀬和雄、二〇一五）。しかし、この遺誡については原本の存在が確認できないこと、数十名の家臣に宛てられているにもかかわらず、何らの記録・口伝も残されていないといった疑義があり、大部分は後世の創作であるとの指摘があることにも留意したい（大西泰正、二〇二一b）。そして利長の死因についても、「懐恵夜話」の記述を重んじた服毒自殺説と、病状悪化による自然死とする説がある。前者は、豊臣恩顧である自身を抹消することで利常を徳川麾下の存在として明確にし、さらに江戸にいる芳春院を解放するためと捉えており、後者は高岡城での利長の治療経過、および自筆書状の内容や筆跡の乱れを論拠としている。このように、近年は前田利長に関する研究が盛んであることは疑いようがない。利長は近世大名として加賀前田家を考える上でのキーパーソンであり、その人物像や評価も研究の進展によって今後変容していくとおもわれる。

前田利政

ここで、一門の前田家（直之系、一般には前田土佐守家）の家祖にあたる前田利政について触れておきたい。利政は前田利家の次男（母は芳春院）として尾張国荒子で誕生しており、前田利長は実兄である。天正十八年（一五九〇）の豊臣秀吉による小田原攻めのころには在京していたといわれるが、文禄二年（一五九三）に元服して名を孫四郎利政と改めている。このときに秀吉から能登国二十一万石の所領を許されるとともに、従四位下侍従に任じられたことで能登侍従と称すようになる。利政自身は能登に入った様子がないことから、城代の前田安勝《やすかつ》と子の利好《としよし》が領内統治を支えていたとおもわれるが、実質的には利家が支配していたとも指摘される。

慶長四年（一五九九）に父の利家が大坂で病没すると、にわかに不穏な状況となり、翌五年七月、当時国許に戻っていた利政は、兄の利長とともに徳川側として出軍している。大聖寺城の山口宗永父子を攻めて勝利したのち、急遽金沢に引き返すことになるが、そのさなかに小松城の丹羽長重と浅井畷で交戦し、手痛い被害を出している。その後、利長が再度出陣を掲げたときに利政は能登から動かず、たび重なる説得にも応じなかったことから利長のみが出陣し、関ヶ原後の論功行賞によって利政は能登国を除封、改易されている。利政が出陣を拒否した理由としては、上方に妻（蒲生氏郷娘）が留まっており気遣ったため、徳川家への不信感、芳春院を徳川家への人質として江戸に送ってしまった兄利長への反発といった説があるが、近年の研究では、先の大聖寺城攻めや浅井畷の戦いで利政の配下に死傷者が出ていたことや、利長から主力部隊として位置付けられていなかったこと、それに加えて上方の妻を救出すべく利政が動いていた矢先の戦況悪化であったことなどが相まって、やむなく出陣をはばかったとの指摘がある（見瀬和雄、二〇一四）。しかしながら、前田家としての政治的位置の確保や母芳春院の一日も早い解放を望んでいた利長からすれば、利政の態度は到底承服できるものではなく、小松城の丹羽長重と和睦する際に取り交わした起請文では、利長は人質として差し出す猿千代（前田利常）を「孫四郎同前」の存在としている。子がいない利長にとって、孫四郎を名乗る利政は嫡男に位置付けられた存在であったが、ここに至ってその利政を廃嫡させ、あらたに利常を嫡男と定めたことになり、利長の怒りのほどがうかがえる（見瀬和雄、二〇一四）。

改易後、利政は京都嵯峨に隠棲したが、これについては嵯峨が豪商角倉《すみのくら》の拠点であること、のちに利政の娘が角倉に嫁いだことから、両者の関係性を見てとる向きもあり、著名な文化人である本阿弥光悦《ほんあみこうえつ》らとの交流もみられた。大坂の陣のときには豊臣・徳川双方から誘いがあったともいわれるが、利政はそれには応じていない。そして、元和三年（一六一七）に上京した母の芳春院と久方ぶりに再会し、寛永十年（一六三三）に五十六歳で没している。

そして、利政の子である直之は、幼少期から芳春院に引き取られて養育されていたが、その後前田利常に家臣として仕えたことで、一門としての前田家（直之系）が成立することになる（第四章）。

2　構築されるイメージ

加賀前田家については、前田利家と利長、そして利常の三代を中心に研究がなされる傾向にあり、研究蓄積も豊富である。ただし、当時を書き記した現存史料自体が少なく、その史料も後年に作成された回顧録の類や編纂史料が中心になっている。ゆえに、これらの史料を用いた研究によって必ずしも妥当とはいえないような見解も導き出され、ときに通説となることも想定される。近年はこの点について強く警鐘を鳴らし、前述した前田利長の家督相続・従三位権中納言昇叙の事例をはじめとして、通説によらず当時発給された文書などを基礎史料とした再検討がおこなわれているため、ここで取り上げておきたい（以下は大西泰正、二〇一九・二〇二一b）。

天正十三年豊臣秀吉書状

天正十三年（一五八五）、豊臣秀吉の北陸出陣によって佐々成政が降伏すると、越中西三郡（射水・砺波・婦負）が前田家に与えられ、さらに利家が「羽柴筑前守」を名乗ることが許されたとする、同年九月十一日付の前田利家宛豊臣秀吉書状は、前田家の名誉を飾る最重要史料の一つといえる。この書状については、従来の研究では書状の信憑性を疑いながらも使用する、もしくは写本の比較検討をしつつも曖昧な評価にとどまるといった傾向がみられてきた。

それに対して大西は、さまざまな写本を三系統に分類した上で比較検討をすすめた結果、年代を追って前田家に都合よく内容が改ざんされていったと考えるほかなく、結論として原本は存在せず、何者かによって創作された偽文書であり、前田家の名誉がより引き立つように増補がなされたことで、秀吉の自筆書状が利家に与えられたとの筋書きで叙述されたのではないかと主張する。内容自体も、利家側近の村井《むらい》長明《ながあき》による覚書類や、「三壺聞書《みつぼききがき》」「末森記」といった十七世紀後半までに成立した編纂史料の切り貼りがみられるため、前田家にとって重要史料とされたこの秀吉書状は、利家や前田家の顕彰を目的とした何者かによって捏造されたものだと結論付けている。

前田利家遺言状

慶長四年（一五九九）三月二十一日、前田利家は自身の死期を悟り、嫡男の前田利長に宛てた遺言状を口述筆記というかたちで妻まつに書き留めさせたという。これが全十一ヵ条にわたる遺言状であり、この遺言状の作成後に利家は病死したとされるが、この有名な利家の遺言状についても捏造の可能性が指摘される。先行研究では、多くの写本が現存するなかでの文体の乱れは、口述筆記であることや写し誤りなどが想定されるとして、利家の遺言状自体は根本的に疑われることはなかったが、遺言状が十七世紀後半の編纂史料に突如出てくるようになり、一方で利家の側近であった村井長明などがこの遺言状に言及していないこと、「創業記本」「流布本」と表現できる二系統の写本が存在しているが、構成と内容に大きな相違があることなどを根拠として、この遺言状も偽文書であるとの指摘がなされている。さらに、写本において不統一だった年月日が、徐々に三月二十一日に統一されるという疑わしさがあると説く。結論として、この遺言状の背景には「国祖」利家の言行録を書きまとめた「国祖遺言」があり、遺言状が実際に存在したとは考えられないため、「国祖遺言」などを参照しながら偽作の原本が創作され、二系統の写本が広まっていったのではないかとする。

「加賀征伐」

慶長四年（一五九九）八月に前田利家が死去すると、前田利長は金沢に帰国することになる。通説では、帰国した利長と上方にいる徳川家康との関係が急速に悪化し、翌年に利長の母である芳春院が江戸に人質として下向することで両者の関係が改善されたとするが、その背景には家康暗殺の企てがあり、利長の謀反と捉えた家康が「加賀征伐」を計画したことによって利長による弁明があったという。従来の研究では、この「加賀征伐」自体は肯定されてきたが、利長・家康の関係悪化と芳春院下向の箇所以外、つまり家康暗殺計画や「加賀征伐」は虚構に過ぎないのではないかとの指摘がなされる。その根拠としては、相応に信頼できる史料が用いられておらず、やはり後年の編纂史料に依拠しており、同時代史料とされるものには利長に謀反の嫌疑がかかったことや、利長と家康双方に合戦をしかけるような様子がみられないという。その上で、なぜ「加賀征伐」という話が出てきたのかについては、この件に関する史料の現存状況に問題があり、信憑性の劣る編纂史料に依拠してしまったこと、この通説が前田家と徳川家の双方にとって都合が良かったことにあると推測している。後者については、偽りの情報で行き違いが生じた両者が話し合いの末に和解したという筋書きがあることで、前田家と徳川家との緊張関係が讒言によって生じたものと主張でき、その内容が通説として浸透しやすかったことが指摘される。

以上、前田利家および利長にかかわる通説を批判した近年の研究成果を取り上げた。三つの事例で共通するのは、当該期の現存史料が少なく、信憑性に難のある編纂史料がこれまで多く使用されてきた点である。そのような史料には作者自身の意図が盛り込まれるのみならず、後年読み解いていく者の恣意的な解釈も入り込む余地があり、言説化しやすい傾向がある。そしてそれが通説としていったん浸透してしまうと、克服するのは容易ではないとおもわれる。一方で、大名家成立にかかわる当該期については、今後あらたな史料が発見されることで、まったく異なる歴史叙述が導き出される可能性もある。限られた史料のなかでは、史料批判の丁寧な積み重ねと、研究史に対して真摯に向き合うことが研究の進展に繋がることを、これらの事例から確認できる。

図1 「前田利家桶狭間凱旋図」
金沢市立玉川図書館近世史料館所蔵

絵図による「語り」

ここで、前田利家と利長にかかわる絵図を一点取り上げてみたい。まずは永禄三年（一五六〇）の桶狭間合戦での活躍を描いた前田利家の肖像画である（図1）。当時の利家は、主君である織田信長の勘気を蒙って出仕停止であったにもかかわらず参戦しており、ここでの活躍とその後の美濃攻めの功績によって帰参することになる。この肖像画では首級をあげた勇ましい利家の姿が描かれているが、それは出仕停止の苦しい状況を乗り越える、自身の人生を切り開いた輝かしい利家の姿を描いたものといえよう。ただし、この肖像画には元治二年（一八六五）との箱書があることから、同時代に制作されたものではないことは明らかである。また現在、尾山神社や天徳院といった前田家ゆかりの寺院・神社、博物館や図書館といった公共施設、さらに元家臣の家にも同様の肖像画が所蔵されており、いずれも近世後期と推定されていることからも、近世後期から幕末期にかけてこの凱旋図は制作・流布したものと考えられる。

近世後期は他家と同じように前田家にとっても内憂外患の時代であった。当時は外国船の目撃情報が入るなか、領内統治においてもさまざまな問題を抱えていたが、なかでも西洋軍制の導入は家臣団統制の根幹を揺るがすものであり、前田斉泰と家臣団最上位の年寄衆が対立する事態にもなっていた。そのようなときに利家の凱旋図が制作されたことを鑑みると、前田家にとっての象徴である利家を紐帯として大名家と家臣団の主従関係（さらにいえば領内の支配関係）をいま一度確認させるような効果が期待されたのではないだろうか。藩の礎を築いた、前田家を象徴する人物を描いた肖像画の流布は、近世後期盛んになる先祖を顕彰する行為であるとともに、きわめて政治的なものであったといえる。

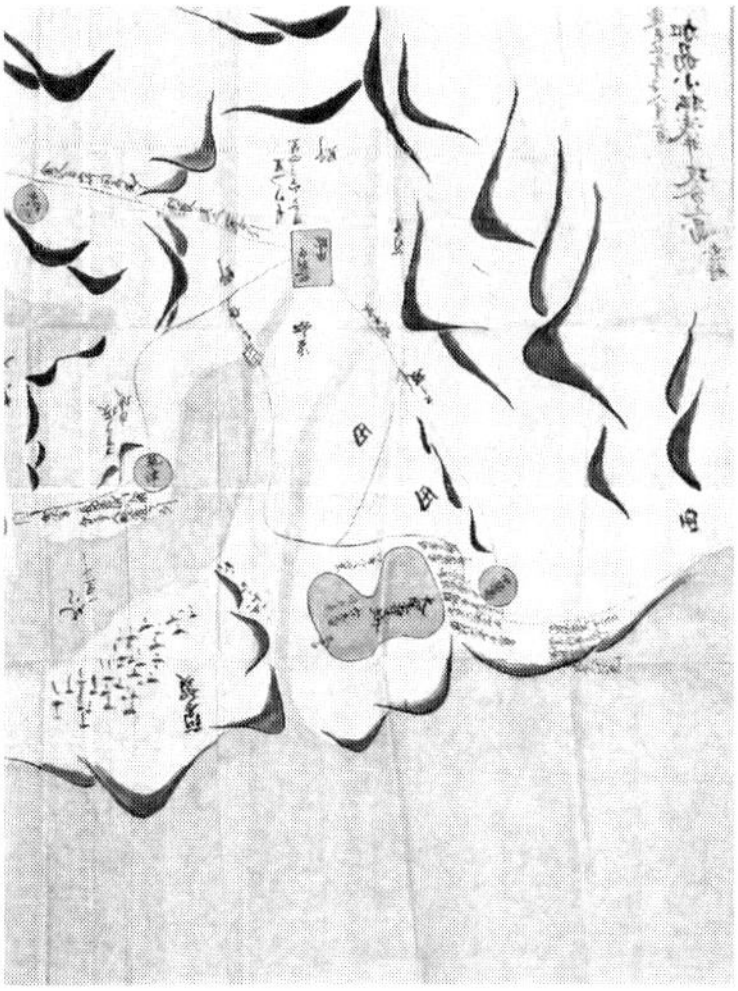

そしてもう一つ、合戦図について取り上げてみたい。こちらは、端裏に「慶長五年子八月二日加州小松浅井攻合之図」とあるように、慶長五年（一六〇〇）に前田利長が小松城の丹羽長重と交戦した浅井畷の合戦を描いたものである（図2）。絵図には利長と利政のほか、太田但馬、山崎閑斎、殿をつとめた長連

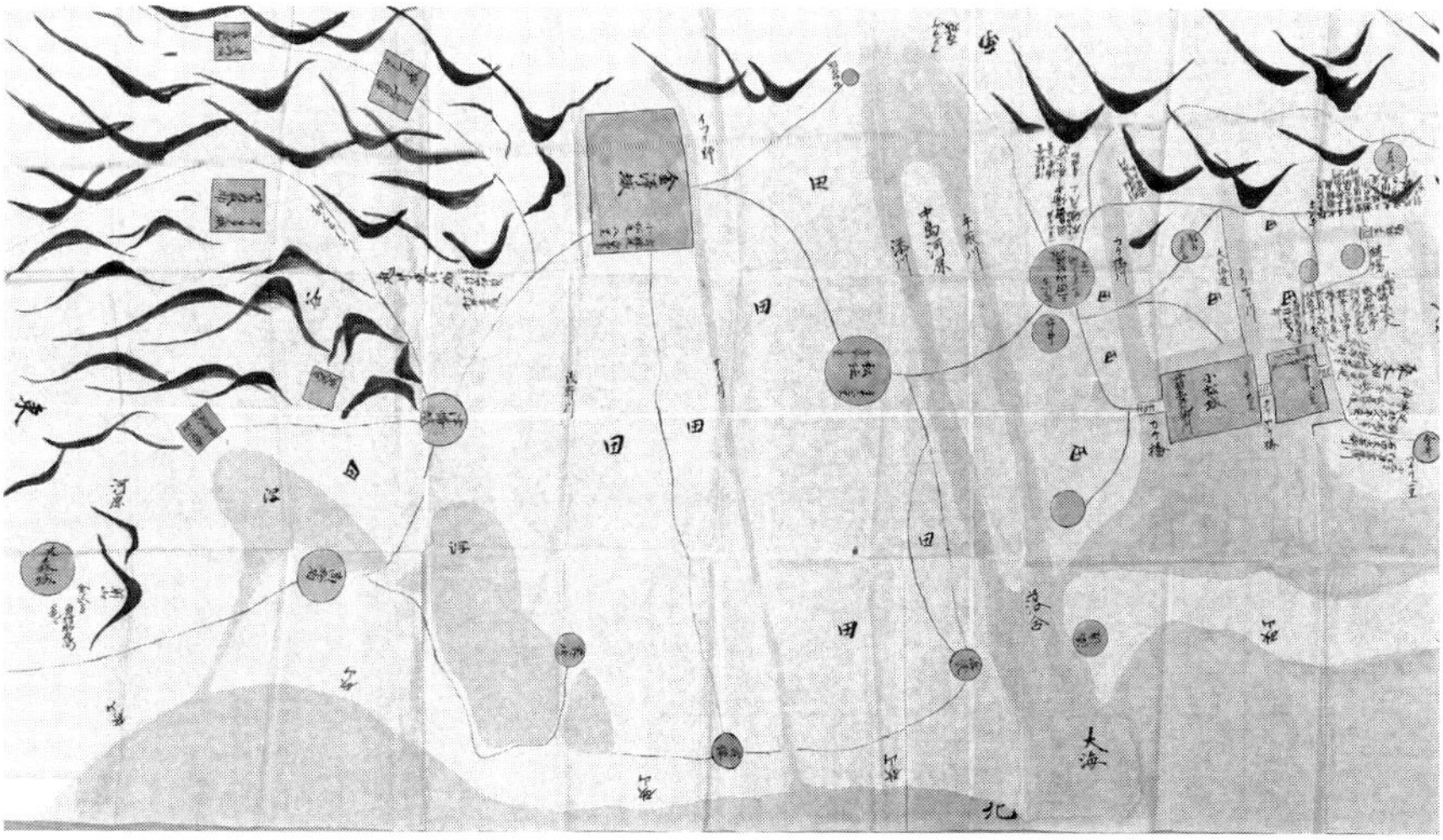

図２「加州小松浅井攻合之図」　金沢市立玉川図書館近世史料館所蔵

龍といった随従家臣の名が示される一方、丹羽方の武将も配置されており、合戦の状況が具体的にうかがえる。ただ、この絵図では浅井畷を中心に南（絵図では西）は「大聖寺城」、北（同、東）は「末森城」まで国をまたいで描かれており、他の浅井畷を描いた絵図と比較すると記載範囲が北に広い。さらに、直前に攻め落とした「大聖寺城」に山口玄蕃の名が入っているのはともかくも（図３）、「末森城」には「金沢方奥村助右衛門篭ル」、「クリカラ城」には「佐々内蔵助」とあり、あきらかに天正十二年（一五八四）の末守合戦にかかわる情報が入り込んでいる（図４）。

前田家にとっては、秀吉に対抗して末守城を取り囲んだ佐々成政を、利家が寡勢をもって鮮やかに打ち破った末守の合戦は称賛するに相応しいものであった。これについては、内通や裏切りと評される天正十一年の賤ヶ岳の合戦から目を逸らすべく、「末森記」などに象徴される末守の合戦を高く評価する傾向があったとも指摘されるが、それがこの浅井畷の合戦図にも反映されたとみるのは飛躍し過ぎだろうか。前述した浅井畷の合戦による手痛い被害はもちろんのこと、この丹羽家との軍事衝突や利政の出陣拒否によって関ヶ原の合戦に間に合わなかったこ

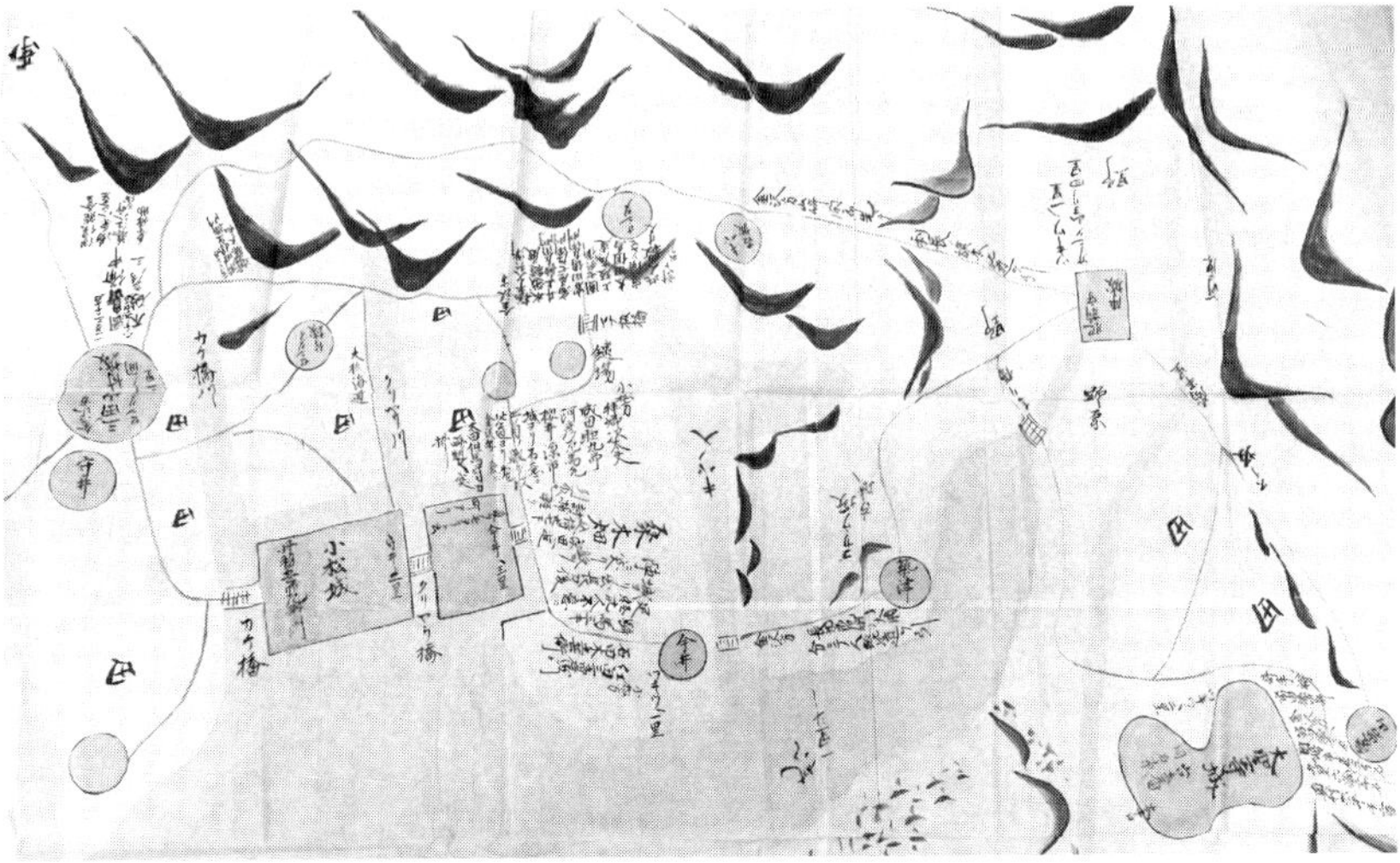

図３　「加州小松浅井攻合之図」浅井畷周辺部分　金沢市立玉川図書館近世史料館所蔵

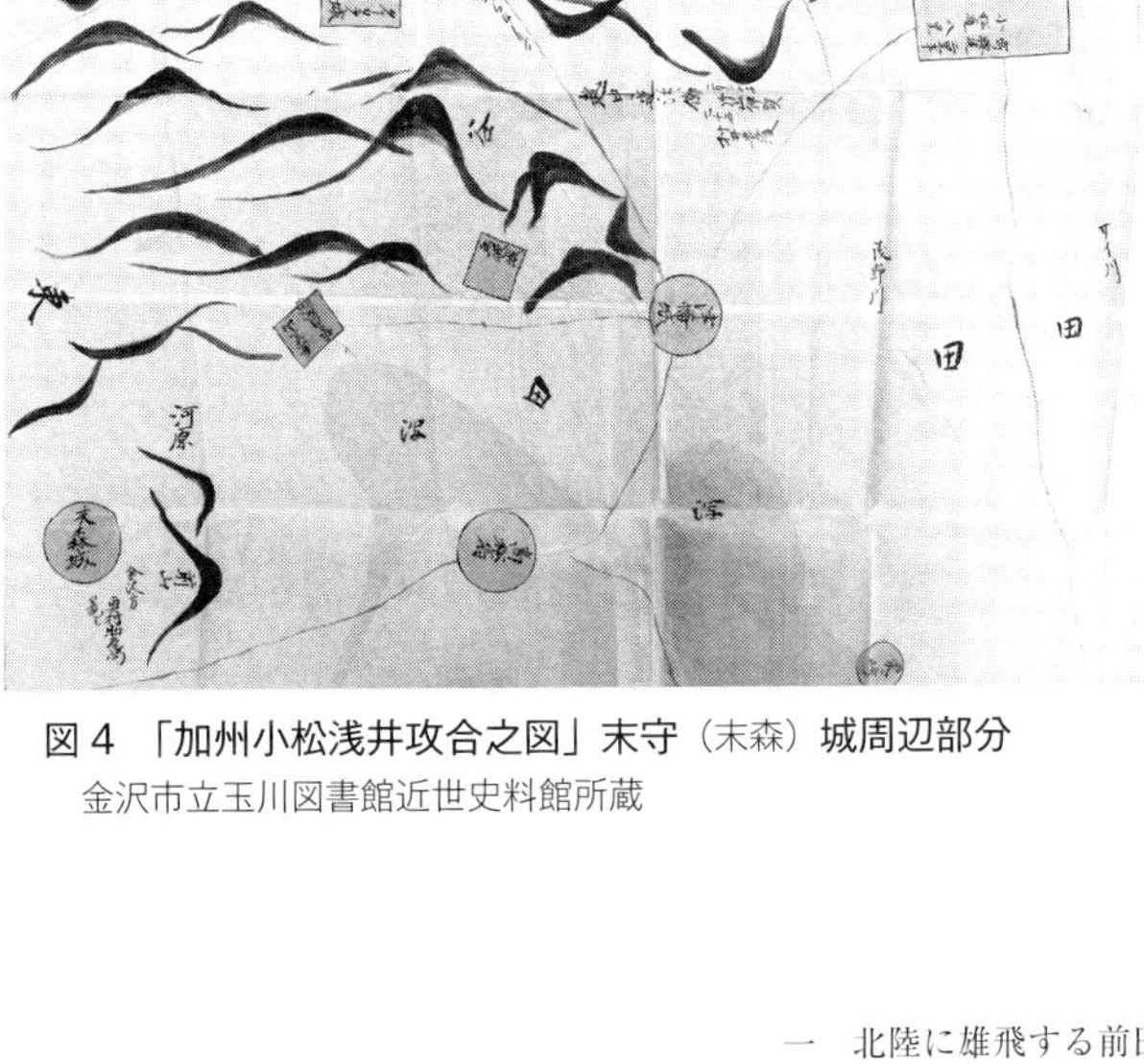

図４　「加州小松浅井攻合之図」末守（末森）城周辺部分
金沢市立玉川図書館近世史料館所蔵

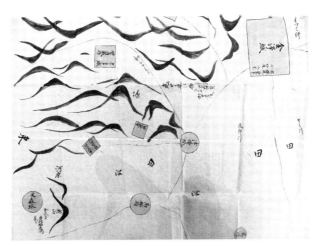

とは、前田家にとって痛恨の事態であり、後世まで好意的に解釈できるものではなかったはずで、事実丹羽家との関係は、嘉永六年（一八五三）に丹羽長富《ながとみ》が前田斉泰に使者を送り、「通路」の間柄になるまで回復していなかったとおもわれる。つまり、当該の浅井畷合戦図に末守の情報が書き込まれたのは、単純なミスなどではなく、意図的におこなわれたものだと考えられないだろうか。このように、当時の絵図を評価する際には、制作年代のほかにも絵図が制作される意図も含めて評価しなければならないだろう。とりわけ利家や利長の時期を対象としたものについては、顕彰や称賛といった面に留意する必要がある。

前田利家の神格化と顕彰

最後に、前田利家の神格化について言及しておきたい。「近世大名領の政治的な枠組みを作り上げた者が、大名「家」先祖という性格も持つ「藩祖」として祭祀されるのが目立つ」として、利家についても神格化の早い事例として取り上げられている（高野信治、二〇一四）。慶長四年（一五九九）、前田利長によって創建された卯辰《うたつ》八幡宮に同年死去した利家も祀られたといわれ、同九年には家中に対して知行に応じた最花料を納めるように命じるなど、知行献納があったことがわかる。ただし、利家を主神とするのは明治六年（一八七三）の尾山神社創建まで待たねばならず、「対徳川という守護神としての神格、その意味では極めて強い政治性を帯びていたのが、近世期に表だった祭祀がなされなかった背景ではなかろうか」という（同右）。さらに利家の場合は、先祖信仰の意識よりも徳川家への守護神という政治性が鮮明であり、先祖信仰が希薄で顕著な政治性を帯びた神格化という意味では、豊臣秀吉の豊国大明神、徳川家康の東照大権現と同様ではないかと指摘されている。一方で、近世中後期には鍋島や毛利、山内といった有力大名家において藩祖神格化がみられるが、こちらは「むしろ「先祖」観念を内在化しつつ政治性を帯びた神格、言い換えれば先祖信仰の政治化」とされ、「藩祖の神格化が家臣のみならず領民にとっても「国家」（藩）の構成者（生産者でありかつ大名家にとってはいわば納税者）という立場において、意味化された」、「近世大名家の「先祖」である藩祖が神格化され、「祖神」として「国家」

統治を担う、その意味で先祖信仰の政治化した姿をここにみることができよう」との評価がなされるが（同右）、幕末期になると加賀藩領においても「藩祖」としての前田利家、そして前田家の国恩が家臣団および領内に喚起、受容されている傾向が見受けられる。

勇ましい利家の肖像画が流布した幕末期の元治元年（一八六四）四月、情勢探索方をつとめた経験がある与力福《ふく》岡文平《おかぶんぺい》が、当時予定されていた世嗣前田慶寧の上洛に関して長文の意見書を提出している（「福岡文平言上書写」）。幕府や朝廷の動静を批判するなど踏み込んだ主張が展開される内容だが、この意見書において福岡は、「高徳院様」が多大な軍労を積み重ね、「三州百四万石之御大藩」でありながら徳川家と天下を争うことも考えない、その「謙徳」が今日に至って天下に輝いていると論じながら、上洛した世嗣が時局に際して逐次国許に伺いを立てるようだと、「御祖宗之御武徳」を失墜させて柔弱の汚名を残してしまいかねず、ましてや上洛すら消極的であるならば、天朝への不忠のみならず「御元祖様」の武威すら衰廃の汚名となり不孝であると断じている。ここでは、世嗣慶寧が上洛して政局を主導することを望む福岡が、「高徳院」「御祖宗」「御元祖」の語を用い、明らかに利家を意識させながら持論を展開している。

さらに、慶応三年（一八六七）十二月、王政復古後で混乱する状況にあって家老篠原一貞は、現在の形勢において朝廷は「無名偽勅之朝廷」であり、藩としてはむしろ「朝敵」の汚名を受けるのが「真之皇室へ御忠誠」だと主張して、「御祖宗」以来累世の恩義を思い返し、今こそ「藩屏之御重任」を尽くして「中興之御大業」で国威を伸張させる機会だと主張し、すみやかに幕府を輔翼すべきだとする。「幕府」「藩」といった語は幕末期にはかなり浸透していたが、督学経験があった篠原は漢学の知識により「藩屏」意識を有していたとおもわれ、その「藩屏」としての役割と、「祖宗」以来の恩義が結びついて具体的な行動を促す論理は、「藩祖」である前田利家が政治的文脈のなかで語られている典型的な事例といえるのではないだろうか。

また、幕末期に地域において実施された銃卒制度では、百姓や町人が身分を変更することなく銃の訓練を受けて郷土防衛のために動員されたが、慶応四年の郡奉行の通達では、有事の際は「御恩沢」を深く心に思い、国威が立つように皆が協力しなければならないとして、銃卒に精通するよう努力することが求められている。ここにある「御恩沢」とは、文脈から前田家の「御恩沢」で間違いないだろう。

図５　加越能維新勤王紀念標（金沢兼六公園絵葉書）
金沢市立玉川図書館近世史料館所蔵

そして、前述の卯辰八幡宮や卯辰観音院がおかれた卯辰山は、前田家一族にとって重要な信仰の場であったが、庶民にとっても春の蓮如忌《れんにょき》の場として認識されており、春の行楽場として親しみのある場所であった。さらに、慶応三年にはじまる卯辰山開拓では藩主導による、町人資本に依存した大規模な社会福祉事業が展開している。養生所（病院）や撫育所といった福祉施設に加え、鴨鍋店や茶屋、湯治所や馬場などが広がる卯辰山は、庶民にとっても前田家の恩恵を強く感じる場として認知されたであろう。そして明治元年、戊辰戦争で亡くなった者を祀るために卯辰山で招魂祭が執行されており、同三年には招魂社が創建されるなど、卯辰山において前田家と地域が繋がっていく。

顕彰の動きについては、近代において地域統合というかたちで顕著にあらわれており、明治期には前田家に関する歴史編纂事業や尾山神社の創建のほか、金沢開始三百年祭や旧藩祖三百年祭といった前田利家にかかわる紀年祭が挙行され、昭和に入ると加越能維新勤王紀念標（前田慶寧像）の建設や（図5）、『加越能維新勤王史略』（中田敬義編、一九三〇）の刊行、そして明治維新の勤王家に焦点を当てた展覧会が開催されている。そのなかで興味深いのが、「昭和戊辰大典記念加越能維新勤王家表彰趣意書」である。この趣意書において、明治維新とは歴史上精華ある偉業であると称えた上で、薩長の後塵を拝した加賀については、「勤王」の心に甲乙はないが、行動には「遅速」や「顕晦」があると述べ、維新に乗り遅れたとされる歴史過程を見事に許容し、さらに「行動は西南雄藩のごとく華々しからずといえども、藩祖以来薫陶せられし勤王の熱情は脈々として血管にたぎるものあり」と述べるに至る（前掲『加越能維新勤王史略』）。この「藩祖」が利家を指していることは間違いないが、特徴的であるのは「藩祖」利家＝「勤王」と主張している点であり、そしてその血脈を受け継ぐ前田慶寧が不世出の英資を有する存在だからこそ顕彰するという話に繋がっていく。ここでは最後の藩主であった慶寧が、近代において求められる「勤王」イメージと露骨に結合するため前面にあらわれるが、そこでも利家は「勤王」の「藩祖」として登場し、顕彰を後押しするのである。

コラム—1

作成される前田家系図

「寛永諸家系図伝」

幕藩体制下でもっとも早い全国規模の修史事業である「寛永諸家系図伝」については、編纂事業そのものの歴史的意義や画期性が評価されてきたが、さらに大名家による具体的な作成過程を丹念にまとめた研究成果がある（岡嶋大峰、二〇二〇）。

加賀前田家については、「諸氏」の部の「菅原姓」一巻目に収載され、①姓、②名乗、通称、生国等、③家紋、④養父実父の別、⑤徳川家への奉公、⑥官位昇進、松平賜姓等の年月、⑦戦功や供奉の様子、⑧先祖代々の次第、という幕府に提示された諸項目に応じて記載されているが、菅原道真《すがわらのみちざね》の後胤《こういん》と述べるも系図として繋がっていない点に特徴があるという。

前田家では、寛永末期の段階ですぐさま史料として提出できるもの、とりわけ前田家の本姓を証明できるものがないなかでの呈譜の作成となったことから、多くの情報を家臣からの聴取に頼る手法を採用しており、なかでも古参の村井長明が提供した情報がとりわけ大きく貢献したようである。長明は若年のころに利家の小姓として仕え、直接利家の人柄に触れた人物であったことから、豊富な内容が書き記された覚書を所持していたのではないかとも指摘されている。

このようにして完成した「寛永諸家系図伝」は、織豊取立大名である前田家にとっては創業史に位置付けられ、前田綱紀による寛文期以降の修史事業にも影響を与えたとされるが、本巻第一章で指摘している幕末期の藩祖顕彰にも繋がっていることは間違いないだろう。また、家中において主君と家臣が共有し得る公式の内容でもあることから、「御家」の成立や維持にも影響を与えるものと評価できる。

二 利常による領内統治と本分家の創出

1 徳川の世と前田家

前田利常

前田利常は、前田利家の四男で母は千代（寿福院）とされる。利家の長女が嫁いだ前田長種《ながたね》のもとで養育された利常は、慶長三年（一五九八）草津湯治に向かった利家と越中今石動《いまいするぎ》で初めて面会したという。同五年に兄前田利長の養子となり、丹羽長重の人質として小松城に入るが、関ヶ原後の処分で丹羽家は改易され、翌六年には徳川秀忠の娘である珠（天徳院）が金沢に輿入れしている。徳川家からすれば、対豊臣家のためにも前田家を徳川方に繋ぎ止めておく必要があり、芳春院を江戸から出さないために利常と珠の婚儀がなされたとみられる。この一件は関ヶ原後の前田家の厚遇を示す事例とされ、輿入れ行列については越前金津まで前田家が出向いており、珠はその後金沢城に入っているが、利常は家督を相続するまで小松にいたとの指摘もある（木越隆三、二〇二一）。

慶長十年、元服した利常は従四位下侍従に叙されて筑前守となり、さらに松平姓も許されている。そして利長隠居をうけて家督を相続しているが、奥村永福・篠原一孝《かずたか》・横山長知といった有力家臣が金沢に配置されて利長の御意による政治がおこなわれ、利長の隠居政治が展開していた。利常への本格的な権力移行については、利長が遺誡を出したとされる同十六年以降と考えられるが、同年の本多政重再出仕は家中に影響を与え、政重は若き利常を支える重要な役割を果たしていく。同十九年に利長が死去すると、利常は無事に利長隠居領も相続し、およそ百二十万石を領有する大名となった。

そして同年、代替わりの挨拶で駿府と江戸に赴いた利常は、大御所家康および将軍秀忠と拝謁し、領知判物によって百二十万石の領有が安堵されるとともに権少将となり、金沢に戻るやいなや出陣命令に対応すべく部隊を編制して大坂冬陣に参加している。利常はこの戦を不安定な家臣団統制の強化と徳川家への忠節を示す好機とみなし、軍勢をひきいて真田《さなだ》信繁《のぶしげ》勢と対峙したが、真田丸攻めで手痛い被害を出してしまう。翌年の夏陣でも大軍をひきいて大坂岡山口の先陣となり、総攻撃で越前松平家に次ぐ三千二百の首級を挙げている。同年、利常はさらに参議に昇叙するが、家臣の本多政重と横山長知の両名もそれぞれ従五位下、安房守と山城守になっている。「加藩国老叙爵考」によると、前田家では天正十九年（一五九一）に村井《むらい》長頼《ながより》・篠原一孝が叙爵したのを皮切りに、政重・長知を含め十六名が家臣の立場で叙爵している（陪臣叙爵）。ただし、徳川家による武家官位の整備によって陪臣叙爵が制限されると、前田家においても政重・長知両名の死去後に途絶え、陪臣叙爵が再び許されたのは元禄四年（一六九一）のことであった（第三章）。

また、この元和元年（一六一五）には、珠とのあいだに待望の嫡男光高が誕生しているが、大坂両陣後に加増がなかったことから、利常は家臣団への褒賞に頭を悩ませている。それは約百二十万石の所領のうち、およそ九十～九十三万石が家臣団の知行高であり、前田家の蔵入地が二十六～二十九万石に過ぎなかったためである。よって利常は、元和期の検地を踏まえた上で、代官の不正を厳しく取り締まりながら新田開発や隠田摘発に力を入れ、さらに鉱山開発のほか、生糸や漆などの生産、製塩や漁業、林業といった諸産業の充実を図って運上金を徴収するとともに、いわゆる大津登米、近江大津に蔵を確保して琵琶湖の水運を利用することで蔵米を領外市場に販売していった（木越隆三、二〇二一）。

そのほか、利常はこの時期に城下町金沢の整備にも尽力している。寛永八年（一六三一）、城下法船寺《ほうせんじ》の出火に端を発した大火によって金沢城は甚大な被害を蒙ったが、その後二ノ丸が拡張され、二ノ丸御殿が創建されることになる。このときの曲輪配置（縄張り）が今に至る金沢城の構成となり、さらに城下と海運拠点の宮腰を結ぶ宮腰往還が整備されている。そしてもう一点注目すべき事例としては、多くの寺院を動かすことで寺院群を形成したことである。早くは利長の時代、惣構が建設された時期を契機に卯辰山では寺院群が形成されたといわれるが、元和元年に最初の移動が確認された寺町では城下最大の寺院群を形成することになる。これについては、慶長十六年の法度に「惣構、侍屋敷のうちに寺庵（中略）これあるにおいては、これまた相改」（「万治以前御定書」二）とあり、貞享二年（一六八五）の由来書で寺院がこの移転について「御用地」と記載しているため、藩が「御用地」の確保を理由に寺院を移動させたと考えられている。また、小立野《こだつの》においても慶長期には八坂《はっさか》で寺院群が形成されていたが、前田家の菩提寺である宝円寺と天徳院、そのほか経王寺《きょうおうじ》や如来寺といった大寺が配置されている。その後、利常死去後の万治二年（一六五九）に小松在住の家臣が一挙に金沢に戻ってきたことで、三つの寺院群ではさらに寺院の移転がみられたという。

大坂の陣と戦功書上

近年、金沢市立玉川図書館近世史料館が所蔵する加越能文庫の史料を用い、大坂両陣における前田家の動静について、自律性（上位権力も容易に介入できない自らの論理や規範）の視点や戦功書上の内容から、詳細に検討した成果がある（以下は岡嶋大峰、二〇一二・二〇一六）。

冬陣に関しては史料が豊富とはいえないものの、真田丸をめぐる攻防についての記述がみられるという。通説としては、鉄砲を撃ちかける真田信繁勢に対して、敵の拠点である篠山の攻略を試みた前田勢は肩すかしをくらい、さらに挑発されたことで真田丸に殺到、鉄砲で撃たれ甚大な被害を被ったとされる。この点については、両陣後に出された戦功書上の分析から、篠山に前田勢が展開したことが確認できること、さらに真田丸への言及が多いこと

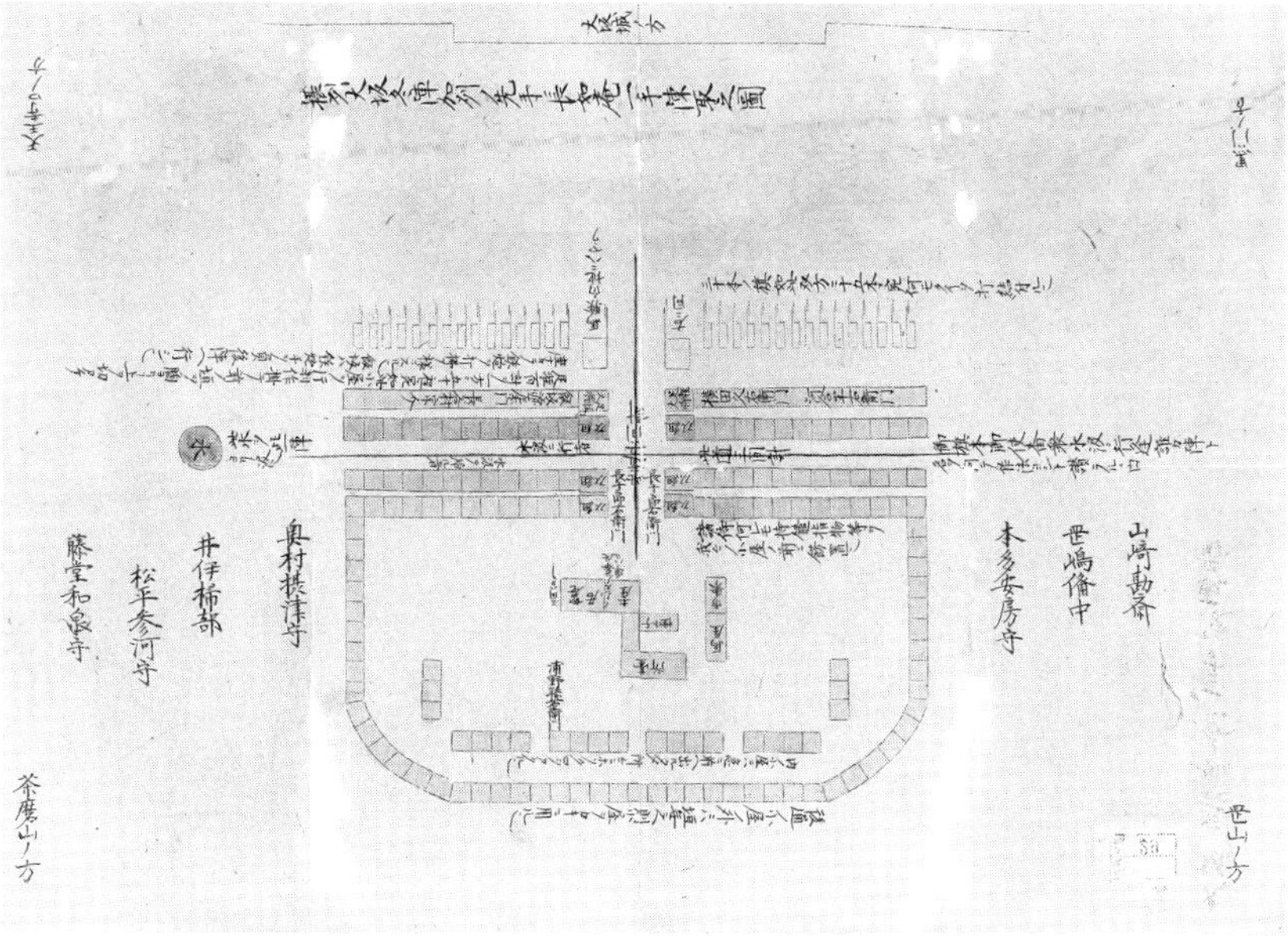

図６ 「大坂冬陣加州長如庵一手陣取之図」 金沢市立玉川図書館近世史料館所蔵

から、多くの者が真田丸での戦闘に関与していたことが判明している。また、大坂陣後には不審のことがあったとして冬陣について穿鑿《せんさく》がなされているが、その内容から、部隊長（組頭）の意見を守らずに行動した者がいることや、部隊（組）における鉄砲者の運用などが適切でなかったことがみえてくる。ここから、真田丸での戦闘では組織としての部隊の展開と、鑓働きを求めるような自律性を志向する個人の論理がせめぎ合ったことで、現場では困難な状況が作り出されており、真田勢の作戦の巧妙さと前田勢の失態だけでは読み解けない実態がみえてくる。

そして夏陣では、越前福井に次ぐ首級を挙げるなど前田家は大きな戦果を出しているが、これら両陣後に家中から提出された戦功書上についても詳細な分析がなされている。書上の形式としては、自身の功績のみならず、その功績を目撃した味方が列挙されており、戦場における証人確保の慣習がみられること、その書上の提出先も自身が所属した部隊長とは限らず、前田勢の有力家臣に宛てているケースが多くみられる。そして、前田勢の部隊展開については全体的な傾向がみえるなかで、そこから意図的に逸脱したルートを選択したグループがいたことが判明している。また、書上の内容からは、討ち取った首級の鼻を削ぐだけではなく、その場で証人を確保することが重要であったことや、自身の功績を主張しながらも部隊の構成員としての勤めも意識していた点が指摘される。ここでも鑓働きを求める個人の論理と、集団として統制される行動論理とがせめぎ合いつつ併存していたことがみえてくるが、これは部隊の監視や統制にかかわる横目でも同様であったようで、家臣の西尾隼人は横目としての職責を果たしたことを報告する一方、自身が誰よりも早く敵兵と鑓合わせをしたと主張している。他大名家の事例では、軍奉行や軍監の戦闘行為が処分の対象とされるなか、前田家においては武士としての鑓働きを名誉とする姿勢が看取できるとして、軍の統制が武士としての自律性を圧殺してしまうわけではないと評価されるが、大名家における軍制という視点からは、このような個人の自律性はどうしても問題となるはずで、悪くいえば前田家の軍制が未成熟とも捉えられかねない。やはり、大坂両陣後の論功行賞も含み込んだ軍制の分析が求められるであろうし、それはまた若き利常政権の評価にもかかわってくることになる。

「寛永危機」と利常隠居

元和九年（一六二三）、前田利常は徳川家光《いえみつ》の将軍宣下に供奉しているが、諸大名の行列では御三家に次ぐ位置であり、寛永三年（一六二六）に徳川秀忠と家光が上洛・参内した際にも供奉すると、伊達《だて》政宗《まさむね》らとともに従三位中納言に昇叙している。

その一方で、寛永八年には「寛永危機」といわれる前田家存続の危機に陥ったとされる。その概要は、大御所秀忠の病状悪化に際して、利常が身体強壮の者を小姓に召し抱えるとともに、大坂陣の追加褒賞を実施し、さらには金沢城の堀・石垣の普請、船舶購入などをおこなったことで幕府から嫌疑がかかり、加賀に謀反企てありとの流言が江戸で飛び交ったことから、利常・光高父子が釈明のために参府し、家臣横山康玄《よこやまやすはる》の懸命な釈明などで疑惑が晴れたというものである。

ただし、この「寛永危機」については、加賀藩の通史叙述において無批判に用いられてきたことで通説化してしまったとの厳しい指摘がある（以下は木越隆三、二〇二〇）。まず、右に挙げたストーリー自体は、「三壺聞書」「懐恵夜話」「松梅語園」といった、信憑性に難をもった史料が組み合わされ、さらには独自解釈も含み混んだものであるという。そして、利常と光高の参府はあくまでも秀忠の病気見舞いであって弁明目的でないことは明らかであり、幕閣も江戸の流言を気にとめる素振りはまったくなかったとする。むしろ当時の前田家は、光高と老中土井利勝の娘、または秀忠長女の千（豊臣秀頼・本多忠刻の室）との婚約が噂されるほどに徳川家との関係は良好で、さらに光高の家門同様の待遇に加え、弟の利次《としつぐ》・利治《としはる》も元服前でありながら越後高田の松平光長《まつだいらみつなが》とともに年頭拝賀に出座するなど、江戸城殿中儀礼において厚遇を受けている。よって、他の大名家と比べても徳川家と前田家はかなりの親密さであり、従来の「寛永危機」説は成り立ちようがないと批判される。これは他大名家の史料や『江戸幕府日記』などを用いた分析であり、当時前田家が厚遇されていたことは間違いないといえるが、このような待遇の延長線上に、同十年の嫡男光高と水戸家徳川頼房《よりふさ》娘（将軍家光養女）の大（清泰院）との婚姻がなされたとみてよいだろう。

そして寛永十六年、病気療養を理由として利常は嫡男光高に家督を譲るとともに、光高の弟である利次に富山十万石、利治には大聖寺七万石を分知して分家を創出し、自らは隠居領として二十二万石をもって小松に入ったが、「前田領四分割」といわれるこの状況は、利常が死去する万治元年（一六五八）まで継続した。

徳川家による厚遇と前田光高

前田光高は、元和元年（一六一五）に金沢で誕生している。母は徳川秀忠娘の珠であり、前田利常とのあいだに三男五女をもうけていたが、同八年に若くして死去している。光高は寛永六年（一六二九）に元服すると、正四位下左近衛権少将に叙されて筑前守となり、将軍徳川家光の偏諱《へんき》を賜って光高と改めているが、このときに将軍家光、大御所秀忠と相次いで前田邸への御成がおこなわれている。そして、前述した同十年の徳川頼房娘との婚姻、同十六年に家督相続がなされるなど、前田家としては多くの出費をともないながら格別の大名家として位置付けられていく。光高は在府が長く、秀忠の病気見舞いに幾度も登城していたが、秀忠が死去して家光体制となると、月次登城や節句儀礼などの殿中儀礼に出座することを求められるようになる。

御三家と越後高田の松平光長、そして光高は、江戸城黒書院において月次拝賀を受けているが、黒書院での拝賀は他大名家の拝賀前に別室でおこなわれ、光高の座列は御三家、家門筆頭である松平光長の次であった。出座回数は御三家のなかでもっとも多い水戸の徳川頼房に次いで松平光長とともに多かったという。さらに、将軍家光の日光社参にも供奉していた光高は、寛永十三年の江戸城紅葉山東照宮参詣に供奉すべき大名の名が示された際、やはり松平光長に次いで二番目に名が挙がっており、さらに翌十四年からは徳川家霊廟祭祀の供奉もつとめている（木越隆三、二〇一九b）。以上から、光高は他の外様大名とは異なる待遇、家門同等の厚遇を受けていたと考えて差し支えないだろう。同十七年、光高が金沢城内に東照大権現の勧請を望んで幕府から許可されたことも、光高の徳川家への随従というよりは、むしろ徳川家による前田家の厚遇のあらわれとして評価した方がよいとおもわれる。

また、利常と光高は大名茶人の小堀遠州《こぼりえんしゅう》との親交を深めていたようで、とりわけ光高は遠州から茶事にとどまらず多くのことを学んだといわれる。光高は文人大名としての評価も高く、朱子学の素養をもって領国統治に努めようとした人物と評価され、「自論記」「一本種」といった著作がある。また、近世の政治思想に影響を与えたといわれる『太平記評判秘伝理尽鈔』を光高も嗜んでおり、君主としてのあり方や仁政について学んだとされる。

そして、光高期において懸案事項であったのが飢饉への対応とキリシタン摘発であり、なかでもキリシタン摘発については、前田家も高山重友（右近）や内藤忠俊（如庵）らを過去に登用していたことから、厳しい態度でのぞんでいる。寛永十六年、幕府老中の奉書をうけた光高はキリシタン禁制を掲げ、同二十年には領国内で厳しい穿鑿がおこなわれているが、これは江戸にいる光高の意向を踏まえて国許の利常が実施したものであった。

一方で、光高は領内統治において課題を抱えていたといわれるが、それは政務を担う年寄衆の人材難であった。利常の信任による本多政重と横山長知の体制は、光高相続後も維持されていたが、両名の高齢化にともなって奥村易英《やすひで》・奥村栄政《はるまさ》・横山康玄の三名も連署した文書が散見されるようになり、さらに前田《まえだ》貞里《さださと》・神谷長治の二名が追加される。しかしこの年寄衆は高齢化に加え、病や死去が重なったことで人材難に陥り、正保元年（一六四四）に公事場奉行の人事について利常から長瀬五郎右衛門が推挙されると、「中納言殿（前田利常）より仰せ出さるべく候の条、その意を得られ尤もに候」（「本多家古文書等」三）と、光高はそれを受け入れている。これを光高の利常への依存、もしくは利常による人事介入とみる向きがあるが、光高自身も人材について悩んでいたとの指摘がある。『金沢市史』（資料編三）には全文が掲載されているが、本多政重に宛てた書状のなかで、光高は「只今の時節が我々身のよしあしのかなめ」と、今こそ善し悪しが定まる重要な時機であると主張し、「大心」なる者を家臣にしたいとその心情を吐露するが、「心をゆるし申すべき人もこれなし」という状況であると憂いている。

そのなか注目すべき事例として、小松に隠居する利常に対して光高が人材の譲渡を願った一件がある。これは利常配下の津田《つだ》正忠《まさただ》・葛巻昌俊・神尾直次の三名を願った光高が、小堀遠州を介して幕閣の酒井《さかい》忠勝《ただかつ》にその意向を伝え、将軍家光の上意によって利常が了承したというものである。この一件については、利常さえ認めれば解決する案件であるにもかかわらず、あえて将軍上意を介在させることで権威付けをはかり、「藩公儀」をより確実なものにするという利常の考えが読みとれることから、隠居利常が光高体制に大きな影響力を保持していたとの評価がある（木越隆三、二〇一九b）。一方で、当事者同士で済まさずに将軍上意を得るという手続きをとっているのは、利常隠居領が光高領から相対的に自立していたためであり、だからこそ将軍上意が必要であったとする見解もある（清水聡、二〇一八）。

両者による見解の相違は、光高体制が当時脆弱であったことを共通項としながらも、隠居利常が四分割された領国全体を監国するような面があったとみるか、利常が隠居という独立した立場から、あくまでも光高体制を補完する役割を担ったとみるかによる違いではないだろうか。前者は、将軍家光の寵愛を受けた光高が江戸に長く滞在して公儀御用をつとめる一方で、隠居利常が国許において領内統治に関与するという一種の分掌があったとみて利常の権力性を重視し、後者は隠居領において利常が完結的な権力体制を築いて相対的に独立した存在であり、利常自身も「公儀役」を担う幕府公儀の一員であったことを注視している。それゆえ、光高の当主としての自立性を認めつつも、利常は補完的役割を担ったという評価に繋がったと考えられる。

光高死去と利常の後見

そして正保二年（一六四五）四月、前田光高は酒井忠勝をはじめとする幕閣を江戸上屋敷に招いて酒宴を催したが、その場で突然倒れ、そのまま死去してしまう。光高の死去は当然ながら家臣団に大きな動揺を与えたであろうが、光高の嫡男である綱紀がわずか三歳であったことからも前田利常にはとりわけ衝撃であったと推察される。三ヵ月後には綱紀の家督相続が認められ、祖父利常にはその後見役が命じられた。

幼少の綱紀が統治する八十万石と、自身の隠居領二十二万石を合わせた百二万石を実質的に管轄することになった利常だが、その利常が家督を継いだ慶長十年（一六〇五）から隠居政治をへて死去するまでに実施された政策のなかでも注目できるのが知行制改革と改作法である（以下は木越隆三、二〇一九a・二〇二一）。

まず、知行制改革については、養父利長が自身の隠居領である越中新川郡で実施した給人知行免を利常が継承したと考えられている。家臣（給人）ではなく大名家がその知行地の免を決定するものであり、家臣による知行の実行支配を形骸化するものであったが、利常は法令を出して制限を強めており、能登奥郡については寛永五年（一六二八）ごろには蔵入地化を達成して給人地を一掃している。

また、慶長九年に利長がはじめた十村制度を確立したのも利常である。加越能三ヵ国で三千を超える村々を円滑に支配するため、十ヵ村程度で組を編成して十村を配置し、年貢負担や普請役、人足の徴発などを十村単位で実施した。この十村組は藩組織の末端機関としての役割を果たしており、村を単位とした年貢・諸役の徴収に対して十村にも責任の一端を担わせていた。つまり、村落で頻発するさまざまな問題に対応していくために、藩の郡奉行と在地の責任者である十村が連携をとるような行政が整えられたことになる。

そして、改作法に関する研究が大きく進展したことは近年の成果といえよう。従来、改作法とは封建領主としての収奪強化の体制が確立したものと評価されてきたが、近年は改作法がもつ多様な側面に焦点を当て、百姓助成策としての分析がすすんでいる。そもそも改作法は一つの法令ではなく、利常が実施した改革政治全体をさす呼び名であり、利常が実施した農業振興とその助成および救済策自体は「御開作」と表現すべきとされる。この「御開作」は、加越能三ヵ国十郡で実施され、実施時期にも柔軟性があったが、「御開作」は入用銀や作食米、敷借米などの貸与や農業指導なども含んだものであり、家光・家綱《いえつな》政権における民政重視の姿勢とリンクする、まさに「百姓成立」を志向したものと評価される。それはまた、手上高や手上免といった増税にも耐えうる百姓の創出であったとされるが、このことは村御印の発給ともかかわってくるものであった。

この改作法では百姓救済策である「御開作」と、増税を盛り込んだ税制改革である村御印が両輪として機能することで成り立ったといわれるが、この村御印とは各村の草高や免、小物成が記された、藩主印がある納税契約書といえるものである。そのなかで、手上高や手上免を含みつつ、これ以上の課税はしないと取り交わしたことに特徴があり、この村御印によって村や百姓への不当な課税を一掃することが図られ、地方知行制は形骸化したという。村御印は明暦二年（一六五六）に全村を対象として一斉に発給されたが、それを継承した綱紀が寛文十年（一六七〇）に改定した村御印を全村に発給して明暦村御印を回収しており、この寛文村御印が祖法となって幕末期まで固定化された。以上の改作法については、前述の研究において膨大かつ緻密な分析がなされているため、ぜひ参照されたいが、この成果と連動するかたちで近世中後期の藩領社会に目を向けた十村研究もあり（上田長生、二〇二〇ほか）、加賀藩研究では活況を呈している分野のひとつである。

利常に話を戻すと、明暦の大火によって江戸城が燃えてしまったことで、明暦三年には若き綱紀に江戸城天守閣の天守台石垣普請が命じられている。この公儀普請をなんとしても成功させるため、利常は金沢および小松の年寄衆に厳命を下したといわれる。また、万治元年（一六五八）には保科正之《ほしなまさゆき》娘の摩須（松嶺院）と綱紀との婚儀をすすめ、保科家との繋がりをもって前田家の安定化を図ろうとしている。自身が死去した場合の後見役を保科正之に託したわけだが、利常はその三ヵ月後に小松城にて死去している。

徳川家と前田家

近世を通じて徳川家と前田家は姻戚関係を構築しているが、それを整理したものが表1である。徳川将軍家とは、前述のように利常が秀忠娘の珠と婚姻しているほか、幕末期の斉泰が十一代将軍家斉《いえなり》娘の溶と婚姻している。また、その二人の子である慶寧にも、実は十二代将軍家慶《いえよし》の娘との縁談の話があった（エピローグ）。また、連枝を含めた御三家とは、光高正室をはじめとして三家とも婚姻関係を構築しており、当主の正室だけでも光高のほかに吉徳（尾張徳川家娘、将軍養女）・重煕（高松松平家娘）・重靖（紀伊徳川家娘）・重教（紀伊徳川家娘）・斉広《なりなが》（尾張徳川家娘）がいる。さらに、家門の会津松平家とは、保科正之が綱紀の後見になったこともあって幕末期に至るまでたびたび縁組がなされている（表2）。当主としては綱紀と宗辰《むねとき》の二名だが、前田家の娘が嫁ぐことも多く、利常の娘が松平正経《まさつね》、重教の娘が容詮《かたさだ》、斉広の娘が容敬《かたたか》と婚姻しており、文久二年（一八六二）には慶寧娘の礼《みち》と容保《かたもり》との婚約が内定、慶応三年には結納を交わしている（戊辰戦争後の明治四年に破棄）。この慶寧の娘と京都守護職であった容保との縁組は、幕末維新期の政治過程を考える上で不可欠な事例であり、前田家が命じられた京都警衛任務、そして政治意思決定に影響を与えている（第五章）。

以上、徳川将軍家のほか御三家、家門まで含めると、歴代当主は初期の利家と利長、還俗した治脩、幕末維新期

表1　前田家と徳川家との婚姻関係

前　田　家	徳　川　家	備　　考
樸知(藩祖利家娘)	信吉(初代将軍徳川家康5男)	婚約後，入輿前に信吉卒去
利常(3代藩主)	珠(2代将軍徳川秀忠娘)	
光高(4代藩主)	大(水戸徳川頼房娘)	3代将軍徳川家光養女となり入輿
吉徳(6代藩主)	松(尾張徳川綱誠娘)	5代将軍徳川綱吉養女となり入輿
重煕(8代藩主)	長(高松松平頼泰娘)	高松松平家は水戸家御連枝，婚約後来嫁前に重煕卒去
重靖(9代藩主)	賢(紀伊徳川宗直娘)	婚約後，来嫁前に重靖卒去
重教(10代藩主)	千間(紀伊徳川宗将娘)	
斉敬(10代重教子)	備(紀伊徳川重倫娘)	斉敬は11代藩主治脩養子，婚約後来嫁前に斉敬卒去
利命(11代治脩子)	豊(紀伊徳川治宝娘)	利命は12代藩主斉広養子，婚約後に利命卒去
斉広(12代藩主)	琴(尾張徳川宗睦娘)	琴の実父は尾張御連枝の高須徳川勝当
斉泰(13代藩主)	溶(11代将軍徳川家斉娘)	14代慶寧は斉泰と溶の間に生まれた嫡男

※先妻・後妻含む.

表2　前田家と会津松平家との婚姻関係

前　田　家	会津松平家	備　　考
熊(3代利常娘)	正経(2代藩主)	正経は保科正之の嫡子
綱紀(5代藩主)	摩須(初代正之娘)	保科正之は綱紀幼年期の後見人
宗辰(7代藩主)	常(3代正容娘)	
頴(10代重教娘)	容詮(5代容頌子)	容詮は会津5代松平容頌養子後に卒去，頴は11代藩主前田治脩養女となって婚姻
厚(12代斉広娘)	容敬(8代藩主)	
礼(14代慶寧娘)	容保(9代藩主)	文久2年婚約，慶応3年結納をとりかわす，明治4年破棄

※先妻・後妻含む.
表1・表2ともに『加賀藩史料』編外編(侯爵前田家編輯部，1933)を中心に作成.

の慶寧を除いた十名もの当主が徳川家と婚姻関係にある（先妻・後妻含む）。ここからも徳川家と前田家の緊密な関係がうかがえるとともに、「外様の徳川大名化」（福田千鶴、二〇〇五）の典型例として位置付けられよう。

2　統治機構の安定化をめざして

分家の創出と本分家関係

大名家にとって「家」の存続が何より求められるなか、分家を創出することが重要であったことは間違いないが、その分家が将軍から所領を安堵されたことを示す領知朱印状を拝領しているか否かで、別朱印分家と内分分家に分けることができる。ただし、その朱印状を得た別朱印分家が本家からの自立性が高く、内分分家は本家に従属しているといったことは必ずしもいえず、本家—分家の関係は、個々の家の状況によるという。そして、朱印状が発給されている別朱印分家はもちろんのこと、内分分家であっても将軍から認められた存在であることは間違いないため、本家としては家臣のように好き勝手に扱える対象ではなかったとされる（野口朋隆、二〇一一）。

この点を踏まえて前田家について考えてみると、寛永十六年（一六三九）に前田利常は隠居、嫡男の光高に加賀八十万石、次男の利次に富山十万石、三男の利治には大聖寺七万石を分知して分家を創出している（利常自身は隠居領として二十二万石）。富山と大聖寺は同年に幕府から分知が許され、領知朱印状が与えられた別朱印分家に該当するため、それぞれが独自に徳川将軍家と関係を構築したことになる。一方で、寛文四年（一六六四）から安政七年（一八六〇）にかけて加賀前田家に出された領知判物では、分知前の加越能三ヵ国「百弐拾万石弐千七百六拾石」が記載された上で、富山と大聖寺を除いた百二万石余を安堵すると記載されていることから、幕府としては本分家を一体的に捉えて加越能三ヵ国を前田家の所領とみなした上で、加賀前田家に百二万石余の所領を安堵しているようにもみえるという（同右）。

富山前田家の初代である前田利次は、元和三年（一六一七）に利常と珠とのあいだに誕生し、寛永八年に元服、従四位下侍従に叙任されて淡路守を称し、松平姓を賜っている。兄光高や弟利治とともに江戸城殿中儀礼に多く出座するなど厚遇を受けており、同十六年に越中婦負郡一円と新川郡の一部、および加賀能美《のみ》郡の一部が分知され、合計十万石の分家大名となる。当初は婦負郡百塚に城を築こうとしたため、仮の居城として富山城に入っていたが、百塚での築城が困難であったことから断念し、万治三年（一六六〇）に加賀能美郡と越中新川郡の一部を所領替えしたことで富山城が正式な居城に、そして富山町が城下となっている。さらに、寛文四年には領知朱印状を正式に拝領しており、城と城下の整備に尽力した利次は、延宝二年（一六七四）に江戸において死去している。

次に、大聖寺前田家の初代となる前田利治は、元和四年に利常の三男として誕生、母は珠である。寛永十一年に従四位下、飛驒守となって松平姓を賜っている。二人の兄とともに江戸城殿中儀礼に出座しており、同十六年に加賀江沼《えぬま》郡の大半と越中新川郡の一部が分知されて七万石の分家大名となると、正保三年（一六四六）には侍従に昇叙する。そして、富山前田家と同じく万治三年に所領替えがおこなわれ、加賀江沼郡一円と能美郡の一部を所領としている。鉱山経営を積極的におこない、九谷焼や山中塗などの産業振興も図ったとされ、承応三年（一六五四）に米沢上杉家の娘と婚姻している。万治三年に江戸において利治は死去しているが、大聖寺に遺骸で運ばれたか、それとも遺骨で運ばれたのか、古くから「灰塚論争」があるという（山口隆治、二〇二〇）。また、寛文四年には利治の養子であった利明《としあき》（利常五男）が領知朱印状を拝領しており、正式に別朱印分家となっている。ちなみに、五代将軍徳川綱吉のときに設置された奥詰に三代利直《としなお》が命じられており、元禄四年（一六九一）から宝永六年（一七〇九）に至るまで奥詰衆の一員として、綱吉の側近くに仕えている。

以上、富山・大聖寺の両前田家に七日市前田家を加えた三分家によって、本家の加賀前田家を支える体制が整っ

図7　前田家略系図　金沢市立玉川図書館近世史料館頒布資料「前田家略系図」より作成

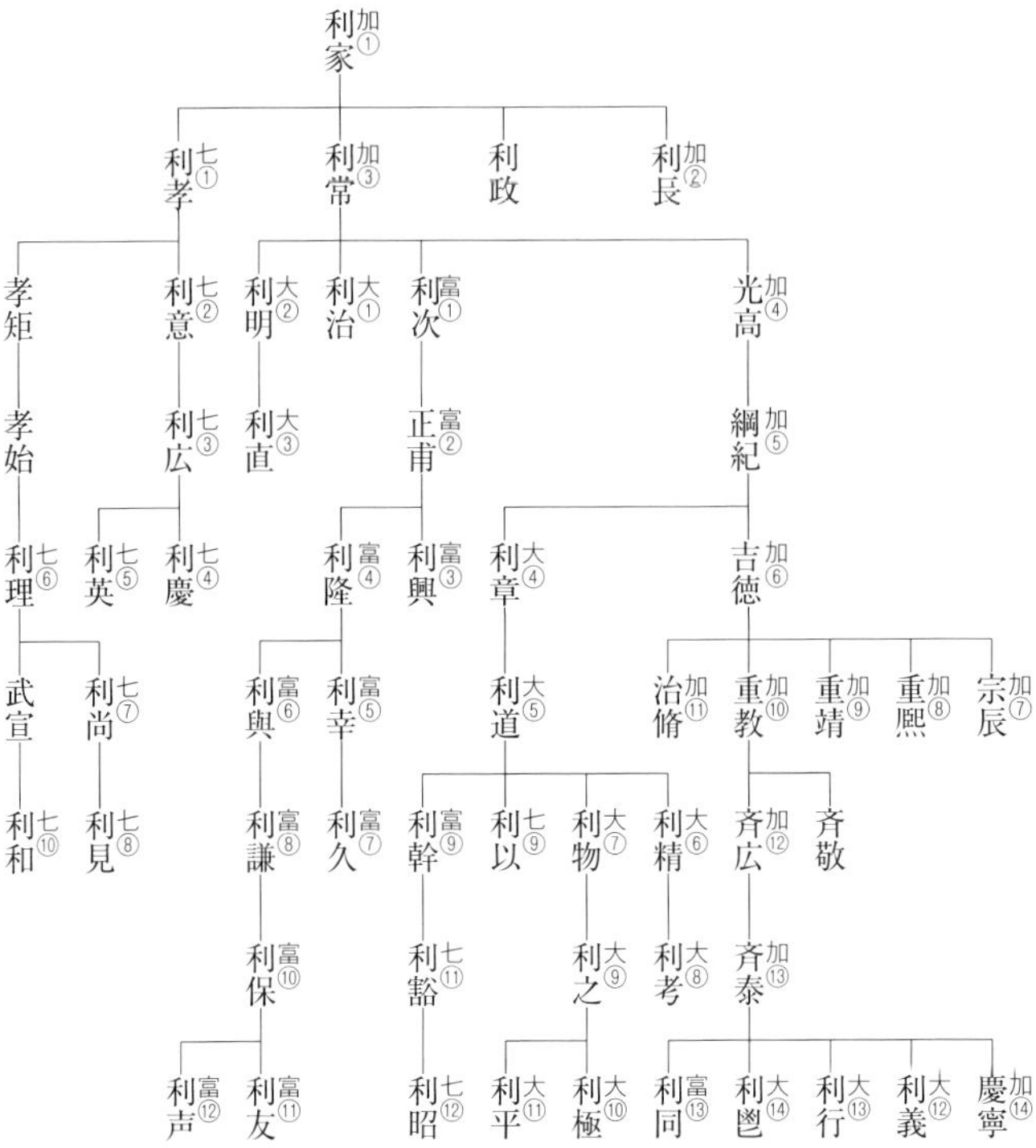

加：加賀前田家　　富：富山前田家　　大：大聖寺前田家　　七：七日市前田家

ていった（図7）。いわゆる前田家にとっての御三家という視点に立てば、支配と従属という関係性が強調されやすいが、分家のいずれもが将軍との主従関係を構築しており、そう単純に支配できるものではない。ただし、分家の不手際は本家にも少なからず影響を与えることになり、万が一にも分家が潰れてしまった場合、もともと所領としていた土地を失うことにもなりかねない。そのため、本家は多額の財政援助というかたちで分家を支えるなどの配慮が求められたが、この財政援助は一方では分家への介入といった側面も見出せる以上、前田家の本分家関係については、近世にとどめずに近代までも含めて総合的に考える必要があるだろう。

七日市前田家

この七日市前田家については、富山や大聖寺に比べて前田家の分家という視点での研究がきわめて少ない。上野国という本家とかなり離れたところに所領があることや、分家成立の経緯が富山や大聖寺と異なることが関係しているとの指摘があり、さらに現存史料の所在についても、家老をつとめた家で保管されてきた個人蔵史料、自治体史編纂にかかる複製史料、さらに本家である加賀前田家に残された七日市関係史料に限られてしまう（以下は鎌田康平、二〇一八）。

七日市前田家の初代前田利孝《としたか》は、前田利家の五男（四男の説あり）として金沢で誕生しており、慶長九年（一六〇四）に江戸に下向して芳春院とともに「証人」になったとされる。その後、徳川秀忠の小姓として召し抱えられたが、徳川家としても有力大名家の庶子を小姓に召し抱えることは、大名統制の意味においても有益であったと考えられる。その後、同十八年には従五位下、大和守となり、大坂両陣では秀忠の側近くに着陣している。夏陣では大《おお》野《の》治房《はるふさ》の軍勢と激戦となって首級を五つ挙げたといわれるが、この首数は他の小姓番頭などと比べても劣ることはなく、新知を拝領するには十分な手柄だという。

そして元和二年（一六一六）、利孝は上野甘楽《かんら》郡において新知一万石を拝領し、無城格として七日市村に陣屋を構えている。大坂の陣前には加賀前田家から二千人扶持を与えられ、さらに初期家臣団には和田監物・斎藤権兵衛・大里半右衛門といった金沢から派遣された者たちが確認できる。そのほか、同五年以降毎年千五百石の合力米が支給されるなど、本家との緊密な関係がみられ、明暦大火前は加賀前田家の上屋敷である辰口邸に近い場所に七日市前田家の屋敷もあった（「東邸沿革図譜」一）。

寛永十四年（一六三七）に利孝が死去すると、嫡男の利意《としもと》が家督を相続するが、本家との関係性は継続しており、先に述べた正保二年（一六四五）に光高が倒れ死去した際の酒宴に、前田家関係者として利意（と、のちに旗本となる利意の弟孝矩）も同席していた。また、同四年には七日市の「屋形」修造のために加賀から作事奉行や大工が派遣されるなどの援助があり、慶安三年（一六五〇）に江戸本郷邸が火事にあった際には、七日市からも多くの人足を出して撤去作業に従事している。そして、寛文四年（一六六四）に利意は領知朱印状を拝領しており、名実ともに新知拝領分家として七日市前田家が成立したといえるが、この七日市前田家の最大の特徴は、寛永二十年の上州館林城番を皮切りに、駿府城加番、そして大坂城加番をつとめたことであり、とりわけ大坂城加番は幕末期に至るまで幾度も任命されている。大坂城加番は寛永期に成立し、明暦以降は主に譜代大名が任じられていたが、そのなかで七日市前田家は江戸城殿席が柳間で外様格でありながらも、格式として二番目の中小屋口を命じられる傾向にあり、譜代と同じような扱いをうけていたことがわかる。この点については、七日市同様に外様ながら加番に任じられた丹後峰山京極家や常陸麻生新庄家を例に、将軍側近くに使えた経験があった家が選ばれているとの指摘がある。

近世後期になると本家への財政依存に拍車がかかり、財政援助を幾度も願い出ているが、そのなかで十代利和《としよし》は天保十年（一八三九）の初代利孝二百回忌にともない宝篋印塔《ほうきょういんとう》を建立している。財政難に陥るなかで実行された背景として、この時期が「顕彰の時代」であり、大名家と家臣団の関係性が再確認・強化される時期であったことは確かだが、この宝篋印塔の建立には、前田利家五男という血筋の利孝の存在によって加賀前田家との繋がりを維持・強化する意味合いがあったこと、つまり本分家関係の再構築を目指した建立であったともいわれる。

その本分家関係については、七日市前田家の子が本家の家臣になっていることが明らかになっている。前田大膳家の祖となる寄孝《よりたか》は利孝の三男であるが、寛永末期に前田光高に奉公するようになり、その後三千石を与えられて加賀前田家の家臣となっている。また、前田兵部家の祖の孝経《たかつね》（誠明）は利意五男であり、延宝六年（一六七八）に前田綱紀から三千石（のち四千石）を拝領している。そして、前田式部家の祖である孝效は利意九男であり、貞享二年（一六八五）に綱紀から二千五百石（のち三千石）を拝領し、金沢に入っている。この三家はいずれも加賀藩人持《ひともち》組に列しているが、三千石以上であることから城下に上・下屋敷を拝領し、さらに前田姓であるということで、家臣団序列のなかでは五千石の他姓の者より上位の扱いをうけた。三家のなかでは兵部家が三名、式部家は一名が家老となっており、また三家とも歴代の当主のほとんどが小松城番に任命されるなど、藩の重要な役職に就いている。これらは、本分家の繋がりを示すひとつの事例であろう。

この七日市前田家が本家に対して財政援助を幾度も求めていたことはすでに触れたが、「もはや「自立」しているとはいえない状況」と評される一方（野口朋隆、二〇一一）、なんとか自立できていたからこそ、その維持のために援助を願ったと捉える向きもある。この評価は難しいが、七日市前田家に関する家譜や系図の比較検討によっても、本分家の緊密な関係が明らかになっている。天保十一年に七日市前田家が自らの家譜を加賀前田家に提出しているが、七日市側が作成した「系譜」と、加賀側の「大和守利孝君家系」の比較によると、ほぼ同一の内容だが若干の差異がみられるという。おそらくは七日市が提出した家譜に若干の修正を加えたものが加賀に残されており、そしてその提出の背景には、あらたに前田利豁《としあきら》が十一代として家督を相続するという七日市側の代替わりに際して、実態調査も含めて提出を命じたのではないかと推定されている（鎌田康平、二〇二〇）。

さらに、慶応三年（一八六七）に二名、明治二年（一八六九）にも二名の加賀前田家の家臣が「藩政監督」という名目で七日市に派遣されている。それは、慶応二年に発生した利豁排斥計画を介入によって未然に防いだ加賀側の対応だといわれており、もちろんその影響はあったはずだが、実はこの時期には富山および大聖寺にも加賀は本家として介入している（第五章）。富山の場合は七日市同様に御家騒動が発端であり、大聖寺では相次ぐ歴代当主の早世という介入に至る背景があった。これらについては、分家の存続を意図した本家の介入として捉えるだけではなく、幕末維新期という「御家」の存続が危ぶまれる時期にあって、いかに前田家を存続させるかとの問いにこたえるために、三分家への家臣派遣という「同族」としての関係性強化が目指されたとみるべきであろう。

年寄政治と「藩公儀」

そして、この時期の統治機構について、支配者側の理念として織豊期から徳川体制にかけて使用された「公儀」の概念を踏まえ、大名家における公儀を「藩公儀」とする見解がある（木越隆三、二〇二一）。前田家における「藩公儀」とは、年寄衆合議の裁定を踏まえた藩主、もしくは藩の政治意思であるとされ、文書において「公儀」の語がはじめて登場したのが慶長十一年（一六〇六）という。隠居した前田利長の御意を得た前田利常付の年寄衆が連署状を発給しており、そのあり方から利長・利常、さらには年寄衆が参画する「藩公儀」が成立したとみている。

大坂陣後における利常体制では、本多政重と横山長知による連署状の発給が顕著となるが、この両名は利常の個人的信任を背景に出頭人的立場であったとも評価される（清水聡、二〇〇五）。出頭人とは、職掌が確定する以前の幕府や大名家において、将軍や大名の信任を背景に広範な権限を有して政務を担った人物をさす語であるが、その出頭人的な要素を評価しつつも、本多と横山が大坂夏陣では自ら大いに手柄を立て、論功行賞にも深く関与したこと、利常の参議昇叙とともに両名が叙爵したことなどから、本多・横山両名の地位が家臣団において確立していくこと自体を重んじる見解がある（岡嶋大峰、二〇一五）。また、この本多・横山体制については、本多が幕府公儀や家中の主従関係にかかわる支配を担当し、横山が領内統治を担当したという一種の分掌があったともいわれるが、両名は職分や立場をはっきり区別しておらず、むしろ基本的には同質であったのではないかとの指摘もある（同右）。

その後、寛永期に入ると変化がみられ、両名に加えて横山康玄・奥村栄政・奥村易英の三名による連署状が増加していく。ただし、この三名は既存の本多・横山体制と競合するのではなく、利常に近い立場から主に家政を担う立場にあったとし、重層的な年寄政治が展開していたと評価される（同右）。つまり、寛永期においても本多・横山両年寄の体制が前提となっているのであり、両名の影響力は依然大きく、当該期の「藩公儀」を考える上で不可欠な存在であったことがわかる。また、光高相続後の年寄衆については、先に言及したように年寄衆の高齢化に加え、病や死去が重なったことで人材難となり、隠居利常に人材の派遣を依頼するなど不安定な面もみられたことが、綱紀期の年寄―家老体制の確立に繋がっていったと考えられる。

江戸に詰める重臣

最後に、ここで近世前期の江戸詰の家臣について触れておきたい。元和期の利常体制で公儀向き（対幕府）を担当したのは本多政重、横山長知の両名であった。前述のように、両名は年寄衆として「藩公儀」に参画していたが、それに加えて江戸で幕閣との連絡役も担っていたとされる（以下は小酒井達也、二〇一五）。

その後、寛永中期になると、両名のほかに横山康玄が対幕府交渉を担うようになっていく。横山長知の嫡男として長く前田家に仕えていた康玄は、父が有した人脈や経験を引き継いだとおもわれるが、康玄に加えて奥村栄政と奥村易英の関与も確認されており、主に国許で家政を担当していた年寄三名が公儀向きにもかかわるようになったと考えられる。

また、この時期には彼らに加えて今枝直恒の名が散見されるようになる。先代の今枝重直が前田利長に仕えて以降、幕末まで有力家臣として続いた家柄であるが、直恒が元和九年（一六二三）に光高の傅役《もりやく》（養育係）になったのが契機となり、江戸で職務をこなすようになる。当初は康玄らとともに行動をとることが多かった直恒だが、徐々に江戸の職務に精通していき、前田光高と他との間に入り、取次として重きをなしていったという。当時嫡男の光高は江戸に長期滞在したことから、傅役の直恒も江戸常駐に近い状態になっており、それゆえ幕閣にも認知されていったようである。つまり、本多政重と横山長知の両年寄を上位に据えつつ、横山康玄らが対幕府交渉を担当するようになり、さらに光高傅役であった今枝直恒が登場し、国許の年寄衆と世嗣傅役の双方が公儀向きを担当していたのが寛永中期であった。

そして、寛永十六年（一六三九）に光高が家督を相続すると、光高の権限拡大にともない、側近としての立場にある直恒の職務も増加していく。先に述べたように、家督相続後も光高はあいかわらず江戸に滞在することが多かったため、直恒も必然的に長期滞在して諸事とり捌いたようで、その功績もあってか幾度も加増されている。正保二年（一六四五）に光高が死去して幼少の綱紀が家督を相続すると、直恒は綱紀の傅役となって引き続き江戸に常駐し、江戸屋敷において職務を統括する立場になっていった。公儀向きについても、年頭御礼など定例的な儀礼では綱紀にかわって直恒がつとめている。また、この時期には国許の年寄衆が再編されたこともあって、慶安期には国許の年寄衆が公儀向きを担うことがなくなり、江戸の直恒らが担当していくことになったと考えられている。

その直恒は慶安四年（一六五一）に死去するが、息子の近義が家督を相続すると、父に代わって綱紀の傅役をつとめることになる。綱紀が初入国する寛文元年（一六六一）までの十年あまり、近義は江戸に常駐して父が捌いていた職務をこなしたと考えられるが、この近義をもって江戸留守居家老のはじまりと捉える向きもある（「藩国官職通考」）。その後、綱紀の後見役であった利常が万治元年（一六五八）に死去すると、近義は綱紀とともに国許に入り、国許の政治に関与するようになっていったという。利常の死去後に変化があることから、江戸詰の構成についてはもともと利常の意向が大きく反映されており、その結果として近義が江戸詰として公儀向きに専従していたのではないかとの指摘がある。

以上、この時期の江戸詰については、国許の年寄衆が対幕府交渉も担当するなか、光高と綱紀の傅役となった今枝直恒・近義父子が江戸に常駐するかたちで寛永末期から明暦にかけて職務を遂行していった。これについては利常の意向も指摘されるが、人に職がつくという組織が未確立の時期であったがゆえに、今枝父子が江戸に常駐してその能力を発揮することになったのではないか。その後、綱紀によって組織が整備されるにしたがい、当然ながら江戸詰のあり方も変化していくことになる。

コラム―2
加賀前田家の葬儀と墓所

加賀前田家の菩提寺としては、金沢にある曹洞宗寺院の宝円寺と天徳院が有名であるが（前田利長は越中高岡瑞龍寺）、歴代当主の葬儀が執行された寺院をまとめると表3になる。元和九年（一六二三）に天徳院が建立されてからは、宝円寺と天徳院において交互に葬儀がおこなわれたことが大きな特徴といえる。

また、前田利家の兄が天正十五年（一五八七）に葬られたのを契機に、金沢城の南にある野田山が前田家墓所になったといわれ、歴代当主の多くが藩政期に埋葬されているが、天徳院に埋葬された光高・重靖・斉敬、東京日暮里で神葬となった斉泰・慶寧も、のちに野田山

表3　加賀前田家歴代の葬儀と墓所一覧

当　主	没　　年	葬儀	墓所
前田利家	慶長4年(1599)	宝円寺	野田山
前田利長	慶長19年(1614)	宝円寺※2	野田山
前田光高	正保2年(1645)	天徳院	天徳院
前田利常	万治元年(1658)	宝円寺	野田山
前田綱紀	享保9年(1724)	天徳院	野田山
前田吉徳	延享2年(1745)	宝円寺	野田山
前田宗辰	延享3年(1746)	天徳院	野田山
前田重熙	宝暦3年(1753)	宝円寺	野田山
前田重靖	宝暦3年(1753)	天徳院	天徳院
前田重教	天明6年(1786)	宝円寺	野田山
前田斉敬※1	寛政7年(1795)	天徳院	天徳院
前田治脩	文化7年(1810)	宝円寺	野田山
前田斉広	文政7年(1824)	天徳院	野田山
前田慶寧	明治7年(1874)	(神葬)	日暮里
前田斉泰	明治17年(1884)	(神葬)	日暮里

本表は，葬儀が執り行われた順に整理しているため，当主の順とは限らない(平成17年度金沢市立玉川図書館近世史料館企画展「前田家の菩提寺―宝円寺・天徳院を中心にして―」を元に作成).

※1　前田斉敬は，嫡男として将軍御目見を果たした人物であり(止四位下左近衛権少将)，葬儀は歴代当主と同様に執り行われたと判断したため，ここで取り上げた.

※2　なお，前田利長については高岡宝円寺(のちの瑞龍寺)で葬儀が執り行われた可能性が，史料を元に近年指摘されている(萩原大輔，2021).

へ移葬されている（利長は拝墓）。野田山に埋葬されたのは歴代当主とその室、および子女となるが、女子の場合は他家に嫁ぐ前、男子については早世した人物である。現在、歴代当主ほか一族の墓は七十基ほど確認できるが、半数以上が近代に改葬されたものであり、藩政期の墓は三十基に満たないとされ、明治三年（一八七〇）に金沢で死去した真龍院（前田斉広室）の墓までが藩政期の特徴を残しているという（『図説　金沢の歴史』）。

三　綱紀の治世と前田家の「徳川大名化」

1　徳川体制における前田家

前田綱紀と保科正之

前田綱紀は、父が前田光高、母が水戸家徳川頼房娘で光圀《みつくに》の姉となる大であり、寛永二十年（一六四三）に江戸で誕生している。幼名は犬千代、正保二年（一六四五）に父の光高が急死したため、幼少ながら家督を相続した。祖父前田利常の後見を受けた綱紀は、万治元年（一六五八）には保科正之娘の摩須と婚姻したが、これは有力者である保科正之との繋がりをもって前田家の安泰を図ろうとしたものとされる。利常が同年に死去すると、保科正之が後見として綱紀を支え、寛文六年（一六六六）には、利常娘の熊が保科正之の嫡男正経と婚姻しており、前田家と会津松平家とのさらなる関係強化がなされている。

綱紀自身は、承応三年（一六五四）に正四位下左近衛権少将、加賀守となって将軍徳川家綱の偏諱を賜り綱利と称した。同年末には左近衛権中将となり、貞享元年（一六八四）には綱紀と改め、元禄六年（一六九三）参議（中将兼任）に昇叙し、さらに宝永四年（一七〇七）には従三位となる。この従三位参議が加賀前田家にとっての極官となるのだが、これについては後述したい。

若き綱紀にとっては、国許の重臣たちとの関係構築や重臣長家領の処遇、そして越前福井と対立していた白山の帰属問題といった難題が山積していた。まず、白山麓の争論については、戦国期から禅定社造営をめぐって争われていたが、明暦元年（一六五五）に加賀側が尾添《おぞえ》村に杣取《そまとり》を命じて社殿修理の準備をしていたところ、越前福井から抗議をうけている。このときは、利常の判断により一応の終息をみるが、利常は将来の訴訟に向けて証拠を確保し、余計な実力行使をしないよう指示している。そして利常死去後の寛文六年、白山長吏が天皇の綸旨を取得し、それを支援していた加賀側が社殿造営に踏み切ったことで争論が再燃すると、江戸詰家老の今枝直恒は老中松平信綱に折衝を重ね、さらに前田家と由縁のある前述の保科正之、勘定奉行の岡田善政（兄が前田家家臣）に根回しをおこなった結果、同八年に白山麓十八ヵ村が幕領に組み込まれることで政治的に決着した（見瀬和雄、二〇〇二）。加賀には、尾添・荒谷《あらたに》の両村が幕領となったことで代替地として近江海津の一部が与えられたが、ここは京都に近く、幕末期には重要な拠点となる。なお、この十八ヵ村については、徳川体制崩壊後、朝廷領として越前福井の預所となったのちに、越前に設置された本保《ほんぼ》県の管轄となり、さらに廃藩後の府県の統廃合をへて、明治六年（一八七三）に石川県管轄となる旨が太政官より達せられ、現在に至っている。

いま一つ重要な一件として、三万三千石の能登長家領でおこった浦野事件がある。長家は由緒ある能登の国人であり、長連龍が織田信長から能登鹿島半郡の領有を安堵されると、その後も利家・利長と前田家二代にわたり起請文を取り交わしており、鹿島半郡では独自の支配が継続していた。連龍から好連《よしつら》、そして連頼《つらより》と代替わりするなか、明暦期には長家家臣団のなかで浦野孫右衛門が執政と評されるほどの権能をもち、のちに「浦野派」として処分された者たちの総知行高は、長家家臣団全体の四分の一にも相当したという（大野充彦、一九八四）。連頼はこの浦野孫右衛門に家政全般を担わせていたが、寛文五年あたりから役儀の交替や検地による知行地支配改めによって自身の親裁を実現しようとし、浦野らと対立していった。やっかいだったのは、一部の十村や百姓が浦野らと繋がっており、百姓による検地反対闘争の色が付いたのと、連頼の子である元連《もとつら》が浦野らと結ばれてしまったことで父子対立の様相を呈してしまったことであり、混迷の度を深めるなかで同七年閏二月、連頼は藩による裁断を求めている。

結果、綱紀は江戸で保科正之と評定を重ね、長元連の蟄居、浦野孫右衛門や関係者の切腹といった処分を敢行し、事態を収束させている。ただし、この件はここで終わらず、同十一年に連頼が死去すると、長家は鹿島半郡の収公と替え地を命じられ、さらに鹿島半郡で改作法が実施されたことにより、領内すべての地において改作法が施行されることになった。また、長家においても知行地の実行支配という独自性が喪失し、他家と同じ扱いをうけるようになったことは、綱紀が家臣団編制を整備していく布石となったといえよう。

この浦野事件については、長家内の権力闘争、改作法体制確立の過程での百姓一揆、農民階層による検地反対闘争、さらには国家論的評価といったように、さまざまな視点で検討されているが、長家の「家」の問題としてみると、この一件は中世以来の土着の有力者が近世領主によって包摂され家臣化する過程で生じた問題であり、それゆえに多様な評価がなされた事件だといえよう（同右）。いずれにせよ、若き綱紀はこれら難題を後見の保科正之に相談しながら乗り越えていき、藩組織の長としての力量を有していった。

徳川綱吉との関係と本郷邸御成

延宝八年（一六八〇）に徳川綱吉が五代将軍となるが、この綱吉と綱紀の関係について触れてみたい。能に傾倒した綱吉は、自分が能や仕舞を舞うことに熱中したのみならず、諸大名にもそれを求めたといい、綱紀は貞享三年（一六八六）閏三月に綱吉の演能を拝見した際、綱紀にも舞うようにとの上意があったという。綱紀はその翌日から稽古をはじめ、四月には甲府の徳川綱豊《つなとよ》や御三家の当主とともに「桜川」を演じており、さらに翌四年五月にも御三家らと「梅枝」を舞っている。

また、好学の綱吉は文治政治を推進していくが、綱紀もその影響をうけており、元禄五年（一六九二）正月には林大学頭を江戸本郷邸に招き、「大学」の講釈を拝聴している。綱吉による経書の講説をたびたび拝聴していた綱紀だが、同年六月には綱吉を前に「中庸」を講じており、さらに同六年十月に「大学」、同七年七月にも「論語」を進講している。さらに、綱紀が「論語」を進講した際には、綱吉から「徳不孤（徳は孤ならず）」の文字を拝領していることからも、綱紀に対する綱吉の厚遇ぶりがうかがえる（「政隣記」一二）。

綱紀はそのほかにも金沢にあった御細工所を大幅に拡大・整備しているが、所属する細工者が綱紀に御目見できる体制であり、その意味においてエリート職能集団だと評価される。彼らの職種は二十をこえ、さらに兼芸として能の諸役、シテ以外のワキ方、囃方、地謡を担当することが元禄元年に義務化されたという。また、綱紀は図書の収集にも力を尽くしており、各地に家臣を派遣して書物の探索・収集につとめ、綱紀が収集した書物を中心とした尊経閣《そんけいかく》文庫（公益財団法人前田育徳会所蔵）は、すぐれた文化遺産として現在も評価されている。この収集事業を支えたのは、綱紀が招聘した学者たちであるが、儒者としては、木下順庵《きのしたじゅんあん》・松永永三《まつながえいさん》・五十川剛伯《いそがわごうはく》・小瀬順理《おぜじゅんり》・室鳩巣《むろきゅうそう》らがおり、そのほかにも神道の田中一閑《たなかいっかん》や、「庶物類纂」で著名な稲若水《いのうじゃくすい》など、文化に傾倒する綱紀の姿勢がここにも反映されている。

そして元禄十四年十二月、綱紀が江戸城に登城した際、老中列座にて翌年四月に将軍綱吉が江戸本郷邸を訪問するとの上意が示されると（将軍御成）、綱紀は年明け早々に作事奉行を任命して御成御殿の建設に取りかかり、四月十一日には竣工した御殿を数十名の幕府役人が見分している。その後も老中や若年寄が見分をおこない、二十六日に綱吉を本郷邸に迎えているが、将軍以下、老中その他の者あわせて数千人におよび、六時間ほどの滞在であった。前田家と将軍・老中らとの贈答がおこなわれ、綱吉は能を演じて論語を講釈し、綱紀も能および大学を進講するなど、有意義な時間であったとおもわれる。ちなみに、料理は御成前からの三日間で九千百八十人分の料理が準備されている（「御成一巻」）。この御成は、綱紀の願い出によって御三家のあとに実現したものであることから、前田家が御三家に次ぐ存在であることをアピールするものとなったであろう。ここでみてきた綱吉と綱紀の関係は、徳川家と前田家の関係をより強固なものとし、徳川体制における前田家の位置を確立することに繋がっていった。

江戸城殿席と前田家

また、江戸城での儀礼における前田家の席が定まっていったのも綱紀期と考えられる。前田家の場合、江戸城内の行事では、節句は白書院、月次は黒書院となっており、年始の謁見も御三家の次に白書院でおこなわれている。享保期と推定される「御三家並諸大名等作法」では、「御三家に准ぜらると云々、御規式座順水戸殿の次なり、御饗応御三家御同席にて、御屛風仕切」とあることから、前田家が御三家に準じた扱いをうけていたことは間違いない。

そのほか、官位叙任の席は「御座間　御三家、松平加賀守（白書院縁頬の場合あり）」、官位御礼の席は「御座間　御三家、加賀守」、将軍御前での元服および一字拝領は「御三家、松平加賀守、右御座之間、御一献の上御腰物これを下さる」、家督相続などの仰せ付けも御三家同様に「松平加賀守　御座之間」、その御礼の席も「御三家、松平加賀守（黒書院の場合あり）」、参勤御礼および御暇の場合も「御三家、加賀守、両度ともに御座之間」とあり、基本的には御三家と同等の扱いをうけている。

そして、このような江戸城における儀礼の席については、各大名家の殿席との関係性が指摘されている。殿席とは、江戸城に登城した諸大名が詰める控えの間のことだが、遅くとも延享元年（一七四四）には大名家格制としての殿席制が成立したという（松尾美恵子、一九八一）。御三家は大廊下席上之部屋、前田家は同席下之部屋とされ、幕末に至るまで大廊下席を長く殿席としていた。そのほか、この大廊下席には十一代将軍徳川家斉の男子が養子入りすることで新規に入った家もあり、天保八年（一八三七）の武鑑では、上野矢田（鷹司）松平、津山松平、越前福井松平、川越松平、明石松平、薩摩島津、因幡池田、阿波蜂須賀、浜田松平の九家（「天保武鑑」）、安政二年（一八五五）の武鑑では、上野矢田（鷹司）松平、津山松平、越前福井松平、明石松平、因幡池田、阿波蜂須賀の六家が確認でき、時期により異同がある（「袖珍武鑑」）。そしてこの大廊下席（下之部屋）への法令伝達については、構成員の拡大にともない、一家ごとの別触から廻状方式への変更が天保十四年に幕府から通達されたが、前田家のみ例外とされており（従来通りの別触）、前田家とそのほかの大廊下席では幕府の対応が異なっていた。これは、前田家が一貫して大廊下席であったためと考えられるが、新規の大廊下席は留守居が連帯して抗議し、一年あまりで幕府に撤回させている（篠崎佑太、二〇一六）。このように、前田家以外の大廊下席が留守居によるあらたな結びつきをもったことは、幕末期における諸大名の連携を考える上で示唆的であるとともに、前田家が他の大名家と連携を取らずに政治運動を展開していったことにも繋がるとおもわれる（第九章）。

この大廊下席については、「将軍家ゆかりの大名家に与えられた特別待遇の座席」とされるが（松尾美恵子、一九八一）、天明期と推定される江戸城本丸御殿の絵図では、「下之部屋」は「松平加賀守、松平越前守ヘヤ」とあり、天保期になると「下御部屋御家門」と記される（篠崎佑太、二〇一六）。この大廊下席からは、徳川家との姻戚関係によって「徳川大名」化していく国持大名の姿がみえてくるが、越前福井松平家は貞享期に大広間に格下げとなったのち、宝暦五年（一七五五）に大廊下席に復帰しており、有力外様大名の島津家がはじめて大廊下席となったのは天明四年（一七八四）で、先にみたように大廊下席が定席というわけではない。前述した「御三家並諸大名等作法」には、「御三家、松平加賀守、（中略）を御家門と称すことこれあり」とも記されており、前田家が徳川将軍家と由縁ある家柄とされていることは間違いないことからも、「徳川大名」化の典型例と位置付けてよく、単なる外様とみなすべきではないと考える。

「清華成」大名としての前田家

第一章までさかのぼるが、関白となった豊臣秀吉が服属した諸大名を統制して国内の政治的統合をすすめるなか、豊臣体制でまずは武家官位が整えられていく。その秀吉は、「公家成《くげなり》」「諸大夫成《しょだいぶなり》」といった官位叙任による階層の上位に「清華成《せいがなり》」を創出したが、これは公家世界の秩序を利用した豊臣独自の大名統制システムであり、豊臣宗家—「清華成」大名—「公家成」大名—「諸大夫成」大名として、大名家の家格を明確に秩序化していった（矢部健太郎、二〇一一）。

前田利家は参議中将となった翌年の天正十九年（一五九一）正月に「清華成」大名となり、豊臣政権で重きをなしていく。文禄三年（一五九四）正月には上杉景勝・毛利輝元とともに従三位、さらに同四月の秀吉御成による中納言昇叙によって利家は「清華成」大名集団のなかで徳川家康に次ぐ立場となり、さらに家康の内大臣任官にあわせて利家も大納言となることで、家康に対抗しうる存在として秀頼の傅役をつとめているが（同右）、この過程からは「清華成」大名の序列に武家官位が影響を与えていることがわかる。また、前田利長も参議、中納言と昇叙しながら利家後継の道を着実に歩んでおり、「清華成」大名としての前田家の家格が維持されている。

前田家の武家官位

そして豊臣から徳川へと体制が移行すると、徳川家はあらたな体制の創出にとりかかり、先にみた殿席のような家格による序列や、武家官位の整備にとりかかっている。徳川体制では、豊臣家滅亡後に出された禁中並公家諸法度によって武家官位を公家官位と切り離し、公家世界の叙任を武家が圧迫していた問題を解消している。その武家官位については、将軍徳川家綱による寛文印知の発給との関連が指摘されるが、いまだ叙爵していなかった一万石の大名家もこの段階で多くが叙爵し、さらに宝永六年（一七〇九）にも多くの叙爵がなされ、ここにおいて全大名家に武家官位が与えられたとされる（橋本政宣、一九九九）。たしかに、元禄四年（一六九一）の前田綱紀の書状では、「当御代は一万石以上にても城主、ならびに御役人のほかは叙爵仰せ付けられず」（「本多等諸大夫一件」）とあることから、徳川綱吉期にはすべての大名家が叙爵していたわけではないことがわかる。

ともかくも、このような経緯で成立した徳川体制における武家官位では、形式的には天皇、実質的には将軍が叙任権を保持していたとされ、位階は一位から八位と初位の九段階で、一位から八位は正・従、四位以下はさらに上・下に分かれている。そして官職については、太政大臣―左大臣―右大臣―内大臣―大納言―中納言―参議（宰相）―中将―少将―侍従―四品―諸大夫と序列化された（堀新、二〇一〇）。この位階と官職によって武家官位は構成

表4　前田家歴代の武家官位

当　主	位階	官　職	備　　考
前田利家	従二位	権大納言	従一位は追贈
前田利長	従三位	権中納言	正二位権大納言は追贈
前田利常	従三位	権中納言	従二位は追贈
前田光高	正四位下	左近衛権少将	
前田綱紀	従三位	参　議	中将兼任，従二位は追贈
前田吉徳	正四位下	参　議	中将兼任
前田宗辰	正四位下	左近衛権中将	
前田重熈	正四位下	左近衛権中将	
前田重靖	正四位下	左近衛権少将	
前田重教	正四位下	左近衛権中将	
前田治脩	正四位下	参　議	中将兼任，従三位は追贈
前田斉広	正四位下	左近衛権中将	
前田斉泰	正三位	権中納言	中将兼任，従二位と正二位は追贈
前田慶寧	従三位	参　議	中将兼任，従二位は追贈

『加賀藩史料』編外編(1923)により作成.

されたが、規定としては「寛保三年御定」が機能していたと考えられる。これによると、「松平加賀守家は五十歳以上参議、六十歳以上従三位仰せつけらるべく候」とあり、前田家の当主は五十歳以上で参議、六十歳以上で従三位に昇叙することが示されているが、ここで利家から慶寧に至るまでの武家官位についてまとめたものが表4である。利家や利長は豊臣体制での武家官位であり、利常も徳川体制における武家官位が整備される前と考えてよく、前田家としては綱紀以降が該当することになる。その叙爵の過程をみると、元服および将軍の一字拝領の際に正四位下左近衛権少将となり、相続すると左近衛権中将、そして参議（宰相）となるが、その場合は中将を兼ねたことから、宰相中将とされる。その後は従三位まで昇叙するのが通例だったが、幼少で家督を相続した重教や、還俗後に相続した治脩は、相続後に少将、その後中将に昇叙しており、斉泰の場合は通例のとおりではあるが、少将から中将に昇叙するまでわずか二ヵ月あまりというスピードであった。そしてその斉泰は、安政二年（一八五五）には中納言、元治元年（一八六四）には正三位と異例の昇進を重ねており、子の慶寧も同様に、安政五年に歴代にはいない正四位上となり、慶応二年（一八六六）には三十代で参議となっている。

この異例の昇進について、明確な根拠が示された史料は確認できていないものの、一つは先に指摘したように、将軍徳川家斉の男子が複数の大名家に養子に入ることで家格が上昇した影響が考えられる。前田家も斉泰の正室が家斉娘の溶であり、その子が慶寧であるため、そのことが考慮された可能性もあるが、いずれにしても他大名家の家格が上がったことに対し、御三家同等の家柄である前田家への配慮があったとも推察される。それに加え、ペリー来航以降の混迷を深める政局にあって、前田家を徳川方に繋いでおこうとする狙いもあったのではないか。東西が二分するかの情勢にあって、東国の有力大名として前田家に政事総裁職を任命しようとする動きがあり、この異例の昇進についても政治的文脈で理解する必要もあるだろう。

ちなみに、有力大名家の極官について、「武家官位略記御昇進次第」では、御三家の尾張・紀伊は従二位大納言、水戸は従三位中納言、譜代筆頭の彦根井伊家は正四位上権中将、家門の越前福井松平家と会津松平家が正四位下権中将で、外様の薩摩島津家および仙台伊達家が従四位上権中将とされている。従三位参議の前田家はやはり御三家に準じる立場であり、他大名家と一線を画する存在であったことがうかがえるが、それが確立したのが綱紀期であった。しかし、近世後期にはこの規定が崩れていき、幕末期を迎えることになる。

前田綱紀の上洛と京都屋敷

各大名家は京都において拝領屋敷を所有することはなかったが、なかには抱屋敷として京都に屋敷を所有し、留守居を常駐させて京都向きの職務を担わせる大名家もあった。前田家においても、万治期に町人菱屋次郎兵衛を名代として複数の町屋敷を購入しており、寛文初年には整備され、河原町三条邸として一体的に管理されるに至る（千葉拓真、二〇二〇）。近世後期には付近の町屋敷を追加で購入して河原町三条邸の規模は拡大していたようで、およそ千四百坪の敷地であったという（ちなみに、寛文初年には二条油小路にも屋敷を有していたが、ほどなくして手放している）。

この河原町三条邸（京都屋敷）には、統括役の奉行（京都屋敷詰人）以下、十数名が詰めており、職務としては京都

図８　京都屋敷と建仁寺の位置
金沢市立玉川図書館近世史料館蔵「元治新撰皇都細見図」「京都新御屋敷絵図」などを参考に作製

方面の財政管理、贈答品や必要な物資の購入、蔵屋敷の管理や廻米の売却も担っていた。さらに京都および西国向きの情報収集や、後述する「通路」の増加による交際範囲の拡大への対応なども重要な任務であり、呉服などの物品購入や物品の搬送料が支出において高い割合であったことも指摘されている（同右）。

そして享保五年（一七二〇）、前田綱紀が自身の娘である直（栄）に面会することを目的として上洛した際には、この河原町三条邸が宿泊場所となっている。近世において前田家の当主が上洛することは珍しく、綱紀上洛も寛永十一年（一六三四）の前田利常以来の上洛であり、この後は文久三年（一八六三）二月の前田斉泰上洛まで待たねばならない。この享保五年の上洛では、綱紀が江戸にいたこともあって東海道廻りで京都に入っており、京都所司代訪問後に二条家へと向かい、娘との対面を果たしている。また、自身の養女となって三条西家に嫁いだ寿とも面会し、夜半には河原町三条邸に戻っている。そして翌日、紫野の大徳寺芳春院参詣後に金沢へと向かっていることからも、とても慌ただしい上洛であったことがうかがえる（「政隣記」五）。ちなみに、幕末期（慶応三年末まで）の上洛となると、斉泰・慶寧の二代で五回確認できるが、いずれも東山建仁寺に宿泊し、河原町三条邸には入っていない。

享保八年四月、体調不良もあった綱紀は将軍徳川吉宗に隠居を願い出、翌月には許可を得ている。そして、利常にならって小松に入ることを望み、小松城の修築に取りかかったとされるが、翌九年五月に病状が悪化して江戸本郷邸において死去している。実に約八十年の治世であった。

また、前田家と朝廷とのかかわりについては、「通路」の視点から研究成果が出されているため、ここで取り上げておきたい（以下は千葉拓真、二〇二〇）。

公家との「通路」と縁組

「通路」とは、近世大名における家と家の交際を意味するが、それは大名同士にとどまらず、公家との交際においても「通路」の語が使用されたという。基本的な連絡や時候の挨拶といった通信や贈答などをともなう交際であり、当主のほかに正室や子女もその範囲となる。また、「両敬」という語もあるが、こちらは「通路」のなかに含まれるも、婚姻などを契機に、より特別な関係を構築した場合に用いられるようで、相互に対等の敬礼を用いる関係を意味し、「通路」より親密で上位の関係にあるものとされる。

前田家における公家との「通路」については、享保期以前の「通路帳」が確認できないため詳細がわからないが、前田利家次男の利政の娘が嫁いだ四辻、前田利常の養女が嫁いだ竹屋、そのほか高辻、中院、勧修寺、平松、三条西といった公家とは「通路」があったと推定されている。そして元禄十一年（一六九八）、前田綱紀娘の直と二条吉《にじょうよし》忠《ただ》との縁組により摂家の二条家と「通路」を有することになったが、これは吉忠の父である二条綱平《つなひら》の要請を受けた桂昌院《けいしょういん》が仲介し、最終的に将軍徳川綱吉の上意によっておこなわれたものである。この二条家との縁組によって他の公家との「通路」も連鎖的に拡大し、遅くとも天明期までにはすべての摂家および世襲親王家との「通路」が成立したという。その後、前田家の財政難により贈答や使者などが縮小・省略されるなかで公家との「通路」も再編され、一部の公家とは「通路」が断絶するが、前田家との縁戚関係がある家とは継続した。そして十八世紀後半以降になると、他の摂家はもとより二条家からの縁組要請をも謝絶するような状況となったが、その背景には前田

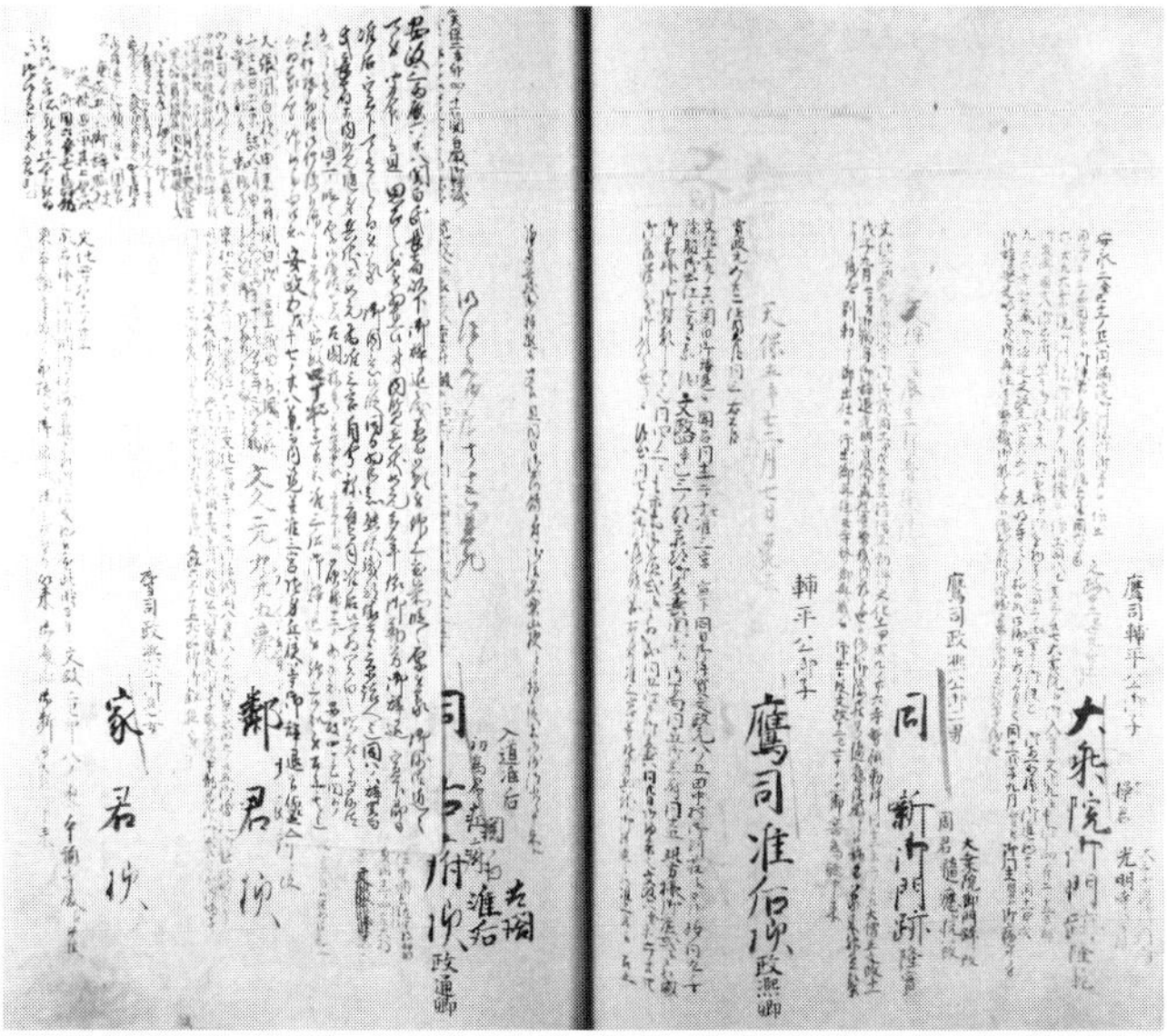

図９ 「御通路諸侯」 金沢市立玉川図書館近世史料館所蔵

家当主の早世が相次ぎ、従三位のみならず参議にすら昇進しない当主が何代も続いたことが指摘される。御三家に準じた家格を獲得して「徳川大名化」を果たした前田家としては、この立場を失うわけにはいかず、それゆえに公家ではなく御三家など徳川家一門との縁組をすすめていった可能性がある。

そのなかで、文化四年（一八〇七）に鷹司政熙《たかつかさまさひろ》の娘を前田斉広の継室として迎えるが、このときは前田家が積極的な姿勢を示しており、以降、文政十年（一八二七）の鷹司輔熙《すけひろ》と前田斉広娘の郁（入輿前に死去）、天保二年（一八三一）の前田慶寧と鷹司政通《まさみち》娘（入輿前に死去）、安政四年（一八五七）の慶寧と鷹司政通娘の通（実父は久我建通）と立て続けに縁組がなされている。つまり、十九世紀に入ると前田家は二条家ではなく鷹司家との縁組関係を強化していることがわかるが、その理由としては、①当主の早世が続いて衰退傾向にある二条家にかわり、当主が数代にわたって関白に任じられるなど、鷹司家が朝廷内の実権を掌握していたこと、②鷹司政熙の娘（鷹司政通養女）が将軍徳川家定の正室となったように、鷹司家と将軍家および大奥、有力大名、さらには東西本願寺とその連枝との縁故が形成されていること、③徳川家斉政権における御台所を介した官位上昇工作の実態などが挙げられている。

また、公家との縁組は大名家同士の関係性にも影響を与えており、前田家と阿波蜂須賀家との関係に変化が生じている。蜂須賀《はちすか》斉昌《なりまさ》と鷹司政熙娘の季との縁組がなされると、前田斉広の正室真龍院と季が姉妹であることから、従来の「通路」から「両敬」の関係へと変更したいと蜂須賀家から打診があり、前田家も了承している。つまり、前田家と蜂須賀家との直接の血縁がなくとも、鷹司家を介して両家の関係性が強化されたことになる。

このように、近年の研究成果をみると、「通路」とは家同士の関係に大きな影響を与えるものであったことがわかる。二条家との縁組は将軍上意によるが、当時の二条家は摂政・関白を勤めるなど、摂家のなかでも有力であったことから、前田家としてもメリットが大きかったとおもわれ、近世後期の鷹司家の場合も同様で、御三家に準じる前田家の家格を維持し、「御家」を安定させる上で望ましかったとおもわれる。ただし、幕末期になるとその関係は変化し、長州毛利家とも関係が深い鷹司家とは距離を保ちつつ、二条家との関係性が再び強まっている。これは、幕末期の二条斉敬《なりゆき》が関白および摂政を歴任する朝廷内の実力者であったことに加え、斉敬の母が水戸家出身で徳川斉昭《なりあき》と姉弟であったため、斉敬と一橋慶喜《ひとつばしよしのぶ》とが従兄弟の間柄であったことも大きいとおもわれる。前田家からすれば、以前から関係性の深い会津松平家・二条家のラインから一橋慶喜との繋がりをもち、一会桑《いちかいそう》勢力と良好な関係性を築くことが重要であったと考えられるが、この点については幕末期の政治過程、そして京都警衛任務において明快にあらわれる（第五章）。

以上、これまで等閑視されてきた前田家における「通路」の視点が重要であることは疑いなく、公家との縁組や「通路」が「御家」の問題や幕末期の政治過程にも関連するものとして理解しなければならない。また、大名家同士の「通路」についても、今後さらなる分析が求められよう。

2　家臣団編制と「御家」

改作法の成就

浦野事件後に改作法が実施された能登の鹿島半郡では、延宝七年（一六七九）には当該村に対して村御印が発給されている。これにより領内すべての村々に改作法を施行したことになったが、「高免」の問題が残されていた。本多家ら高禄の家臣は、肥沃で質の良い米が収穫できる土地を与えられて免率も高かったといい、綱紀としては改作法によって給人の収入を安定させようとしている以上、家臣団内の不平等を避けるためにも平均免の導入を目指していた。ただし、平均免を本格的に導入すると「高免」の厚遇を受ける者たちは禄高に変更がなくとも実質的には減収に繋がってしまう。そのため、綱紀は平均免移行に際して生じる差を本家への加増や分家への配分などで対処するという手段に出ている。

横山家の場合、当主の横山玄位《よこやまはるひら》（二万六千石）と弟の任風《とうかぜ》（二千石）に対して、延宝九年に玄位が四千石加増、任風は五百石加増しているが、この四千五百石は「平均高直シ余分」であった。つまり、横山家については本家の加増と分家への配分というかたちで対処したことがわかる。また、本多家の場合では、元禄十四年（一七〇一）に家督を相続した本多政敏《ほんだまさはる》が五万石を相違なく相続しているが、すでに延宝期に分家となっていた弟の政冬に対して、「知行高五万石の免除分七千七百四十八石三斗に、弐百五拾壱石七斗引足、合わせて八千石加増」（「先祖由緒并一類附帳」「本多貞五郎」）とあるように、平均高直しで生じた八千石が分家の政冬に与えられていた。つまり、本多家ではすべて分家に配分されていたことがわかる（小西昌志、二〇一八）。このように、家ごとの事情による違いはあったとおもわれるが、高禄家臣の「高免」問題を解決することにより、改作法と平均免による領内統治が実現したと考えられる。

綱紀の救恤政策

長きにわたる治世において綱紀は多くの政策を実施しているが、寛文初年には越中黒部川に愛本橋が架橋されている。綱紀は、暴れ川として知られた黒部川に交通利便を目的として橋の設置を命じ、防衛上の理由から反対する家臣へは民衆のためと説き伏せたという。そのほか、男女貴賤を問わずに九十歳以上の高齢者に扶持を与えるなどの政策もすすめるなか、とりわけ注目されるのは救恤政策としての非人小屋の設置である（以下は丸本由美子、二〇一六）。

図10 「卯辰山開拓録」 金沢市立玉川図書館近世史料館所蔵

これは寛文十年（一六七〇）、綱紀が郊外笠舞《かさまい》の地に創設した困窮者の収容・加療施設であり、他でみられるような一時的なものとは異なり、廃藩まで設置されている（慶応末期の卯辰山開拓と連動して撫育所と改称、郊外卯辰山の地に移る）。地域において困窮者に対処しきれない場合や、城下を見廻る担当の足軽が困窮者を発見するなどして収容したという。直接的には寛文の飢饉が契機となるが、常設の施設として廃藩まで存続したことを踏まえると、寛文期の成立は他に類例がないとされる。飢饉や自然災害によって困窮した者が都市部に流入した場合、治安や衛生状況の悪化、それによる騒擾《そうじょう》や疫病の発生などが想定されることから、その点においても設置の意義があったものとおもわれる。

この小屋には、算用場奉行や町奉行が兼任で関与するとともに与力や足軽が配置されたが、町医者がいることも特徴である。収容後、小屋では衣食住や必要な医療が提供され、再び就労できる状態となって地域に復帰することが目指されている。そのために、入所者は草履や芋かせ、すさなどを制作したというが、それは各人の能力に応じた稼ぎをおこなうべきとの規則に沿ったものであったといえる。

そして、天保期に大規模な飢饉が発生すると、収容者が大幅に増加したことで増設されたが、そのほかにも金沢城下三ヶ所に御救《おすくい》小屋が設置されている。御救小屋の運営・管理規則をみるかぎり基本的な機能は同じだが、非人小屋に収容される者は「人別根送り」とされたのに対して、御救小屋はそうではなかったという。つまり、非人小屋に入って社会復帰が可能になった者は、元の居住地ではなく別の地にて就業し生活することが想定されていたということであり、一方の御救小屋の収容者は居住地を変更することはなかった。この点からも、御救小屋は飢饉に際しての一時的な措置であり、元の居住地への回帰が想定されていたことがわかる。やはり、あくまでも常設の施設として困窮者の社会復帰をうながす役割を担ったのは非人小屋であったと考えられる。このように、領主である綱紀が仁政の一環として救恤政策を実施し、「百姓成立」を志向するなかで非人小屋が設置されたが、困窮者対策は経済対策、治安対策に繋がる社会維持の側面があり、綱紀からすれば祖父の利常が推進した改作法を貫徹する上でも重要であったといえよう。また、幕末期に家督を相続した前田慶寧が早くに小屋を視察し、その待遇改善を企図して卯辰山に養生所を建設したのも、「代替わりの仁政」としてこの延長線上に捉えられる。

一方で、この政策については呼称の問題が生じている。綱紀の発言やその他書き上げの表現を踏まえると、ここにある「非人」は身分呼称ではなく「貧民」の意味で用いられていることがわかるが、近世中後期になると収容対象者である庶民に小屋を忌避する傾向が生じていること、小屋の収容経験者が就職難に陥っていること、天保期には従来の小屋ではなく新設の御救小屋に入れてもらえるように願う者がいるなど、あきらかに認識の変化がみられる。天保十一年（一八四〇）、年寄の奥村栄実が「非人といふは、もと筋違のものどもの名目のところ、紛れ候て乞食をも非人と唱え来たり、（中略）いよいよ不当の儀に候はば、非人の名目御省きこれあり候ても苦しかるまじき筋の様にも存じられ候」（「袖裏見聞録」八）と指摘し、改称に言及していることも、これを裏付けるものといえよう。近世後期にみられる賤民差別の強化・顕在化という傾向が、非人小屋に収容されることで生じるスティグマ（負の刻印）を忌避する意識に繋がったとの指摘は重要で、これは綱紀期には想定できないものであり、幕末期の前田慶寧が撫育所に改称した理由もここにあるといえる。

家臣団の構成と上層部

また、この綱紀期は近世大名家としての家臣団体制が確立した時期でもある。初期からの変遷についてここで整理することは叶わないが、確立した家臣団（直臣）は、年寄衆八家―人持―平士―与力―御歩―御歩並―足軽―中間・小者という階層であらわされる。寛永四年（一六二七）の侍帳によると、平士以上で千三百三十三名、総知行高は九十万石とされるため、当時百十九万石といえども加賀前田家の直轄領はわずか二十六万石であった（『金沢市史』通史編二）。その後、前田利常が隠居して小松に入り、富山と大聖寺の両分家が成立したことで大きく変化したが、万治元年（一六五八）に利常が死去して家臣団が金沢に戻ってくると、おおむね体制は安定していく。そして文化四年（一八〇七）の侍帳では、平士以上は千四百六十一名とやや増加しているが、百石程度の家臣が倍増したためであり、むしろ千石以上の家臣は減少している。それでも五万石の本多家をはじめとする万石以上は十二家にもおよび、安政期に発行された「諸大名家臣高禄番付」では、全国の高禄家臣七十一名のなかに十二名全員が記載されている。足軽については、文化期には四千人以上いたとされるが（「帳秘藩臣録」三）、明治初年には六千人を超えている。この増加は、西洋軍事化をすすめた幕末期の軍制改革の影響と考えられる（第五章）。

①年寄衆八家

さて、ここでは上層部の体制について整理してみたい。年寄衆八家について、『金沢市史』（通史編二）では、「年寄衆」や「年寄」の語は多様に使用されていて語義の整理が必要だとして、貞享の職制改革以後については、年寄衆＝八家と理解して、身分・家格の意味において「年寄衆八家」を使用している。

通説では貞享三年（一六八六）の職制改革によって就任する七つの家が固定され、元禄三年（一六九〇）には八家の制として成立、以降はこの八家（年寄衆八家）が最高役職としての年寄を独占したとされてきた。そして、公儀御用（大老）、金沢城代、勝手方御用主附、学校方御用主附、小松城代、産物方御用主附、御部屋之内主附、さらに幕末期には海防方御用主附も担当した。年寄の主な職務内容としては、①組頭の職務や人事に関すること、②藩士の縁組関係と居住のこと、③幕府・禁中・公家衆・諸大名家への使者に関する職務、④毎月朔日と十五日の定例登城に関することのほか、高齢者の調査や困窮者への助成といった領民にかかわることが挙げられている。年寄は、大名自身が在国しているときは金沢城二ノ丸御殿松の間に出座して政務を執り、在府中で留守の場合は二ノ丸御殿ではなく、城内の新丸にあった越後屋敷に入っている（『同右』）。また、月番制を採用しており、担当月は御用番と称している（後述）。

また、年寄衆八家は組方（番方）として人持組頭に任じられて配下の人持（数家〜十家程度）を管理することが求められ、その組は戦時には先手組が附属されて一つの部隊を構成している。この「七手之頭」ともいわれる人持組頭は組方の最高職であったが、この人持組頭と配下の人持との関係性がうかがえる事例がある。嘉永六年（一八五三）六月、ペリーの浦賀来航後に前田斉泰の御前に召し出された人持組頭の長連弘《つらひろ》は、不意の動員に対する心構えを組中に徹底することや、有事における部隊配置案を提出するよう命じられた。そこで、連弘は組中の人持ら全員を自宅に呼び出し、内容を伝達するとともに、部隊配置案を一人一人に作成させている。その後、推敲しながら一枚の配置案を提出するが、その過程で、「すなわち我指揮なり、組中の存寄にまかして我存寄を申すまじきといふことにてはこれなく、固より備えの図出来の上にても悪しきと思ふところあらば、必ず申すべし」（「一組軍役内考覚書」）と述べており、指揮する自身が決断するにせよ、配下の人持の意見をできるだけ汲み取ろうとしている。また、慶応三年（一八六七）末に藩直属の旗本部隊が銃隊編制となった際、たとえ領外出張となって銃隊を率いるよう命じられたとしても、あくまでも自身が組頭として管理する従来の組を引き連れ、銃隊の引率は固辞すると人持組頭の奥村栄通が主張している。この二つの事例から、組内における人持組頭と人持との関係性は、かなり強固であったことが推察される。

②人　持

人持については時期により差異はあるが、享保九年（一七二四）には七十八家、総石高は四十四万石であった（『金沢市史』通史編二）。おおむねこのあたりの数字で推移し、家臣団総知行高の半分が人持で占められていたといわれるが、綱紀期には七組に編制されている。人持の序列については、「座列知行本高次第、五千石以上の前田氏は万石に準じ、四千石以下は五千石の上に列す」（「藩国官職通考」一）とあり、禄高順を基本としながらも前田姓が優遇されるものであった。彼らが任命される重要な役職としては家老が挙げられるが、三千石以上の者から十名程度が家老に任命されている。

その家老については、「七月朔日主附（篠原）勘六」（「諸事留帳」十五）といったように、毎月上旬・下旬には主附に任命される主附制が採用されており、ほかの家老をとりまとめる代表者としての側面がみられることから、主附は家老における御用番と位置付けられる。また、江戸においても「（横山）蔵人義、今月表方主附の事」（「同右」十一）とあることから、複数の家老が在江戸の場合は、月交替の主附制が採用されていたことがわかる。主たる職務は年寄を補弼することであり、さらに参勤交代への供奉や江戸詰を担当し、平士以上の家臣の監督・調整、および寺社・町人・百姓などの監督も職務として挙げられる（『金沢市史』通史編二）。この家老の序列については「座列本列次第」（「藩国官職通考」一）とあるため、人持組の規定が適用されたとみてよいだろう。

そのほか注目すべきものとしては、「年寄中席御用加判」が挙げられる。「当役（家老）命ぜられ、追って年寄衆御用の加判仰せつけらる」（「同右」一）とあり、これは年寄の詮議に家老が加わり決裁に関与することと考えられる。家老任命後から数ヵ月～数年後に「年寄中席御用加判」に任命される傾向があることから、やはり一定の経験が求められたといえ、「武鑑」にも「御家老加判」と「御家老」を分けて記載するものがあり、加判の家老とそうではない家老とは区別されていた。

また、儀礼的行為のなかで同じ身分階層や役職であっても、加判就任の有無によって差が生じているが、それは加判が政治意思決定に関わる合議の場に参画できたためとの指摘がある（林亮太、二〇一九）。制度として停滞した時期もあったようだが、幕末期に「公議」が重んじられるようになると、「年寄中席御用加判」の家老も政治意思決定にかかわっている（第五章）。

家臣団上層部における職制の変遷

この家臣団上層部の編制については、良質な研究成果がある。まず、万治期に「国の仕置」「国中仕置」が置かれ、前者は公儀御用や家中統制、他国との交渉などを担い、後者は郡方・町方行政などの内政を担当していたが、その人物たちが次々と死去、病気になるなど職務を遂行できなくなったことで、貞享三年（一六八六）に大きな職制改革がなされている。この段階で寛文期に設置された若年寄も含め、大老―人持組頭―年寄（家老とも表記される場合あり）―若年寄という序列ができあがったが、この時期は綱利から綱紀に改名して花押も改め、寺社や十村層などからも由緒帳を提出させるなど、あらたな取り組みがなされた時期でもあり、この職制改革もその一環として捉えるべきであるとの指摘がある。さらに、大老の嫡子が年寄・若年寄に入り込んでいることから、重臣家を厚遇しようとする綱紀の姿勢についても言及がなされる（石野友康、二〇〇〇）。

また、上層部の職掌と職名に着目し、その変遷から特質を論じた研究もある。貞享の職制改革で編制された大老―人持組頭―年寄―若年寄という序列では、大老と年寄のみが月番を勤めていたが、元禄期に入ると組方の人持組頭が月番に任命されることから、組織自体が役方重視に移行していると指摘される。その後も変遷があり、宝永二年（一七〇五）には月番を担当する従前の年寄が欠員となると、同四年には月番を担当しない家老があらたに置かれたが、このことは、大老および人持組頭が月番を独占することを意味し、この独占的な立場となった八つの家が年寄衆八家として家臣団最上位を構成し、幕末期に至るまでの年寄―家老体制が確立したと評価される（林亮太、二〇一三）。

さらに、これらの研究では元禄三年（一六九〇）に八家の制が成立したとの説に疑問を投げかけている。元禄三年説は、村井親長《ちかなが》が人持組頭に任命され、就任する家が八つに固定されたことを理由とするが、そもそも軍制の長である人持組頭への就任をもって年寄衆八家が成立したといえるのかとの疑義が呈されており（石野友康、二〇〇〇）、それに加え、前述したように人持組頭が元禄期には月番を担当するようになったことや、月番を担当する従前の年寄が欠員となり、かわりに月番を担当しない家老が成立したことから、年寄衆八家の成立時期は少なくとも元禄末期まで下るのではないかとの指摘もある（林亮太、二〇一三）。

これらを踏まえると、やはり何をもって制度の成立とみるかという点に行きつくようにおもわれる。複数の職を兼ねること（兼帯）が理解を難しくさせるが、従来は年寄衆八家を構成する八つの家が固定されたことを重視したことで元禄三年となったといえる。一方、家臣団の実態に即した見解、および幕末期まで連綿と続く職制の確立と月番制に視点を置いた場合、確立したとみなせるのが元禄末期ということになるのだろう。内実をともなった年寄衆八家の確立という意味においては後者の理解が評価できるが、これについては先行研究でも言及される前田貞親《さだちか》という家臣をいかに理解するかが重要とおもわれる。前田姓ではあるものの、年寄衆八家ではないこの人物が元禄末期まで、もしくは宝永二年に死去するまで月番を担当した可能性があったことは、きわめて重要なポイントになると考える。

年寄衆八家の序列と御用番

年寄衆八家については、元禄十年（一六九七）に前田綱紀が序列に言及しているが、そこでは本多家・長家・横山家・前田対馬守家（長種《なかたね》系）・奥村家（宗家）・奥村家（支家）・村井家の順であった。これが家の序列を示す「家之列」として認識されていったとおもわれる（ただし、前田利家と芳春院の血統である前田土佐守家（直之系）をここで位置付けなかったことが、のちに問題となる）。また、年寄衆八家における役職の就任過程については、前田吉徳期におおむね固定されており、無役→火消（しない場合あり）→御用見習→御用加判→月番（御用加判と同日の場合あり）→人持組頭、の順であったが、家督相続時に幼少であった場合は、年齢的・経験的な理由で家臣団支配にかかわる役職には就けなかった（林亮太、二〇一九）。

以上のような「家之列」や役職就任、そして叙爵の有無により（後述）、年寄衆八家は序列化されたといえるが、その序列を視覚的に示すものとして年頭御礼など儀礼の場における座列が挙げられる。年寄奥村栄通が記した「官事拙筆」や「御用方手留」によると、諸大夫―人持組頭―御用加判―当主―嫡男の順で座列が定められていたことがわかる。従五位下諸大夫に叙爵された最前列の四名については先官順、人持組頭以降は禄高順と定められており、この座列をみても年寄衆八家の序列は固定していたというよりも、基準により適宜変容していたといえる。

また、月番制において当月の担当年寄を御用番と称したが、この御用番の職務内容について記された「類聚御用番記」を詳細に分析した研究がある（以下は林亮太、二〇二〇）。

「類聚御用番記」

「類聚御用番記」は、年寄衆が勤める役職全般、すなわち「御用」の心得となるもので、もともとは個人で秘蔵すべきものであったが、書写によって年寄のあいだで広まっていったという。さまざまな職務を滞りなく遂行する必要があった彼らには必須の書物と推察されるが、この「類聚御用番記」には御用番の引き継ぎについて記されている。まず、その月の担当者になると「御用之品入長箱」の鍵を受け取り、「御用送り帳」に記された前月の残務処理をこなし、その鍵は常に懐中して厳重に管理していた。そして御用番勤めの最終日、次の担当者への引き継ぎでは、その月の残務を「御用送り帳」に箇条書きで書き記して簞笥などに入れて鎖をし、その鍵を次の担当者に渡したとあることから、厳重な管理の下で業務が引き継がれたことがわかる。そのほか、御用番を支えた年寄中席執筆役の存在も明らかになっており、その多くが算用者であったといわれるが、彼らが御用番のもとで取次、先例の取り調べ、文書の執筆をおこない、御用番の勤めを補助していた。一方で、彼らは職務上機密情報を目にすることから交際範囲が厳しく制限されたが、なかには増長して政治向きに口出しする者もいたという。ここからわかることは、月番制が徹底されるなか、御用番は当月の担当者としてルールのなかで業務を遂行していたこと、そして御用番の側には高い事務処理能力や文書執筆能力をもった執筆役が存在したことである。上級家臣の職務を有能な吏僚が支えるという構図は、他の大名家においてもみられるが、この点を見逃すと上級家臣が職務をただ独占していたとする保守門閥との評価に収斂されてしまい、組織分析という視点が失われかねない。

そのほか、金沢城における年頭儀礼のあり方については、江戸城での年頭御礼と比較して類似性がみられるとの指摘がある（深井雅海、二〇〇二）。江戸城では将軍への拝礼の際、大名家の官位によって拝謁する場所や献上物の置き場所が異なっていたが（前田家の場合、宰相であれば白書院の下段下より一畳目で拝謁、下段下より四畳目の下に献上物を配置）、金沢城二ノ丸御殿でも同様に、諸大夫は奥書院で拝謁して同三畳目に献上物、そのほかの年寄・家老・若年寄は小書院で拝謁し、献上物の置き場所が畳一畳ごとに異なっている。おそらく前田家は将軍家の儀礼を模倣したとおもわれるが、このような拝謁場所や献上物の置き場所が官位や役職を基準として定められたことで、家臣団の上下関係が常に意識され、それによって体制の維持が図られたものとおもわれる。

陪臣叙爵

そして加賀前田家では、年寄衆八家から四名が叙爵（従五位下諸大夫）しているが、これは御三家以外では前田家にのみ許されていた。慶長二十年（一六一五）の本多政重・横山長知の叙爵から長らく途絶えたが、元禄四年（一六九一）に本多政長《まさなが》・前田孝貞《たかさだ》の二名が叙爵すると、前田綱紀は「両人叙爵仰せ付けられ候儀、ひとえに当家御再興と重畳かたじけなき次第」（「本多等諸大夫一件」）と、二名の叙爵を前田家の再興と捉えて大いに喜んでいる。その後、二度の増員によって同十五年に四名体制となり幕末期まで続くことになるが、叙爵の対象者については、「人持組頭先名よりこれを任ず」（「藩国官職通考」一）とあり、組方の人持組頭に就任した者から禄高順で選任されることが原則であった。元禄四年以降に叙爵した年寄の変遷と座列をみてみると、本多家は歴代当主（十名）が、同じく前田土佐守家（直之系）は幼年で死去した前田直会《なおより》を除いた歴代当主（六名）が叙爵しているが、両家は格別の家柄とされていた。また、叙爵歴が長いと座列が上がり筆頭となることから、格別の家柄である本多家・前田土佐守家以外でも筆頭となる場合があり、近世後期には長家・横山家・奥村家（宗家）からも筆頭を輩出している。

表5は、元禄四年の陪臣叙爵の再興から明治四年（一八七一）の爵位返上までの百八十年間に叙爵した人数と年数について、年寄衆を構成する八家ごとにまとめたものであるが、叙爵期間については本多家が百六十年（筆頭六十二年）、前田土佐守家が百四十年（筆頭六十三年）と突出している。これは格別の家柄ゆえに若くして叙爵したためと考えられるが、残りの家は原則に基づいて叙爵しており、長家や横山家といった禄高が多い家から叙爵する傾向が読みとれる。本多家については、「本多家は元祖既に叙せられて後は諸大夫中絶し、再命せらる時も二代政長叙せられ、続けて三代政敏、其次四代より七代までは相続あれば必相継て叙爵せられし、五代・六代は見習の命もなくして叙爵なり、（中略）年頃に至り闕あれば末座たりとも叙爵あり」（「諸大夫由緒書」）、前田土佐守家についても「組頭たらざる以前にも組頭の上列たり、殊に先代・当代、見習の命なくしても上列せらる、いずれ其わけこれありと云、右両家は自余の方の例とは違いこれあるなり」（「同右」）とあることから、この両家はやはり他の年寄衆八家とは扱いが異なっていたことがわかる。

ちなみに叙爵によって許される名乗りについては、叙爵が決定すると希望する名乗りを複数書き上げて提出し、

表５　陪臣叙爵再興後の年寄衆八家の叙爵期間

	本多	前田(土佐守家)	長	横山
叙爵人数※1	10／10	6／7	6／7	5／7
叙爵期間※2	160(62)	140(63)	89(25)	82(17)
	前田(対馬守家)	奥村(宗家)	奥村(支家)	村井
叙爵人数	6／8	5／8	1／12	3／7
叙爵期間	108(0)	86(13)	1(0)	12(0)

佐藤孝之「加賀藩年寄の叙爵をめぐって」(橋本政宣編『近世武家官位の研究』続群書類従完成会，1999)，および各家の「先祖由緒并一類附帳」(金沢市立玉川図書館近世史料館所蔵)をもとに作成した．

※1　叙爵人数は，叙爵再興後の歴代当主のうち何名叙爵したかを示す．

※2　叙爵期間は，叙爵再興後の元禄４年(1691)から明治４年(1871)までの180年間にその家が何年叙爵していたかを示し，(　)内は叙爵期間のうち筆頭であった期間を示している．

藩はそれを確認した上で幕府に届け出て決定する流れであったが（最終的には朝廷から位記・口宣案が出される）、のちに幕府老中らと重複すると変更する必要があった。安政三年（一八五六）に奥村栄通が叙爵したケースでは、叙爵することを伝えられた栄通は、河内守・丹後守・下野守の順で希望する旨を伝え、さらに「三名のうち河内守・丹後守は私先祖の名に御座候、差し支え御座なく候はば、先名に相極め申したく存じ奉り候」（「御親翰留」）と述べて先祖の名乗りを求めており、それが認められて栄通は河内守を称したが、文久二年（一八六二）に老中となった井上正直《まさなお》が河内守を称していたことから、栄通は伊予守への変更を余儀なくされる。その後、幕府倒壊後には再び河内守に戻しているが、この変更は奥村家（宗家）の名乗りを大切にしていたことの証左であろう。

重臣のつとめと儀礼

また、年寄衆八家である両奥村家（宗家・支家）は、加賀前田家において蟇目《ひきめ》役を代々勤めている。蟇目とは鏑矢の一種で、出産や病気の際に蟇目を射るという儀式であり、前田家においても子女が誕生したときの誕生蟇目や、病の平癒を願う蟇目がおこなわれた（以下は林亮太、二〇一五）。

この蟇目役を代々勤めた奥村家は、尾張荒子時代から前田家に

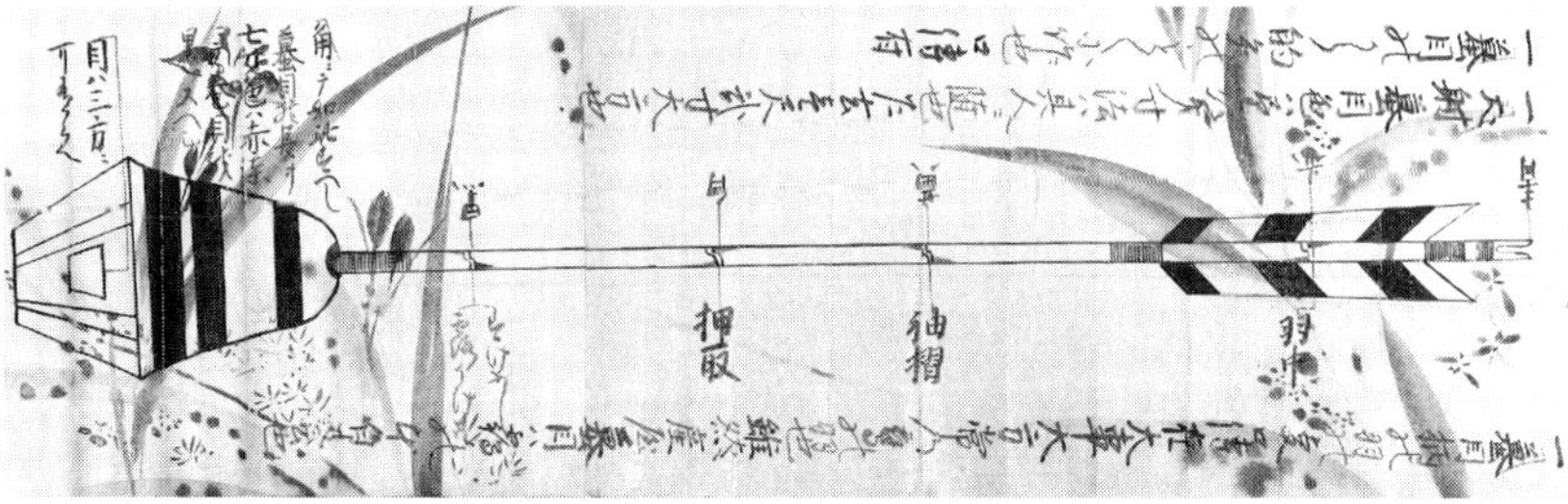

図 11　「蟇目図」　金沢市立玉川図書館近世史料館所蔵

仕えていた譜代家臣の家であり、宗家二代の栄明が前田光高誕生の際に蟇目役を勤めて以降、両奥村家が独占的に勤めたとされる。ただし、支家が勤めたのは宗家に何らかの問題（病気や処分）があった場合にかぎられることから、宗家が優先的におこなうことが慣例になっていた。宗家が伊勢流、支家が小笠原流と流派が異なっていることで問題になったときもあったようだが、蟇目および介副の作法が途絶えないように、奥村家家臣のなかで伝授され続けていた。そして、元治元年（一八六四）末に前田斉泰の子として利武が誕生したときは、宗家の栄通が処分中で勤められず、さらに支家の篤輝《あつてる》が幼少かつ服喪中であったことから、両奥村家以外に蟇目役を勤めさせようとする動きがみられたが、両家にとって迷惑であると主張し、結果として支家の篤輝が蟇目役を勤めている。

　誕生蟇目については、将軍家や他大名家の場合、前田家のように特定の家が独占的に勤める傾向がみられず、その時々において担当する家臣が異なっていたようで、前田家のこのようなあり方が両奥村家の「家柄」意識に繋がったといえ、主家である前田家と自身の家との関係性が特別であるほど、「家柄」はより明確に強く意識されたとおもわれる。また、前田家に子女が生まれたときには産土神に参詣する行事として宮参りがおこなわれたが、金沢では卯辰観音院の参詣後に奥村家（宗家）の上屋敷に立ち寄ることが慣例化していたという（江戸で生まれた場合は、駒込の富士社参詣後に中屋敷などに立ち寄ったとされる）。これも奥村家にとって「家柄」を強く意識させたであろうが、このような儀礼のつとめが主家と家臣の家との関係性、つまり「御家」の安定にも寄与したと考えられる。

家臣団編制と組織

最後に、家臣団編制についてはどうしても上層部に焦点が当たる傾向があるため、そのほかの階層については研究が乏しいと言わざるを得ない。また、職制についても平時の御用方(役方)、戦時の組方(番方)といった勤めの区分がなされる程度であったが、近年では、足軽を除けば前田家家臣団のなかでもっとも人数の多い平士層に注目し、その平士層が任命された頭分に関する研究がある(以下は小西昌志、二〇一六)。

この平士頭分については、やはり前田綱紀期の職制改革において整備がすすんでいったようであり、与えられる役料は勤める頭により三百・二百・百五十・百石の四段階であった。表6によれば、さまざまな頭分が確認できるが、元禄三年(一六九〇)に定番頭が三百石で設置されたことで頭分の序列がおおむね定まったという。この頭分の異動については、いったん頭分になると病気などによる依願御免ないし指除処分がないかぎりは基本的には頭分であり続け、異動によりさらに上位の頭分へと序列を上げていく。一方で、依願御免や指除処分が終わると「御免頭」(任命されていない頭分)という位置付けとなり、その後は以前と同等の頭分に復帰することになる。頭分の兼役

表6　頭分一覧(安永5年)

職　名	役料
定番頭	300
定番頭並	300
馬廻頭	200
小将頭	200
組頭並	200
鐇奉行	200
町奉行	200
魚津在住	150
今石動氷見城端支配	150
新番頭	150
徒　頭	150
大組頭	150
持弓(筒)頭	150
留守居番	150
江戸留守居番	150
先弓(筒)頭	150
物頭並	150
御附物頭並	150
奥小将番頭	150
表小将番頭	150
組外番頭	150
大小将番頭	150
定番馬廻番頭	100
小松馬廻番頭	100
横　目	150
使　番	150
台所奉行	100
細工奉行	100
奥小将横目	100
表小将横目	100
大小将横目	100

金沢市立玉川図書館近世史料館蔵「安永五年年頭御礼次第」により作成.

については、馬廻頭《うままわり》であれば算用場奉行や宗門奉行といったように、ある程度頭分の序列と対応しながら兼役する職が定まっていたが、近習御用の場合、頭分の序列に応じた異なる職（御用部屋・近習頭）であるにもかかわらず、近習御用と一括されるがゆえに、頭分の序列を上げながらも長らく近習御用として勤めることになる。この場合は側廻りを長く勤めることになるため、ほかの職よりも能力や実績が評価されやすい傾向にあったと考えられる。また、頭分の多くが組方（番方）に位置付けられるために、兼役は必然的に御用方（役方）が多くなるが、御用方の役職である町奉行も頭分に組み込まれている（役料知二百石）。この点を踏まえ、頭分には組方や御用方に位置付けられるものが混在する以上、どちらにも区分されない存在として捉えるべきと指摘されるが、これは正鵠を射るものであろう。頭分とは、組方・御用方といった区分からいわば解放された、よほどの事情がないかぎり下がることのない中間管理職ともいえる存在だと考えられる。

そして前田家の場合、頭分になることができる最低禄高百五十石があれば、器量次第で例外的に上位の人持や人持末席にまで上昇する可能性があった。実際、陪臣の出であった志村直賢は、前田重熈の部屋附新番並小将（のち御側小将と名称変更）として召し出されて近習勤仕となると（二十俵五人扶持）、延享五年（一七四八）に新知百五十石を拝領して表小将《おもてこしょう》となって近習取次を勤め、同年中には使番を命じられて頭分となる（翌年百石加増）。その後先手物《さきてもの》頭《がしら》になっても近習は継続し、安永六年（一七七七）には百五十石加増される（都合四百石）。さらに翌七年には組頭並、天明五年（一七八五）には定番頭並となり、ここでも百五十石加増されている（都合五百五十石）。そして寛政三年（一七九一）、都合千五十石にまで加増されると人持末席を命じられ（近習御用は継続）、平士の枠を超えて最終的には隠居まで認められている。つまり、志村直賢は陪臣の出から人持末席まで上昇し、禄高も三十俵五人扶持から千五十石まで跳ね上がった人物であった（「先祖由緒并一類附帳」「志村平」）。ただし、このような上昇は、前田家の側廻りを長く勤めるなど、その器量を評価される必要があったことから、該当事例はかなり少なく、身分上昇の途がひらかれていたとしても相当困難であったことは間違いない。

ちなみに、人持末席については、相続したばかりで座列が定まっていない者、幼少で家督を相続した者、家老の子息など、人持としての見習い期間の席であったといわれる。また、出世したとしても人持末席に留まってしまった（人持に組入りできなかった）場合、次の代からは寺社奉行支配（史料によっては「寄合組」とも記される）という扱いを受けている。この寺社奉行支配とは、人持組には入れずに下の階層である平士にも戻ることができない家をグループ化したものと評価される。先の志村家の場合は、直賢が人持末席で死去してしまったために、子孫は代々寺社奉行支配となっている（林亮太、二〇一七）。

そのほか、家臣団編制においてはむしろ下位といえる与力や組外《くみはずれ》についての研究も現在すすめられている。平士が勤める頭分や奉行が数年単位で異動になることが多いなか、彼らの下で実務役人として長く勤めたのが与力であったが、この与力も綱紀期に大きな整備がなされている。与力はお目見え以下の立場であるが、もともと他の与力だった者が家督相続が認められて知行を拝領する本組与力となり、のちに組外という平士への上昇（御目見以上）という事例がみられるという（小西昌志、二〇一八）。

この組外については、大小将組や馬廻組と同様に平士が配属する組であるが、やはり綱紀の意向によって「侍の組」として成立したものである。平士は足軽を除けばもっとも多い階層である以上、編制は重要であり、前述した頭分を最上位に、大小将組・馬廻組・定番馬廻組・組外組と序列化して機能させていった。組としての組外の役割は、端的にいえば頭分や他の組に欠員が出たときの補充にあったとされるが、そのほか処分された場合や、与力などが平士に上がった場合に配属する受け皿の要素がみられることから、組外は家臣団編制が循環するなかでの緩衝材とも評価される（小西昌志、二〇二二）。以上、ここで紹介した平士の最上位である頭分と下位の組外、さらにその下の与力については家臣団編制において特徴的な存在であるとともに、巨大組織の解明という点でも重要な分析対象であり、さらなる成果が期待される。

綱紀体制と「御家」

長きにわたった綱紀体制では、幕末期に至るまでの加賀前田家の家格や職制が整えられていったが、将軍徳川綱吉と前田綱紀の良好な関係は、徳川家と前田家をさらに強固な関係性へと導き、江戸城における儀礼の席や殿席、武家官位、陪臣叙爵などにみえる御三家に準じた前田家の家格が確立することとなった。また、このような前田家の家格が多くの公家や他大名家との縁組などに繋がり、そこで結ばれた「通路」「両敬」が前田家の家格を確固たるものにしたといえる。

また、前田家としても改作法を成就させ、救恤政策にも取り組むなかで大規模な職制改革に着手し、幕末期に至るまでの巨大組織の整備と安定的な家臣団編制が実現している。これは、それまでが人に職を充てるものであったとするならば、職に人を配置するかたちであり、特定個人の恣意性を弱め、突出した人物による独占的な運営がなされにくいシステマチックなものであったといえるだろう。また、人事異動を繰り返すシステムにあっては、ここで取り上げた組外や与力、執筆役といった者たちが機能することが不可欠であったと考えられる。以上のように考えると、前田家の場合はこの綱紀期において「御家」が確立したと考えてよいのではないか。

最後に、年寄の奥村栄実が天保期に記した意見書では、英明である綱紀の改革によって「御国御制法」が定まったこと、綱紀の仁恵が下々に行き渡って恩沢に浴していること、さらに「謙徳院様（前田重熙）、大梁院様（前田治脩）なども松雲院様（前田綱紀）御事は殊の外御尊崇あらせられ候御様子、恐れながら御尤の御事と存じ奉り候」（「奥村栄実意見書」一）と、歴代当主も綱紀を信奉していると述べながら、「松雲院様御定め置の御法制をもって御代々御遵行あらせられ、在年を経候ても大いに相違仕る儀これなき候処、（中略）只今迄のなり来たり宜しき筋はすべてその通りに仕るべし、また然るべからざる筋などは右追々替わり来たり候内の宜しかるべき所を目当に仕るべき」（「奥村栄実意見書」三）と、綱紀期を基本としながら時代の変化への対応も意識している。栄実は、時代の推移によって綱紀期の政策が軽んじられていると主張していることからも、綱紀期に定められた制法を重んじていたことがわかる一方で、現実に即したより良いものがあれば、綱紀期のものに固執することなくそちらを採用すべきとも語っており、政務を担当する者として、まずは綱紀期の政策を重視していたとおもわれる。幕末期に至るまでの安定的な家臣団編制により「御家」を確立し、巨大な組織も整備した前田綱紀だからこそ、「名君」「中興の祖」といった語が後世用いられることになったといえる。

コラム—3

江戸屋敷の変遷

近世

加賀前田家は、江戸において上・中・下屋敷のほか、深川に蔵屋敷を所有していた（一時期は深川方面に複数の抱屋敷を所有）。

上屋敷は、慶長十年（一六〇五）に前田利常が和田倉門外の辰口に邸地を拝領したことにはじまるが（辰口邸）、明暦三年（一六五七）の大火によって焼失、幕府に上地すると、かわりに神田筋違橋外に邸地を与えられている（筋違邸）。しかし、天和二年（一六八二）の大火によってまたも焼失、上地となり、翌三年には当時下屋敷とされていた本郷邸が上屋敷となった。その本郷邸は、元和二年（一六一六）もしくは三年に幕府から拝領したともいわれるが、先の辰口邸焼失後は前田綱紀が生活するなど、上屋敷の機能を有していたとおもわれ、十万坪を超える広大な拝領屋敷であった。板橋の平尾邸については延宝七年（一六七九）に六万坪を拝領したことで成立すると、他屋敷を整理するなどでその後拡張され、本郷邸にかわる下屋敷となり、最終的には二十一万坪を超える最大規模の大名屋敷となった。また、正保二年（一六四五）には前田光高の正室である清泰院を通じて取得した牛込邸があったが、明暦二年の清泰院死去後、幕府と行き違いの末に上地となり、翌三年に駒込邸が成立している。

以上の経緯により、天和三年には上屋敷が本郷邸、中屋敷が駒込邸、下屋敷が平尾邸、そして深川に蔵屋敷を所有する体制が整うことになる。上屋敷である本郷邸は、御殿空間と詰人空間で構成され、当主以下多くの人間が居住する空間であった。また下屋敷の平尾邸については、池泉回遊式大名庭園を中心に設計・整備され、大名家の別荘としての機能を有していたが、幕末期には西洋リンゴの苗木が植えられて栽培されたことが明らかになっており、また西洋式の軍事調練や大砲が鋳造されていたことも確認できる（吉田政博、二〇一〇）。

ちなみに、加賀前田家の参勤交代では、二千人規模（多いときは三千人以上）の行列が北国下街道を通行し、おおむね十二泊十三日で往来したといわれるが、この参勤交代において下屋敷は好適な休息所として利用されていたという（海野修、二〇一〇）。安永元年（一七七二）、前田治脩は下屋敷に到着すると、縁側での休息後に装束を着替え、わずか一時間ほどの滞在で出発しているが、参勤の場合は、前田家の威光を示すために身なりや行列を整え、江戸市中を通行したものとおもわれる。また、帰国の際に、江戸にいる家族との最後の別れの場になったのも下屋敷であった。

四　たび重なる当主の交代と御家騒動

1　領内統治の不安定化と加賀騒動

前田吉徳による領内統治

享保八年（一七二三）五月、長きにわたり加賀前田家の当主であった前田綱紀が隠居し、その嫡男である吉徳が家督を相続した。そして、翌九年に綱紀が死去したことで、本格的な吉徳体制が築かれることになる。その吉徳は、元禄十五年（一七〇二）に綱紀とともに登城して将軍徳川綱吉に拝謁すると、正四位下左近衛権少将、若狭守となり、享保八年には家督相続にともない加賀守を称して左近衛権中将となる。その後、元文五年（一七四〇）には参議（中将兼任）に昇叙しているが、これは整備された武家官位の規定に沿ったものといえる。また、宝永五年（一七〇八）には将軍綱吉の養女となった尾張家徳川綱誠《つななり》の娘である松（光現院）が来嫁し、江戸本郷邸には松姫御主殿が建てられている。姫附の女中は六十名以上、御主殿の規模も大きく、表・奥に分かれ、広大な広間と多数の客間を備えていたことがわかっているが（畑尚子、二〇一七）、松が死去した後の享保六年に御守殿は取り壊されている。

吉徳期の動きとしては、まずは先代の綱紀が発給していなかった知行宛行状を享保九年にあらためて一斉に発給したことが挙げられる。これは吉徳と家臣との関係があらためて確認されたことを意味するが、綱紀から権力が移行したことを周知させる意味においても重要であったとおもわれる。そして綱紀期から顕然化しつつあった財政難への対応としては、大坂での用銀調達を試みる一方、領内においては倹約を励行しつつ、古格復帰仕法とよばれる改作法体制への回帰が目指されている。同十一年、改作奉行から御扶持人十村・平十村に対して定書を出して古格の遵守を説き、田井村次郎吉・村井村与三右衛門・津幡江村宅助の十村三名を棟取に任命して百姓引き締めに努めるとともに、同十七年には年寄や家老から勝手方主附（倹約方御用）を任命して、廻村強化による村方の実態把握や状況報告の仕組みが整えられていった。しかし、当時は不安定な米価に振り回されており、同二十年には領内石川郡の百姓が村井村与三右衛門宅を襲撃し、田井村次郎吉も狙われるという打ちこわしが発生した。この両名は先に挙げたように古格復帰に関与する人物であったことから、その衝撃は大きかったという。この古格復帰仕法については、村の生産基盤を再建させて勤労意欲を刺激し、在地責任者である十村に誇りと権限を与えた改作法とは異なり、十村の責務のみ要求して村の実情を把握する姿勢に欠けていたとの指摘がある（木越隆三、二〇〇七）。

また、吉徳期には近習の者を厚遇する傾向がみられる。先代の綱紀から信任をうけた松尾縫殿は、御居間坊主からはじまり、元禄十三年に新知百五十石を拝領して平士に列している。その後も加増が続き、享保元年には物頭並（役料百五十石）まで出世し、綱紀が死去するまで江戸で近習を勤めていたが、綱紀死去後に吉徳は松尾を新番頭に転任させると、同十年には小将頭（役料二百石）に登用している。この昇進については、配下となる組士から異論が出されているが、吉徳は同じく綱紀の信任を得た中村典膳を馬廻頭（役料二百石）に命じたことに触れ、綱紀の意向でもあると述べて松尾の組頭昇進を受け入れるよう申し諭したとされる。松尾は、その後も近習御用を勤めながら馬廻頭、そして頭役最上位の定番頭（役料三百石）まで勤め上げている（「先祖由緒并一類附帳」「松尾平九郎」）。ちなみに、ここで名が挙がった中村典膳は、元禄六年に組外で登用されると、表小将や奥小将をへて宝永七年に奥小将番頭、享保元年には組頭並近習御用を仰せつけられ、さらに吉徳によって馬廻頭、定番頭となった人物である（「先祖由緒并一類附帳」「中村小隼」）。そのほか、吉徳は年寄衆八家の子弟三名（前田家（長種系）・奥村家（支家）・村井家）を、自身の近習御用に召し出しているが、このような例はこの時期以外にはないとされることからも、吉徳は近習を重用する姿勢が明確であったといえる。

一方、年寄衆八家の処遇についても特徴がみられる。元文二年に奥村家（支家）の当主であった奥村保命《やすのり》が家臣を手討ちにしようとして返り討ちにあうという事件が発生し、この一件に対応したのが年寄横山貴林《たかもと》らであったが、貴林にとって保命は実甥であったことから、とりわけこの一件に奔走し、「浚新秘策」によると、家臣に殺害されたことを隠蔽するために死因を「頓死」とし、遺書を整えてまで穏便に済ませようとしていた。それは何より奥村家（支家）の存続のためであったが、保命の弟に跡を継がせることが円滑に進まず、事態を承知した吉徳によって、「公儀御届などの一巻は大和守（横山貴林）交名指除」と、貴林は公儀御用からはずされ、さらに「大和守組は前田対馬守支配」と、人持組頭も免除となって指控処分となったが、奥村家（支家）の相続自体は認められ、保命の弟が家督を相続している。ただし、同四年には貴林の指控が解除されて政務に復帰していることから、この吉徳の対応は年寄衆八家をあくまで擁護するものであり、君臣秩序の頽廃、武家倫理の荒廃を助長するものであったと評価される（木越隆三、二〇〇七）。しかしその一方で、相続が認められたといっても奥村家（支家）は禄高が大幅に削減されており（一万七千四百五十石→一万石）、短期間とはいえ隠蔽に奔走した貴林が指控処分を受けているなど、年寄衆八家といえども処罰が及ぶという点において、綱紀期とは明らかに異なる側面がみられるとの指摘もある（石野友康、二〇一五）。また、当時の上層部が一枚岩でなかったことも指摘されていることから、この時期の家臣団がまとまりに欠ける状況であったことは疑いなく、このような上層部の状況を背景に、吉徳の信頼を得た大槻朝元《おおつきとももと》（伝蔵）が台頭するのである。

大槻の台頭と混乱

その大槻については、多くの先行研究に経歴が示されているが、ここで簡単に整理する。もともと前田家ゆかりの波着寺《はちゃくじ》で草履取りをしていた大槻は、享保元年（一七一六）に前田吉徳附の御居間坊主となり、御歩並《おかちなみ》、さらには新番御歩となって新知百三十石の知行取となる。その後も組外、大小将組をへて同十九年には物頭並となり、二十年ほどで大槻は頭分にまで昇進して禄高も六百八十石となっていたが、その後も昇進と加増は続き、組頭並、馬廻頭並、そして寛保元年（一七四一）には人持組に入り、同三年には三千八百石の大身となった（「大槻朝元事実談・大槻朝元年表」）。まさに、近習出頭人と呼べる存在であろう。

そして長らく近習御用を勤めた大槻は、寛保元年あたりから国許で政務に関与するようになる。大槻が柔軟な発想の持ち主だとするエピソードとしては、行灯の戸を改良したことや（大槻行灯）、夏場に馬の疲労を取り除くために川岸に囲いを作って馬の脚を冷やした話があるが（冷やし馬）、大槻はとりわけ借銀対策や人事管理において能力を発揮したとみられる。余剰だと判断した人員を削減しつつ勤務のあり方を変更し、さらに毎日十石の米切手を発行しながら大坂の借銀に備えるとともに、金沢城内の獅子土蔵にあった貯銀を引き出して活用するなど、当時二万貫あったとされる借銀に対応していった。また、当時あらたに隠横目なるものが設置され、それを人槻が管理したともいわれるが、そうであれば家中の諜報機関である横目をも大槻が掌握したことになる（若林喜三郎、一九七九）。

図 12 「大月伝蔵錦絵」
石川県立歴史博物館所蔵

このような吉徳の信任を背景に、慣習に固執しない大槻の活動に対しては、当然ながら混乱や不満が表出することになる。『加賀藩史料』に収録された大槻批判は、寛保二年から延享元年（一七四四）にかけて五件確認されるが、吉徳の親翰《しんかん》（書状）を大槻が口上で代替することや、人事への関与、財政における主導性や倹約の手法など、「旧例」や「古格」が次々と破られ、まさに大槻が政治を独占しているかのような状況であったことが反発の要因であった（石野友康、二〇〇八）。

さらに寛保元年、当時の年寄本多政昌《まさあきら》は大槻が若年寄もしくは家老に就任するのではないかとの風聞を承知した上で、現状その動きはないとまずは否定している。一方で、大槻の人持昇進は「過分の至り、希有なる事に候」と述べ、さらに「重き並に指し加えられ候義、まずはなさせられまじき事の様存じ奉り候」と批判した上で、この風聞は「実説」だろうと本多は述べている（「淺新秘策」八）。このような大槻の急速な台頭に対しては、本多にかぎらず上層部は危機感をもったとおもわれるが、とりわけ前田家（直之系）の当主前田直躬《なおみ》は、その批判の急先鋒であった。直躬は、必ずしも大槻に好意的ではなかった吉徳嫡男の宗辰に近づき、幾度も大槻批判を展開しており、それもあって延享元年七月には吉徳によって月番加判を免除され、政治に関与することができなくなった。このとき直躬は宗辰附の青木新兵衛に宛てた書状で、「いかように存じ奉り候てもその詮もこれなく候」（「前田直躬内密手記」）と、胸中を吐露している。前田利家と芳春院の血筋で一門筆頭にも位置付けられる前田家（直之系）であっても処分が下されたことは、これまでにない事態であったが、これについては剣梅輪鉢紋使用一件など（後述）、ここに至るまでの吉徳と直躬の関係性も考慮すべきであろう。

このような状況のなか、吉徳は病により翌二年六月に金沢で死去しているが、約二十年の治世において家臣団対立を惹起させたことは、その後の家中統制に大きな影響を与えることになる。吉徳の死は大槻にとっては後ろ盾を失ったことになり、同三年七月に年寄本多政昌邸で蟄居、さらに遠島を命じられて成瀬当延邸に預けられると、寛延元年（一七四八）には越中五箇山に配流となった。その上、知行は没収されて城下の屋敷もなくなり、さらに母子は一門預りとなって家来も分散するなど厳しい処分がなされたが、これで一件落着とはならず、世間を賑わせる加賀騒動へと発展していく。

前田宗辰

延享二年（一七四五）に前田吉徳の嫡男として家督を相続した前田宗辰は、享保十年（一七二五）に金沢城内で誕生している。元文元年（一七三六）に江戸へ向かうと、同二年四月六日に犬千代、翌七日に又左衛門と改め、吉徳とともに老中らへの「対顔」を済ませている。そして、同月末に江戸城白書院にて将軍徳川吉宗に御目見を果たすと、六月末には正四位下左近衛権少将、佐渡守となり宗辰を称することになる。また、その前月には会津松平家当主松平容貞《かたさだ》の娘である常（梅園院）との婚約がなされ、延享元年に中屋敷の駒込邸において婚儀が執りおこなわれている。そして同二年七月に家督を相続すると、左近衛権中将となり加賀守を称している。

吉徳
- 宗辰［浄珠院］
- 重熈［心鏡院］
- 男子［心鏡院］
- 利和（勢之佐）［真如院］
- 重靖（嘉三郎）［善良院］
- 八十五郎［真如院］
- 重教［実成院］
- 男子［生母不明］
- 利実（喜六郎）［智仙院］
- 治脩［寿清院］

図13　前田吉徳の男子一覧
『金沢市史』通史編2（二〇〇五）の図「加賀藩主系図（六代吉徳～十一代治脩）」をもとに作成

先に述べたように、世嗣のときには大槻批判を繰り返す前田直躬とやりとりをしていた宗辰であったが、吉徳死去後すぐさま大槻批判を展開した直躬に対して、慎重に事をなすように諭している。前田家（直之系）の重き家柄に言及した上で、直躬の気質に出過ぎた面があるため人々と不和が生じており、一己の了簡に陥りがちだとして直躬に慎重な言動を求めているが（「前田直躬内密手記」）、あらたに当主となった若き宗辰からすれば、吉徳期に生じた家臣団の不和・対立を改善し、安定した体制を築きたいとの思いがあったとおもわれる。当時の宗辰は、吉徳の死去直後および翌年に年寄や家老に対して慎重に政務に取り組むように申し諭しつつ、近習出頭人といえる大槻に対してもすぐさま厳しい処分をおこなってはいない。しかし、将軍徳川家重から領知判物を拝領してほどなく宗辰は病に倒れ、後継も決めないまま同三年に急逝してしまった。よって喪を伏せたまま、すでに将軍御目見を済ませて官位を拝領していた重熈を養子にする旨を幕府に届け出、その後に宗辰の死去を公表している。

重熙と重靖

宗辰死去後に家督を相続した重熙は、前田吉徳の次子として江戸で誕生し、寛保三年（一七四三）に庶子として将軍に御目見すると、従五位下諸大夫を叙爵して但馬守となる。その後、延享三年（一七四六）に宗辰が死去したことで急遽養子となって翌四年に家督を相続し、正四位下左近衛権少将となり加賀守を称している。寛延元年（一七四八）には左近衛権中将に昇叙、さらに讃岐高松松平家娘の長と婚約し、加賀騒動への対処を迫られると大槻を越中五箇山へ配流したが、重熙自身も宝暦三年（一七五三）に急死している。

そして、その重熙の跡を継いだ重靖は、享保二十年（一七三五）に前田吉徳の子として金沢で出生している。重熙の仮養子となった重靖は、寛延二年江戸に向かい、宝暦元年になって将軍御目見を果たすと、従五位下諸大夫を叙爵して上総介を称する。そして宝暦三年、兄の重熙が重篤な症状に陥ると養子となり、相続後には正四位下左近衛権少将、加賀守を称している。同年中には御三家の紀伊徳川家の娘である賢との婚儀が整うも、重熙と同様、婚儀がなされる前に重靖は急死してしまう。当主としてはわずか半年にも満たず、光高以来となる中将に昇叙しなかった当主となったが、この重熙から重靖への家督相続、つまり重熙の後継をめぐる動きこそが加賀騒動の核心であった。

部屋住格大名として

ところで、重熙と重靖については歴代当主とは武家官位において大きな相違がある。それは庶子の段階、つまり部屋住時代に従五位下諸大夫を叙爵している点であるが、このことに関する研究を取り上げておきたい（以下は野口朋隆、二〇一六）。

歴代当主の武家官位の傾向についてはすでに触れたが（第三章）、加賀前田家の場合、嫡男が元服して御目見を果たすと正四位下左近衛権少将、家督相続により左近衛権中将となり、極官は従三位参議とされているため、嫡男であれば従五位下諸大夫はない。実際、重熙は寛保三年（一七四三）に吉徳の「次男」として御目見を果たしており、重靖も宝暦元年（一七五一）に重熙の「弟」として御目見しているが、両名とも老中への「対顔」をつとめていることから、今後幕府に出仕する意思を示しているといえ、重煕・重靖の両名は庶子の立場から大名としての格式を与えられる部屋住格大名であったとされる。

その部屋住格大名とは、土地を媒介とした関係性をもたずとも将軍との主従関係を有し、江戸城内での儀礼に参加できた大名と定義される。新知拝領や分知によって所領を有した大名の場合は公儀役を負担することになるが、部屋住格大名であれば公儀役をつとめずに大名としての格式を有することになり、大名家にとっては大きな負担もなく庶子の身分格式を挙げることができた。ただし、この部屋住格大名はどの大名家にも許されたわけではないことから、これについては前田家に対する幕府の優遇ともいわれる。ちなみに、部屋住格大名となった場合の将来については、①新知拝領や分知によって分家大名として独立、②部屋住格大名として一代限りで幕府に奉公、③他家に養子に入る、④兄の養子となって本家を相続、の四点が挙げられている（ただし、③と④は部屋住格大名でなくてもあり得る）。重煕・重靖については、先代の早世によりいずれも④を選択したが、①のような新規に分家を創出する可能性もあったことは興味深い。

そして重煕については、当主である吉徳が重煕の諸大夫叙爵、つまり部屋住格大名の創出を望んだ可能性が指摘されている。宗辰がすでに嫡男として少将に叙されている以上、重煕が家督を相続することは、ここでは想定されていなかったはずである（ただし、宗辰に万が一のことがあった場合は、部屋住格大名である重煕はこの段階でも後継者となり得る）。上層部らが一枚岩ではなく、さらに近習出頭人たる大槻の登用によって家臣団がまとまりに欠けるなか、重煕の叙爵によって前田家の権威をさらに高めることが期待されたともいわれるが、吉徳の「次男」として重煕が叙爵している以上、やはり吉徳の意向が反映されているとみてよいだろう。

一方で、重靖の場合はやや様相が異なっている。後述するが、重煕の仮養子となった重靖は寛延二年（一七四九）江戸に入るが、重煕の正式な養子となる前に重煕の「弟」として諸大夫を叙爵している。国許では、重靖が重熈の後継者となるならば、後継者として将軍に御目見すべきだとの意見が出ており、その場合は先に養子縁組をおこなう必要があったが、それがなされる前に御目見となったのであり、幕府としても養子願が出ていない以上は嫡男としては扱わず、重靖を部屋住格大名としたことは当然であった。一方、「嘉三郎（重靖）様御叙爵仰せ出され、御存じ掛けも御座なき儀、かたじけなく思し召され候」（「三輪氏日記頭書」）とあるため、前田家としても想定外のタイミングで重靖の御目見がなされたともいえるが、それでも時間的余裕がなかったわけではないことからも、前田家に何らかの意図があって重靖を養子にしなかった可能性が指摘される。それは、若き当主である重熈に実子の誕生が期待される段階では、ひとまず仮養子さえ決めておけば良く、慌てる必要はないという判断である。結果として重靖は部屋住格大名となったのだが、その後重熈が急死したことで正式に養子となり、前田家を相続している。

加賀騒動

加賀騒動は、芝居や小説などによって当時から世間に広く知られており、後期御家騒動の代表例として捉えられている。その内容を簡単にまとめると、前田吉徳によって重用された大槻朝元が吉徳の側室真如院《しんにょいん》と密通し、真如院の子である勢之佐を後継者とすべく当主の前田重熈を毒殺しようとしたが、年寄前田直躬が察知したことでその危機を脱したというものであり、真如院の娘付きの女中であった浅尾が置毒の実行犯として蛇責めされたとするエピソードは有名である。

しかし近代に入ると、それは事実ではないとする風潮から再検討がすすみ、現在は大槻と真如院の接触自体はうかがえるが、真如院の置毒への関与は信憑性に欠けること、この一件で最大の恩恵を受けたのが勢之佐と真如院ではなく、嘉三郎（重靖）とその母善良院であったことから、この置毒一件は実子を当主にしたい善良院と、大槻排除を徹底したい直躬の利害が結びついたものとする見解が出されている（若林喜三郎、一九七九）。

また、加賀騒動の時期については、前田吉徳が死去して大槻の弾劾が強まった延享二年（一七四五）から、大槻一類らに一連の処分がなされた宝暦四年（一七五四）までとするのが一般的なようである（木越隆三、二〇〇七）。ただし、加賀騒動については大槻側の史料が残されておらず、大槻を糾弾した前田直躬が書き記した史料など一方に偏っており、騒動の全体像を分析することが困難であることは否めないが、近年では会津藩主の家譜である「会津藩家世実記」の記述を重視した見解がある。置毒発覚後の寛延元年（一七四八）十月、前田重熙が会津松平家の松平容貞のもとを訪れ、仮養子を現在の勢之佐から嘉三郎に変更したいと重熙が相談していたことが同史料に記されていることから、置毒以前から勢之佐が重熙の仮養子になっていたことは明らかだとされる。つまり、真如院からすれば、勢之佐がすでに重熙の仮養子である以上は、大槻と図ってまで重熙を毒殺する理由はなく、むしろ善良院の側に画策する必要が生じると指摘されており、この見解も先に挙げた善良院と直躬の結託説を補強しているとおもわれる（『前田土佐守家資料館図録』）。

仮養子をどう評価するか

一方、この仮養子に着目することで、あらたな知見も示されている。仮養子とは、実子がいない当主が帰国する際に仮の養子を定めるもので、当主が再び参府すると幕府から返却の上、破棄されるものである。毎回この手続きがとられることを踏まえると、仮養子は家督相続の可能性があるものの、養子と比べるときわめて不安定な立場であったとされる（野口朋隆、二〇一六）。前述の「会津藩家世実記」では、勢之佐を仮養子から外す場合は「病気」を理由にすべきとあり、仮養子の変更にもそれなりの理由が求められたようだが、後継者といえる養子とは大きな差があったという。また、当主が若い場合には何より実子の誕生が求められたのは当然であり、その場合はどうしても養子はとりにくくなってしまう。仮養子とは、そのような実子を期待する大名家にとってリスク回避の面があった。

真如院からすれば、自身の子である勢之佐は重熙の仮養子になってはいるが、確実な後継者とはとてもいえず、正式な養子の話もなかったとすれば、万が一重熙に実子が生まれれば当主となる可能性は途絶え、この段階では叙爵もしていないために部屋住格大名にもなれなかった。だからこそ、実子はもちろん、養子もいない状況で重熙が死去することが望ましかったのであり、ここに毒殺を計画する余地が出てくるが（同右）、このような状況ゆえに芝居や小説の題材として取り上げられる魅力にもなったのであろう。

その一方で、この視点から善良院の立場を考えるとこれも難しい。仮養子ですらない子の嘉三郎が当主になるには重煕の存命中に養子になるか、少なくとも仮養子となる必要があったが、その場合は勢之佐を追い落とさなければならない。結果、一連の騒動によって勢之佐が追い払われて仮養子となったが、それだけでは不十分であり、嘉三郎が勢之佐の立場にすり替わったにとどまる。ここで正式な養子縁組がなされることなく、重煕に実子が誕生してしまうと、嘉三郎は当然相続することができないのである。のちに嘉三郎、すなわち重靖は、従五位下諸大夫に叙爵されて部屋住格大名となるが、それはあくまでも重煕の「弟」としての叙爵であり、後継者としてではない。結果的に実子がいないまま重煕が急死したことによって家督を相続できたが、ここに至るまでには不確定な要因がいくつもあったといえる。

以上、この加賀騒動については、真如院と勢之佐、善良院と嘉三郎の視点からみた場合、その要点は仮養子の評価如何にかかっているといえよう。つまり、仮養子の立場が安泰であるならば、当然ながら真如院は毒殺を企図する必要はなく、むしろ善良院の方が難しい立場にあったことになる。一方で、仮養子の立場がきわめて不安定なものに過ぎないならば、真如院は勢之佐の地位を一日でも早く確立すべく、何らかの動きをもって状況を打開しようとしてもおかしくはない。現状では史料の問題もあって結論を出すことができないが、当時幕府が認めていた仮養子というシステムを踏まえた議論は、加賀騒動の評価に大きな影響を与えるはずである。

御家騒動と近習御用

御家騒動とは、大名家に生じた内紛・内訌といえる家中騒動が、文芸作品や伝承によって物語化され、さらに定説となることで御家騒動として社会に定着していったものである（福田千鶴、二〇〇七）。ここで取り上げた加賀前田家の騒動も御家騒動として捉えられるが、その渦中にあった大槻朝元のような近習から出世した人物について考えてみると、本章の冒頭で指摘した松尾縫殿や中村典膳も同様であり、先代の前田綱紀によって登用されると、前田吉徳の代になっても出世している（ただし、彼らは人持まで出世していない）。

第三章でも指摘したが、近習御用の者は当主らの側廻りを勤めることからも「器量」が認められやすく、さらに出世しながら長くその御用を勤める傾向にあった。大槻とほぼ同時期に近習として頭角をあらわした遠田勘右衛門は、正徳三年（一七一三）に吉徳の側小将となると（三百五十石）、享保二年（一七一七）に吉徳附の大小将番頭に就任して頭分となる。その後も昇進とともに加増され、同十年に組頭並、同十二年には定番頭、そして元文五年（一七四〇）には大槻同様に人持となっている（千五百石）。近習御用として吉徳の側に仕えた勘右衛門は、延享二年（一七四五）に吉徳が死去すると、次の当主である宗辰附の近習御用となり、同四年には隠居が認められている。つまり、勘右衛門は大槻のような当主の代替わりを機に処分されず、長年の勤めが評価されて勇退という体裁で退いているが、子孫が人持にとどまっていることを鑑みると、勘右衛門が人持で隠居できたことが大きかったといえる。

いずれにせよ、このような人材登用による矛盾や弊害といった負の側面があらわれて家臣団対立が表面化するには、ある程度の時間を要したと考えられ、結果として大槻の台頭が象徴となって吉徳死去後に噴出したといえる。この加賀騒動は三大御家騒動にも数えられ、近世後期の御家騒動として理解されるが、大槻の政策自体が悪かったというよりも、大槻の異例の出世や政治を取り仕切る行為により、家中に悪い感情を呼び起こしたことが原因だったのではないかとの指摘がある（福田千鶴、二〇〇五）。年寄前田直躬が大槻を登用した吉徳をほとんど批判することなく、大槻によって先代綱紀以来の古格がなし崩しにされていることを批判していることからも、その指摘は妥当であろう。

また、騒動の視点から考えた場合、幕府は家中騒動を大名家内部のこととして、要望があった場合には対処するとの方針であったが、延宝九年（一六八一）の越後騒動を画期として、いかなる家中騒動であれ、幕府の裁定に持ち込まれた場合は改易に処する重罪であるとの罪の観念が創出されたという。その結果、家中騒動が発生しても大名家から幕府の裁定に持ち込むことは稀となり、一方の幕府も介入の姿勢を示すことはなくなったが、加賀騒動はまさにこの段階における象徴的・典型的な事例であったと評価されており（同右）、ゆえに三大御家騒動の一つとして語り継がれていったのであろう。

そしてこの加賀騒動は、前田家における人材登用において一つの画期になったとおもわれる。綱紀から吉徳期にかけては、登用後に昇進を繰り返して上層部にあたる人持まで出世した人物は少ないながらも存在したが、騒動以降はほとんどみられず、近世後期になると確認できない（林亮太、二〇一七）。つまり、藩組織において突出した出世が難しくなり、家臣団体制がより固定化していったとみることができるが、それは組織の意思決定にかかわる家も限定されたということであり、幕末期における政治意思決定のあり方もこの点を踏まえる必要がある。

2 一門の筆頭たる前田家（直之系）

本家の家臣に

一門のなかでも筆頭といえる前田家（直之系）は、従五位下諸大夫に叙爵された歴代当主のうち四名が土佐守を受領名としたことから、一般には前田土佐守家と呼ばれる。家祖にあたる前田利政についてはすでに言及したが（第一章）、家の創始は子の直之であり、慶長九年（一六〇四）に京都で誕生すると早くに江戸に向かい、祖母芳春院のもとで養育されたという。その後、同十四年もしくは十五年に前田利長によって金沢に呼び寄せられると、前田利常の代には直之を将軍の小姓として仕えさせようとする動きが本格化し、幕府に対して極秘に打診したものの、結局は幕府への出仕は実現しなかった（『前田土佐守家資料館図録』）。元和元年（一六一五）、直之は利常から新知を拝領すると（二百石）、同三年に芳春院の遺言によって化粧料を受け継ぐこととなり、寛永十二年（一六三五）の段階では禄高が一万五十石となっていた。また、光高の代には御一家衆を組に編成し、その組頭に直之を任じたとされ、利常死去後の万治二年（一六五九）には小松城代に任じられて小松城に入るなど、前田家家臣団において重臣の処遇を受けるようになり、寛文初年には前田綱紀から「御紋」の使用が許され、子々孫々まで「御紋」を用いるようにとの御意があったとされる（同右）。

そして、延宝二年（一六七四）に直之が小松で死去すると、子の直作《なおなり》が相続し、貞享三年（一六八六）の職制改革では父と同様、組方の最高職となる人持組頭に任じられたが、直後に中風を発症して元禄二年（一六八九）に死去している。直作の遺領を相続した直堅《なおかた》は、「格別の御由緒これあるにつき、列大老の次に仰せ付けられ候」（「御親翰留」）と、家柄によって高い序列となり、同十五年には叙爵して従五位下諸大夫となる。さらに翌十六年には年寄席に出座するよう命じられ、宝永二年（一七〇五）に一万一千石に加増されて人持組頭となると、翌三年には大老となり、一門筆頭として「格別」の家柄でありながら、政治にも深く関与する前田家（直之系）の位置が確立している。

直堅の嫡男であった直躬は、享保十年（一七二五）に新知二千五百石で召し出されると、同十四年の直堅死去にともない家督を相続している。同十六年に御用加判および月番を命じられ、ついで叙爵して従五位下諸大夫、土佐守を称し、さらに元文五年（一七四〇）には人持組頭に任じられている。叙爵した年寄として藩組織の中心にいた直躬は、前述のように加賀騒動において重要人物となったが、実は享保十九年には前田吉徳とのあいだに剣梅鉢紋の使用をめぐる事件をおこしている。

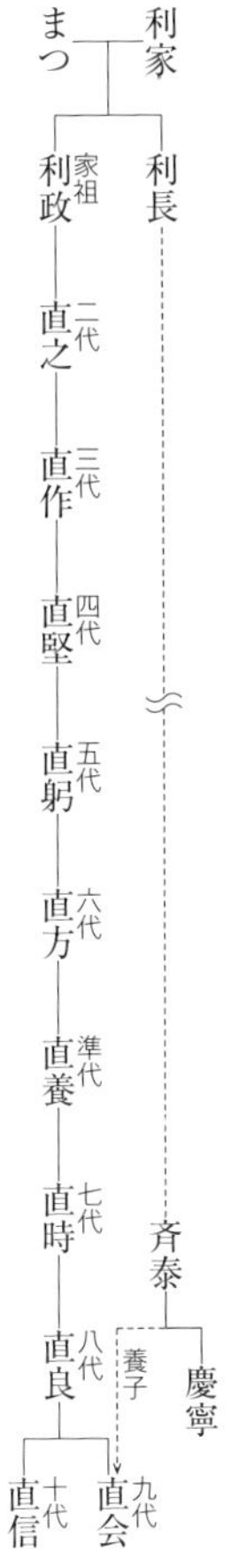

図14　前田家（直之系）系図　『前田土佐守家資料館所蔵目録』（金沢市、二〇〇一）より作成

剣梅輪鉢紋使用一件

この一件は前田直躬、ひいては一門筆頭の前田家（直之系）を語る上で重要であるため、ここで取り上げておきたい（以下は石野友康、一九九七）。その概要は、享保十九年（一七三四）正月に直躬が加賀前田家、すなわち当主家の紋である剣梅鉢紋を使用した大紋で登城したところ、それを同席の木多政昌に咎められたため、直躬と前田吉徳とのあいだで確認がなされ、時服《じふく》上下《かみしも》、羽織、着用具足では御紋の使用を許可され、武箸・幕・提灯・鞍覆は許可しないとする話になったという。しかし四月中旬、参勤にかかる道具類などにも剣梅鉢紋をあしらっていたことが発覚したことで、前田吉徳は直躬を呼び出し、ひとまず平生に剣梅鉢紋を用いることは延期するよう命じると、直躬はそれに反発し、下賜されている梅鉢紋すら返上すると回答したため、吉徳が激怒し、直躬はその非礼を謝罪することになったというものである。

前田家では古くから梅鉢紋を使用して菅原姓を主張するなどの梅鉢信仰がみられたが、前田利常のころまでは確固たる紋として定まっておらず、前田綱紀の代である延宝年間になって剣梅鉢が定紋になったといわれる。その後、貞享元年（一六八四）の法令によって剣梅鉢紋の使用を限定したことで、当主家の紋として確立し、一門に対して梅鉢紋を下賜する場合、少なくとも元禄期にはすでに剣梅鉢紋は許可されておらず、無剣の梅鉢紋であったことがわかっている。この時期は、徳川将軍家との良好な関係によって家格を確立させるとともに、職制を整備して安定的な家臣団体制を編制していく重要な時期であり、剣梅鉢紋が当主家の定紋として独占され、無剣の梅鉢紋が一門に下賜されたことは、当主家の権威を高めるために意図的になされたものと評価される。

一方で、直躬の主張も単なるわがままとはいえず、寛文初年に曾祖父の前田直之が綱紀から「御紋」の使用を許されたという根拠があり、許可された紋を使用しないのはむしろ礼を失する行為だと直躬は主張している。これについては、先代の直堅も元禄九年（一六九六）に同様の一件を起こしており、以降は時服などでは剣を省いたが大紋には剣がつけられていたとあることから、前田家（直之系）としては、直之が綱紀から許された「御紋」＝剣梅鉢紋と認識していたことは間違いないだろう。

つまり、享保十九年に発生した剣梅鉢紋の使用をめぐる一件とは、剣梅鉢紋を定紋とし、当主家の権威付けに利用した先代綱紀の意向に沿った吉徳と、剣梅鉢紋の使用に関するルールが定まる前に使用が許可された以上、その使用は問題ないとする直躬との衝突であった。一方で、吉徳からすれば先代が定めたルールからの逸脱は、前田家（直之系）であっても許すことができないものの、前田利家と芳春院の血筋である同家に対して特別な意識があったことも確かであり、それは直躬とのやりとりからもうかがえる。

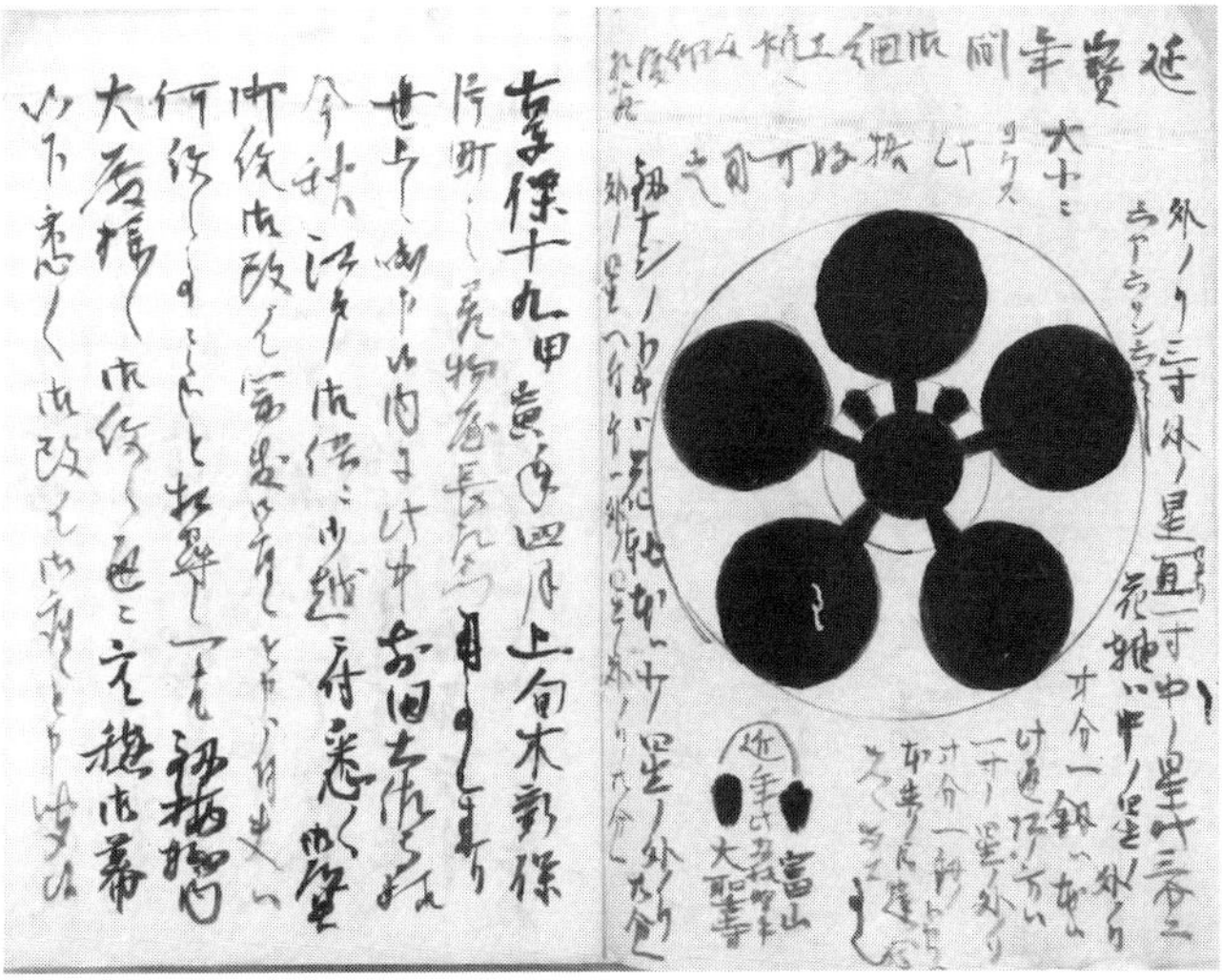

図15 「剣梅輪内御紋之一事覚書」（「桃水軒雑記」）
金沢市立玉川図書館近世史料館所蔵

この一件については、「御家」が確立するなかで生じた当主家と一門の軋轢とも評価できるが、この一件で直躬が謝罪に追い込まれたことは、将来に禍根を残したとおもわれる。その後、吉徳が重用する大槻朝元を厳しく批判した直躬は、吉徳によって御用加判および月番を免除されてしまうが、このような直躬の批判的な姿勢が加賀騒動に繋がっていくのである。

当主の上京

また、前田家（直之系）は京都との縁が深い家柄といわれている（以下、『起居録』）。家祖の前田利政は、関ヶ原の合戦後に改易されると京都嵯峨野で隠棲しており、利政の子直之は京都で誕生したほか、長女が豪商角倉家に嫁ぐと、二女が公家の四辻家、三女が竹屋家に嫁ぐなど京都で姻戚関係が広がっている。そして前述の前田直躬は、宝暦十三年（一七六三）に当時武家の入門者を増加させていた冷泉《れいぜい》家への入門を果たしている。冷泉家は「和歌の家」としての格式をもち、幕府が冷泉家を歌道の顧問としたことで幕臣、さらには大名家にも浸透していったといわれるが、直躬は入門後、書簡でのやりとりによって冷泉為村《ためむら》より指導を受けたという。

また、家祖利政の母である芳春院は、以前より親交があった大徳寺住持である春屋宗園《しゅんおくそうえん》の弟子玉室宗珀《ぎょくしつそうはく》を開祖として、慶長十三年（一六〇八）に大徳寺内に塔頭芳春院を建立し、加賀前田家の菩提寺としている。近世を通じて五十年忌、百年忌、百五十年忌、二百年忌と芳春院の年忌法要が執行されたが、芳春院の血筋であり、その化粧料を受け継いだ前田家（直之系）の当主が総奉行などに任じられて京都に派遣されている。五十年忌は別の家が担当したが、百年忌は「格別」であるとして当主の直堅が前田綱紀に願い出、総奉行として享保元年（一七一六）に上京すると、法要後には家祖利政の法事茶会を催し、縁のある公家に使者を派遣するなど行動している。明和三年（一七六六）の百五十年忌では、直躬の嫡男である直方《なおただ》が前田重教の名代として上京し、百年忌と同様、家祖利政の法事茶会を催しているが、このときは父の直躬から託された「唐子図」を持参し、冷泉為村に讃を染筆してもらっている。そして文化十三年（一八一六）の二百年忌では、当主の直時《なおとき》が総奉行となって京都に派遣されたが、このときも法要後に家祖利政の法事茶会をおこなっており、前田家（直之系）としては、芳春院のみならず家祖利政の菩提を弔う重要な上京であったことがわかる。当時は、京都詰人など一部の家臣以外は京都に行くことはなく、年寄や家老といった重臣が上京する機会はなかったと考えられる。前田家（直之系）はその出自や家柄により、近世を通じて唯一上京する機会があった重臣の家といえるだろう。

本家からの養子

弘化四年（一八四七）、加賀前田家の当主前田斉泰の八男として誕生した静之介は、その年の暮れに前田家（直之系）の当主直良《なおさだ》の養子となることが決定した。実は、直良にはすでに子が誕生していたが（のちの直信）、正室を迎える前に誕生した庶子であり、誕生翌日には前田家（直之系）の重臣篠井家の養子に入っている。これについては、直良と正室とのあいだに嫡子が誕生する可能性を見据えて養子に出されたとの指摘があり、その後年寄奥村栄実の娘と婚姻した直良だが、二人のあいだに子がいなかったことから、「御前いまた御男子御出生もこれなきにつき、静之介様御養子に遣わさるべくと思し召され候」（前田土佐守家資料館所蔵「養子被仰付に付附之者江存寄之趣調置書」）と、いまだ嫡男が誕生していないという判断によって静之介が養子に入ることになった。

その静之介が養子に入る際の諸手続については、前田土佐守家資料館所蔵の「静之介様御養子一巻」が詳細である。乳児である静之介を迎え入れるため、屋敷の表向・奥向の両空間に手を加えて直良夫妻が近くにいられるように配慮し、地震対策として建物の二・三階部分を取り払うなどの指示も出されており、前田家の一門筆頭として本家から養子に迎えるために相当な気遣いをしていたことがうかがえる。そして嘉永四年（一八五一）に直良が死去すると、幼年の静之介が家督を相続して直会と称したが、安政三年（一八五六）にわずか十歳で死去している。

幕末維新期の前田直信

そして、直会の跡を継いだのが前田直信《なおのぶ》である。直信は前述した直良の庶子であり、誕生後すぐに養子に出されていたが、直会が早くに死去してしまったため、筋目の者として呼び戻され、安政三年（一八五六）に家督を相続している。前田家（直之系）としては、前田斉泰の子である直会が養子となって相続したことにより、前田利家と芳春院の直系の血筋は一旦途絶えていたが、直信が相続したことによって血筋は維持されることになった。家督を相続した直信は、同年中に御用加判を任じられ、さらに叙爵して従五位下諸大夫、土佐守となる。同四年に月番、翌五年には人持組頭へと異例の早さで任じられると、万延元年（一八六〇）には年寄横山隆章《よこやまたかあき》の死去にともない、十代ながら年寄の筆頭（年寄最前列）となる。これは安政から万延にかけて複数の年寄が相次いで死去したためであり、直信が年寄の中心となって経験豊富な前田斉泰を支えなけれ

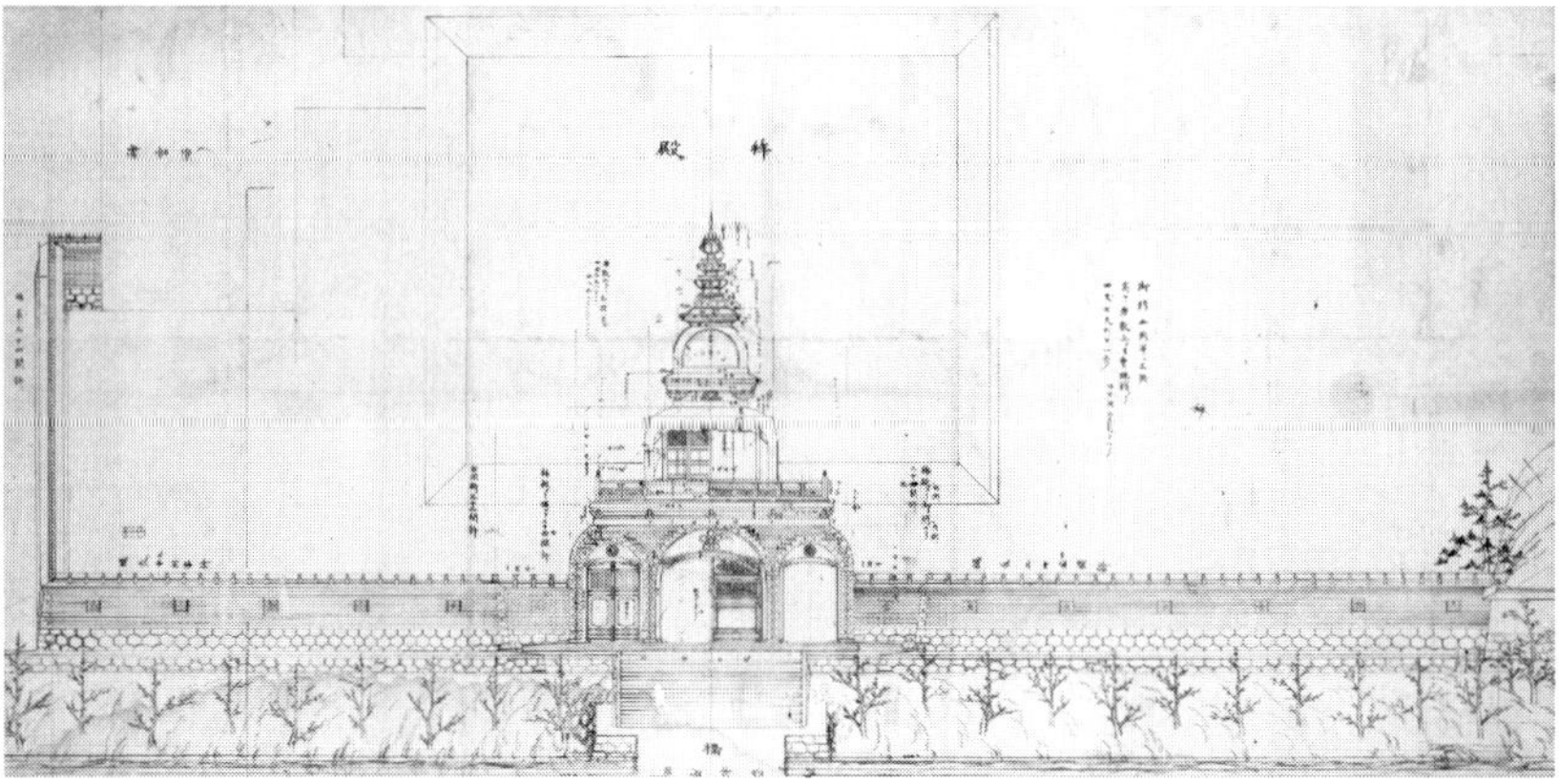

図16 「尾山神社神門原図」 金沢市立玉川図書館近世史料館所蔵

ばならない立場となった。

文久三年（一八六三）、徳川家光以来約二百三十年ぶりに将軍徳川家茂《いえもち》が上洛するが、この上洛に斉泰は供奉することを願い出、許可されると直信には先立って上京するよう命じている。上京した直信は、摂家の二条家・鷹司家、そして久我家といった前田家と「通路」を有している公家のもとへ「御内御使者」を勤めており、さらに上洛した斉泰に供奉して参内している。その後、元治元年（一八六四）に禁門の変が発生すると、斉泰嫡男の前田慶寧が無許可で退京したため、直信は慶寧に「御慎」を伝える使者を斉泰から命じられ、滞在先の近江海津まで向かっている（後述）。先の文久三年の上京や、この元治元年の世嗣に対する使者については、叙爵した重臣であり、かつ一門筆頭の立場にあった直信だからこそ与えられた任務だと考えられ、慶応元年（一八六五）には斉泰の名代として三ヵ月警衛のために上京していることからも、斉泰からの信任を得ていた様子がうかがえる。

その後、慶応二年に斉泰から慶寧へと代替わりがあり、さらに政局も混迷の度を増すなか、直信自身は病もあって政治の舞台からは遠ざかっていたようである。しかし、同四年に越後方面の情勢が緊迫化したことで、四月には薩摩・長州に加えて加賀にも北国筋を鎮圧するようにとの朝命が出されると、洋式編制の部隊を越後筋へ派遣しているが、その総指揮を命じられたのが直信であった。直信は領境の越中泊まで出陣し、その後金沢に戻っているが、これは前田家なりに出陣の体裁を整えたものとおもわれ、実際に越後に入った各部隊は、新政府の参謀によって分散・解体の上で動員されていった（第六章）。

そして明治四年（一八七一）の廃藩に至るまで、直信は大幅な組織改編にあっても年寄から執政、大参事と政治の中心に居続け、廃藩後も金沢にとどまっている。藩組織の重鎮であり続けた使命感や、前田利家と芳春院の直系であることを自負していたためともいわれるが、同六年に利家を祀った尾山神社が金沢城金谷御殿の跡地に創建されると、直信は初代祠官となる。その後、金沢の衰退が著しく、社殿の維持も困難な状況に陥ると、直信は神門建造の趣意書を連名で提出し、同八年にはステンドグラスと避雷針が用いられた神門が完成する。そして神門の完成後、病により祠官の職を辞した直信は、同十二年金沢にて死去している。

陪臣南保大六と海津への使者一件

元治元年（一八六四）、前田直信は近江海津に滞留する世嗣前田慶寧への「御慎」の使者を勤めているが、この一件に関して貴重な史料が残されており、所蔵先の前田土佐守家資料館では「前田慶寧退京につき近江海津まで使者一件」との表題が付されている（表紙は「江州海津迄御内御使として御出之節御内用帳」）。これは、直信が「御慎」の使者を命じられた同年七月下旬から、海津で切腹した家老松平康正の親族が直信宅を訪問した同二年正月までの出来事が書き記されたものである。本史料を執筆したのは前田家（直之系）家臣の南保《なんぼ》大六《だいろく》であり、祖父の代に同家附の与力となると、別家した父が家臣として同家に仕え、大六自身も同家の家老となっている。そして、大六は同家重臣篠井家の分家の娘と婚姻しているが、この女性が直信の実母であった。つまり、直信からすれば大六は実母の再婚相手であり、直信が急遽家督を相続して直信と大六とのあいだに主従関係も生じたことから、直信からすれば身内が家老として支えてくれるような感覚だったのではないか。陪臣としては例外的な立場であろうが、南保大六については加賀前田家における数少ない陪臣研究になり得る人物である。

また、本史料では直信が大六を信頼している様子がうかがえる。たとえば、今回の使者が非常に難しい事案であると捉えた直信は、御用部屋衆などから副使を立てたいと願ったが、皆が恐縮してしまったようで、「仰せ付けられ候人品これなき旨と御内々御意」と、副使に相応しい人物がいないと内々に愚痴ったのち、「他洩堅くこれなき様仰せ出され候」と、他言無用であることを大六に伝えており、直信の率直な心情が吐露されている。そして、金沢を出発した一行は、加賀・越前の国境付近にて加賀の者を見つけ次第打ち払うようにとの命が越前領内に出ていることを知り、さらに越前福井の松平春嶽が世嗣慶寧の帰国について異義を申し立てたため、それらの対応に迫られたが、その際は直信と家老不破為儀が協議する場に大六が呼ばれ、忌憚のない意見を求められている。その後海津に到着すると、直信は慶寧と面会して使者の任務を無事に済ませたが、もう一つ重要な役目があった。それは、慶寧に随行する家老から一人切腹させるというもので、国許の斉泰から直信に与えられた指示であったが、これによって当時京都詰であった家老松平康正が切腹することになる。切腹後は、康正の遺体を見分して事後処理に当たるとともに、松平家の家来とも綿密な交渉を重ね、そのすべてを終えた直信は、大六に対して「此度御使柄、余程御むずかしく御心配のところ、御存外御都合よく御十分に相成、その上大弐様(松平康正)御一条までも残るところなく相済、御世話申し上げ候故と深く御悦の旨御意」と、感謝の意を伝えている。さらに、帰国した直信は松平家が断絶することのないよう周旋し、結果として松平家は相続が許されたのみならず、大幅に加増されている。

以上、南保大六が書き記した本史料は、加賀前田家の世嗣に対し、一門筆頭の立場にある前田家(直之系)の当主が「御慎」を伝えるという重大な一件をまとめたものである。前田家では他家にみられるような一門衆という明確な待遇はなく、あくまでも家臣として仕える立場であり、それは前田家(直之系)でも同様であったが、この一件では一門ゆえになすべきことがあったことがうかがえる。家臣団編制において年寄衆八家の下に位置する人持については、前田姓の者が座列において優遇されたことは指摘したが（第三章）、一門の位置づけやその役割についてはこれまで十分に検討がなされておらず、今後の課題といえよう。

3 隠居騒動と「御家」の維持

前田重教の憂鬱

前田重教は、寛保元年（一七四一）に前田吉徳の子として金沢で誕生している。宝暦三年（一七五三）に前田重靖が死去すると、その死は伏せられて幕府に末期養子の願い出がなされ、同四年に重教は家督相続が認められた。相続後に正四位下左近衛権少将、加賀守となった重教は、翌五年には左近衛権中将に昇叙しているが、このように相続直後に少将、翌年に中将というパターンは重煕と同様であり（重靖は少将のまま死去）、これは嫡男が元服、将軍御目見によって少将となり、家督を相続すると中将に昇叙するという加賀前田家の規定に沿ったものとおもわれる。ちなみに、次の治脩も同様のパターンであったが、このことは重煕以降、急遽家督を相続するような状況が続いたということである。

このように慌ただしく前田家の当主となった重教だが、すぐさま財政難への対処を求められ、藩としてはじめての藩札発行を決定する。経済的に困窮する家臣団の救済や停滞する城下の経済活動を打開すべく、幕府の許可を得て宝暦五年に銀札の通用を開始している。町方・郡方にかなりの額が出回ったと考えられるが、結果として銭の払底や米・諸品の価格高騰を招き、銀札価格は暴落したという。そのため、金沢では大規模な打ちこわしが発生し、襲撃に遭った町人六名を入牢、町奉行と銀札奉行が閉門処分に追い込まれている（銀札騒動）。結局、重教は翌六年七月に銀札の発行停止を指示したため、この宝暦銀札はわずか一年ほどで終了し、出回った銀札も多くが回収されずに反古にされたといわれるが、流通分析の視点から、銀札の信用性を創出する政策には地域差があり、金沢と郡方では銀札に対する信用性に差がみられたこと、金沢や町場に比べて郡方の一般農民はそれほど損失は多くなかったのではないかとの指摘がある（中野節子、二〇一二）。

このような銀札発行の失敗は銀札崩れと呼ばれたが、それとともに重教を苦しませたのが、宝暦九年に発生した大火である。金沢城下の泉野寺町にある禅宗寺院から出火すると、強風にあおられて寺町一帯を焼き、その後犀川を越えて対岸の十三間町に飛び火し、町の中心部に燃え広がっていった。金沢城もその大半を焼失してしまい、浅野川すら飛び越えて卯辰山麓の寺院をも焼き尽くしたという。この火事は金沢の南西端から北東端へ焼け抜けるかたちで、金沢のおよそ八、九割が焼失、幕府への届け出によると焼失家数は一万軒を超え、金沢では史上最悪の大火とされる（長山直治、二〇一三）。

そしてこの銀札騒動と金沢の大火は、当然ながら家臣団にも深刻な影響を与えている。宝暦六年には百十石以上の家臣を対象に、前田家では初となる借知が実施され、同十年には金沢城再建を目的として御徒以上に人足賃の上納が命じられている。これらの負担は家臣団をさらに困窮させ、士風の退廃が目立つようになり、横領や博奕、好色や酔狂により宝暦四年以降の十三年間で知行没収や減知処分が七十名、一万三千石以上にも及んだとされる（同右）。若き重教にとっては、このような事態は相当な重荷であったとおもわれ、自身の体調不良も相まって次第に隠居を考えるようになっていく。

重教の隠居騒動

先学によると、前田重教は大火があった宝暦九年（一七五九）あたりから隠居を考えていたふしがあったようだが、隠居および養子の問題が表面化したのは明和三年（一七六六）である（同右）。重教は年寄らの意向も確認しながら、自身が望む将軍連枝との養子縁組を幕府に対して内々に働きかけ、幕府から内意を得た段階で、養子を検討している旨を正式に表明している。当時、重教は江戸にいたが、国許では過去の言動から、重教が将軍連枝からの養子を想定しているとの噂が広まって強い反発が生じており、国許の年寄六

料金受取人払郵便

本郷局承認

5788

差出有効期間
2025年1月
31日まで

郵便はがき

113-8790

東京都文京区本郷7丁目2番8号

吉川弘文館 行

愛読者カード

本書をお買い上げいただきまして、まことにありがとうございました。このハガキを、小社へのご意見またはご注文にご利用下さい。

お買上**書名**

＊本書に関するご感想、ご批判をお聞かせ下さい。

＊出版を希望するテーマ・執筆者名をお聞かせ下さい。

お買上書店名　区市町　書店

◆新刊情報はホームページで　http://www.yoshikawa-k.co.jp/

◆ご注文、ご意見については　E-mail:sales@yoshikawa-k.co.jp

ふりがな ご氏名		年齢　　歳　男・女
〒□□□-□□□□ ご住所	電話	
ご職業	所属学会等	
ご購読 新聞名	ご購読 雑誌名	

今後、吉川弘文館の「新刊案内」等をお送りいたします(年に数回を予定)。
ご承諾いただける方は右の□の中に✓をご記入ください。　□

注文書

月　　日

書　　名	定　価	部　数
	円	部
	円	部
	円	部
	円	部
	円	部

配本は、○印を付けた方法にして下さい。

イ．下記書店へ配本して下さい。

(直接書店にお渡し下さい)

(書店・取次帖合印)

書店様へ＝書店帖合印を捺印下さい。

ロ．直接送本して下さい。

代金(書籍代＋送料・代引手数料)は、お届けの際に現品と引換えにお支払下さい。送料・代引手数料は、1回のお届けごとに500円です(いずれも税込)。

＊お急ぎのご注文には電話、FAXをご利用ください。
電話 03－3813－9151(代)
FAX 03－3812－3544

名は重教に再考するよう強く求めている（以下「梅癸継」二）。年寄らは「御養子御願のうえ、御隠居御願遊ばされ候思し召しにも御座候哉、（中略）御痛所などの儀も御政務の御取捌なさせられ難き程の御様子とも存じ奉らず候」と、この養子願いは隠居の布石ではないかとの疑念をもち、政務が執れないほどの体調ではないのではないかと疑い、将軍連枝からの養子については万々一のことであり、三十歳に満たない年齢で男子誕生を期待しないような重教の姿勢は、「御代々御相続の御血脈中絶仕り候儀、はなはだ嘆かわしく、御家中の人々は申すに及ばず、諸民嘆かわしく存じ奉り候」と、先祖代々の血脈が途絶えてしまい、庶民までもが嘆かわしくおもうとまで述べている。「御家中の侍中、五十歳より内にて養子相願候義は御聞き届け御座なく候、この儀もその正統を大切に思し召され候ての御儀と恐察奉り候」との意見も、血筋を維持することの重要性を訴えるものである。そして、国許での保養が難しいようなら江戸に数年とどまっても構わないので、今回はとにかく延期してほしいと願っており、国許の年寄二名を急遽江戸に派遣しようとするほどであった。結局、重教は家中の反発が強いことから、今回の養子の件は延引すると宣言し、将軍連枝からの養子を事実上断念する。

とはいえ、重教としては養子を迎えること自体を諦めたわけではなく、家中が納得できるような人物として、越中古国府《こ こくふ》村の勝興寺《しょうこうじ》に入っていた弟の時次郎（尊丸、得度後は闡真）に白羽の矢を立てており、明和四年末に重教自身が幕府にこのことを願い出ていることからも、将軍連枝からの養子を断念した直後には動いていたとみられ（長山直治、二〇一三）、同五年に入ると、重教の意向を受けた年寄らが詮議し、重教の親翰を時次郎に持参するなど説得を試みているが、時次郎からは仏門の身であるとして一旦は辞退されてしまう。それでも許容してもらわねばならないとして、幕府や西本願寺の了承をとりつけて説得したことで、同年九月には時次郎から還俗することの同意を得、翌六年二月に金沢へ迎え入れている。

重教が将軍連枝からの養子を望んだ理由については、この養子によって幕府から財政的な支援が見込めるとの話もあるが、おそらくそれだけではなく、当主の早世が相次ぐなかで加賀前田家の家格を維持するための一つの方策ではなかったかと考えられる。というのも、前田家の武家官位についてはすでに言及したように、極官は従三位参議であったが（第三章）、宗辰以降は参議まで昇叙した者がおらず、前田家としては御三家に準じた扱いを維持するためにも参議への昇叙が必要であった（千葉拓真、二〇二〇）。武家官位については、極官に到達することなく当主が死去し、それが何代も続いた場合には極官が下がる可能性があり、備前岡山池田家では官位昇進を家格にかかわる事柄と認識し、昇進運動を展開している（堀新、二〇一〇）。つまり、重教としてはいくら隠居したいといっても、前田家の家格を下げるわけにはいかなかったはずであり、ここに将軍連枝との縁組が模索された理由を求めることができるのではないか。事実、同時期に摂家の二条家から打診があった際、前田家は謝絶しており（千葉拓真、二〇二〇）、当時は御三家や会津松平家など、徳川家一門の大名家との縁組が多くおこなわれたことがわかっている（第二章）。

ちなみに、この時次郎の養子については、重教に男子が生まれるまでの一時的な措置と周囲が捉えていた感があり、時次郎自身もそのように考えてお請けしたと述べている。しかしながら重教はそう考えてはおらず、時次郎に家督を譲って隠居しようと動きはじめる。明和六年に一旦帰国した重教は、すぐに江戸に戻って隠居を願い出ようとしたが、それを止めようとする年寄らと厳しいやりとりがなされ、結局は強硬な重教の姿勢に折れるかたちで重教の出府と隠居が決定したが、隠居の時期については年寄らが主張する二年後を重教は受け入れている（長山直治、二〇一三）。そして同八年四月、重教は隠居して家督を時次郎（治脩）に譲ったが、このような強硬な言動を繰り返す重教の所行については、家臣団による主君「押込」のような慣行が実施されることはなかった。それは、重教が年寄らの意見をまったく聞き入れなかったわけではなく妥協がみられたこと、何より宗辰からの頻繁な当主交替にあって、これ以上騒ぎを起こしてしまうと「御家」の維持に障るとの判断がなされた可能性がある（そもそも、家臣団は重教を隠居させたくない）。いずれにせよ、結果的には大きなトラブルに発展することなく家督相続がなされたといえよう。隠居後の天明期には御改法と称して政治に深く関与した重教であったが、能や鷹狩り、騎射などが得意で、将棋も嗜んだという才能豊かな一面もあり、「御家」を考える上でも分析対象になり得る人物である。

「一揆国」認識

前田重教の隠居に関しては興味深い指摘があるため、ここで取り上げておきたい（以下は千葉拓真、二〇二〇）。年寄らは重教への説得が上手くいかなかった場合、重教の義兄弟にあたる紀伊徳川家の徳川重倫《しげのり》、富山前田家の前田利與《としとも》および大聖寺前田家の前田利道《としみち》に対して書状を提出することを検討していたという。御三家および加賀前田家は特別な家であり、「御連枝様方ならびに他姓より養子の儀相成候ては、公方様の御為にも相成申さず」、つまり将軍連枝や「他姓」からの養子では将軍のためにもならないとし、さらに「加州の義はその上一揆国」であり、織田信長によって一向一揆が鎮圧され、前田家の「正統」によって治まっていたが、家督について「わがままなる義出来」することで、「諸士および一向宗百姓等に至るまで不埒の願い数多これあるときは、一揆起こり申すべき儀目前に御座候」と述べ、そうなれば幕府に対する私どもの職分が立たず、「天下の大事」になるとしている（「太梁公継統事件」）。この内容からも、将軍連枝からの養子などによって前田家の「正統」が途絶えてしまうことは問題だと年寄らが考えていたことがわかるが、ここでは①家康との由緒や将軍家・御三家と前田家の関係性、②幕府に対する職分である「一揆国」の統治という二点を理由に、「正統」な相続を求めたと評価される。

そしてこの「一揆国」という認識については、越中古国府勝興寺を例に、前田家と真宗寺院との関係性が指摘されている。近世初期の前田家にとって一向一揆との関係性が重要であったことはすでに先学が明らかにしているが、前田家の統制において勝興寺がその一翼を担ったこと、それによって寺領二百石が安堵され、住持と前田利常の娘が婚姻を結んでおり、さらに知行宛行状も与えられている。前田家との関係については、前田重教の弟である時次郎が勝興寺に入っていたことは前述したが、明治四年（一八七一）の廃藩後に前田家が金沢を離れる際も前田斉泰の娘が勝興寺に入っている（第六章）。勝興寺の場合は、西本願寺連枝で越中国触頭《ふれがしら》であったこともあり、領内統治に影響を与える存在と認識されていたといえるが、真宗寺院や門徒の統制が重要な課題となる地域であるが故に、加賀国＝「一揆国」との認識がなされたとの指摘は妥当と考える。

また、この認識については、幕末期においても興味深い事例があり、藩として「西洋流」を受容するか否かで揺れていた文久四年（一八六四）、当時世嗣であった前田慶寧は、前田斉泰の方針に反発する年寄長連恭《つらやす》を説得する際、「往古より一揆国の義にもこれあり、軽き者に任せ置、急度防禦も出来候者と心得候ては存外なる義もこれあるべし」と述べ、「往古より一揆国」であることから、百姓や町人に武器を持たせて防禦できると考えるべきではないと説いている。さらに、「その時々臨み候えば、鉄砲も打ち捨て逃げ去り候か、または却って此方へ打ち立て候やも相知れ申さず」とまで述べており、幕末期に至っても意識せざるを得なかったことがわかる（「御用方手留附録」五）。以上のような「一揆国」認識は、近世を通じて前田家のなかにあったことがうかがえ、重教の隠居騒動にも影響していたことは指摘してよいだろう。

還俗した前田治脩

明和六年（一七六九）に還俗した時次郎は、同八年に家督を相続して治脩と名を改め、正四位下左近衛権少将、加賀守となり、翌年には権中将に昇叙しているが、先代の重教はなお強い発言力を有していた。隠居後の重教は、しばらくは能や鷹狩りに明け暮れていたが、天明三年（一七八三）の浅間山噴火に端を発する大飢饉の影響がすさまじく、年貢不納や打ちこわしの発生、さらに疫病の流行で餓死者が多く出るに至り、同五年には勝手方を自ら取り捌くと宣言して改革に着手する。いわゆる天明の御改法といわれる改革であるが、自身が信用する家臣を改作奉行や勝手方御用に仕命し、家臣の困窮対策、商人への御用銀賦課、年貢増徴や新田開発に加え、隠田摘発といった農村政策、さらには村鑑帳を作成して産物や村高の詳細な把握も目指されている。しかし、これらの改革は農村部での反発が強く、十村が連名で役儀の免除を願い出るなど不穏な状況となり、翌六年には完全に行き詰まったとみられ、同年に重教が死去すると、重教に重用されていた者たちは混乱の責任を追及され、一斉処分を受けている（長山直治、二〇一三）。

重教死去後の治脩は、寛政四年（一七九二）には参議となり、綱紀・吉徳と同様に中将も兼任している（宰相中将）。治脩は重教に子が生まれるとすぐに自身の養子とし、寛政三年に元服、御目見を済ませると正四位下左近衛権少将、佐渡守となり斉敬《なりたか》と名を改めていることから、治脩の嫡男として斉敬が御目見を果たしたことがわかるが、同七年に斉敬が死去してしまうと、治脩は再び重教の実子を養子に迎えており、同九年に正四位下左近衛権少将、筑前守となり斉広と称している。治脩はこのように二人続けて重教の子を養子としているが、それはあくまでも自分は中継ぎの存在であるという意識があったためとおもわれる。治脩は明和八年の段階で大聖寺前田家の娘と婚約していたが、実際に結婚したのは寛政十一年であり、そのときには五十歳を超えていた。自身が参議となって加賀前田家の家格を維持できたこと、斉敬は死去したものの、かわりに斉広が嫡男として無事に御目見を済ませたことで結婚に至ったとおもわれるが、中継ぎである自身が結婚して実子が生まれることを、「御家」のためにはばかった可能性も指摘される。ちなみに、治脩にはその後側室とのあいだに利命《としのぶ》（斉広の養子）が誕生している。

学校の創設

治脩期の政策としては、収支の均衡を達成すべく支出削減に取り組みながら、極貧村御仕立仕法の制度化や田地割の励行など、農政の刷新を図ったとされるが、風教政策の一環として学校を創設したことも大きな特徴である。綱紀期から懸案となっていた学校の創設であったが、直接には重教の遺志を引き継いで治脩が実施し、寛政四年（一七九二）に創設された。学校創設に向けて、同三年には儒者新井《あらい》白蛾《はくが》を新知三百石で召し抱えて学頭とし、白蛾の子の升平も助教として新番御歩に召し抱えたほか、その他の人選もすすめられた。敷地については、延宝期には重臣の屋敷地、元禄期以降は火除地となっていた現在の兼六園上段の地に文学校の明《めい》倫堂《りんどう》、武学校の経武館《けいぶかん》が建設された。その後、文政二年（一八一九）に前田斉広の隠居所である竹沢御殿が敷地内に建設されると、明倫堂は経武館に隣接するかたちで移設され、同五年には明倫堂・経武館とも仙石町筋御用地に再び移転となっている。ちなみに、この場所は近代以降も学校の敷地として第四高等学校へと繋がっている。

寛政四年、治脩は学校創設にあたり御触を出しているが、「四民教導のため、泰雲院殿（前田重教）学校仰せ付けらるべき御内意のところ御逝去につき、今般右思召を継ぎ文武の学校申し付け候」と、重教の遺志である「四民教導」のために学校が置かれ、「諸士は勿論、町在の者までも、志次第学校へ罷り出、習学仕るべく候」（「学校御触等留」）とあり、「町在の者」も通学が許可されていた点が特徴である。開学した明倫堂の科目は、儒学のほかに医学・和学・算学・天文暦学・礼法などがあり、一日に二講が開講されたが、「町在の者」については毎月一回、二十七日午前の「小学」の受講に限定され、さらに仕事の隙に就学するよう通達されていたため、実際に就学することは困難であったようで、同九年には早くも勝手次第で出席できると変更されている（小西昌志、二〇一七）。また、その後も当主が交替するごとに学校改革が目指されていることを鑑みると、教師の待遇を含めた学校運営が円滑に進んでいなかった様子がうかがえる。

そして天保期になると、明倫堂において国学を導入しようとする動きがみられるようになり、金沢では田中躬之《たなかみゆき》や石黒千尋《いしぐろちひろ》といった国学者によって国学を学ぶグループが形成されていく。そして嘉永五年（一八五二）、自身も国学を学んでいた年寄奥村栄通の主導によって明倫堂の科目に国学が導入されたが、それは本居学を基礎とした体系的なものであり、幕末期の明倫堂国学を担った狩谷鷹友《かりやたかとも》・高橋富兄《たかはしふけい》の両名は、平田派国学の影響を強く受けつつ独自の思想を形成し、彼らの思想が和歌の歌会などを通じて武士や町人に浸透していったという（鷲澤淑子、二〇一五）。

このような地域における国学の受容は、海防問題や攘夷運動といった幕末期の政治過程にかかわってくるが、学校である明倫堂にも繋がっていることに留意したい。

「太梁公日記」

「太梁公日記《たいりょうこうにっき》」は前田治脩による自筆の日記であり（全四十冊）、現在は公益財団法人前田育徳会が所蔵している（以下は長山直治、二〇〇八）。治脩が家督を相続した明和八年（一七七一）四月から安永四年（一七七五）四月に至るまでの江戸と国許での生活が書き記されているが、幕府との交渉、江戸城での儀礼、他の大名家や一族との交際、年寄・家老などからの人事伺いとそれに対する指示、寺社参詣・遊興や日常生活など実に多彩な内容であり、当主の日記として貴重なものである。

この日記では、隠居した重教に関して書き記された箇所があり、江戸滞在中の治脩は朝の機嫌伺い、食事の相伴、能・蹴鞠・放鷹、さらには鉄砲・弓・騎射を嗜む重教の相手といったように、頻繁に重教と面会している。また、治脩の就寝時間と起床時間も記載されており、江戸では就寝が日付をまたぐこともあったようで、起床は午前八時ごろ、国許では午前九時ごろが最も多かったとされる。また、国許では政務の傍ら、寺社参詣や放鷹をおこなっているが、重教娘の穎を養女にして金沢城二ノ丸御殿に迎えてからは毎日食事を共にしたという。治脩はこの段階では婚約しているものの、側室をもつことを控えていたふしがあり、穎との交流は貴重な時間であったようである。また、国許と江戸の双方で食事に関する記載も多いため、「太梁公日記」は大名料理の内容も読みとれる好個の史料だといえよう。

以上のように、治脩は前田吉徳の末子として誕生すると、のちに越中古国府勝興寺の住持となるが、「正統」の血筋を求める家臣団の意向を汲んだ重教の要請によって還俗し、相続後は参議まで昇叙した、まさに「御家」維持を果たした当主であった。そして治脩は、享和二年（一八〇二）に隠居して斉広に家督を譲ると、嫡男のときに居住した金沢城金谷御殿を隠居所として隠居生活を送り、文化七年（一八一〇）に死去している。

諸政策にみる前田斉広

前田重教の次子であった前田斉広は、兄斉敬の死去にともない寛政八年（一七九六）に前田治脩の養子となり、翌九年には元服および御目見によって正四位下左近衛権少将、筑前守を称し、享和二年（一八〇二）に治脩が隠居すると、家督を相続して左近衛権中将、加賀守となる。

斉広期の諸政策については、非常に重厚な研究成果がある（以下は長山直治、二〇〇三）。就任直後の斉広は、財政改革や風俗引き締めに取り組む一方、財政難のなかで家臣からの借知返還を強行したが、これについては借知が家臣団との関係性に悪影響を与える、つまり「御家」にかかわる問題と斉広が捉えたためといわれる。

また文化五年（一八〇八）には、金沢城二ノ丸からの失火により二ノ丸御殿をはじめ、付近の菱櫓・橋爪門続櫓・橋爪門なども類焼してしまった。焼失後は二ノ丸御殿の再建に向けて、家臣のみならず町方・郡方の者たちからも資金献納の申し出が相次いだといい、結果的に家中や町方・郡方からの献納によって大部分をまかなうことができたとされる。そして同七年に復興工事が完了すると、翌八年には規式能と慰能が催され、町方・郡方の者に限定しても約一万人もの人々が招かれており、慰能では斉広自身が能を演じている。

その後も斉広はさまざまな政策に取り組んでいるが、文政期になると「御国民成立」をめざした改革に邁進していく。それは困窮者を救済し、さらに藩の財政も安定させようとするものであり、産物方政策を重視するなかで仕法調達銀を実施する。これは藩組織が講元となって頼母子《たのもし》を実施するものであるが、財政難での運用であったため、信用性に乏しく、第一回目の応募が低調であったことは当然であった。第二回目には斉広の意向を受けて強く募集した結果、相当の応募があったといい、集まった調達銀は財源に繰り込まれたほか、困窮する家臣や町方・郡方の者への貸付、そして文政二年（一八一九）に出された銀手形の準備銀にも充てられたとされるが、この仕法調達銀は同九年に突如廃止されている。

そして文政九年には、米仲買に貨幣を融通している銀仲《ぎんずわい》を裁許とした手形を新規に発行している。銀仲預手形といわれたこの手形は、諸上納に利用でき、かつ正銀との引き替えも認められていたため、まさしく藩札であったとされる。この銀仲預手形については、これまで発行された銀手形の経験を踏まえて発行された感があるが、銀仲の資本力を強化し、金沢における給人米市場の資金を豊かにして米価を高値で安定させることが目的であったという。正貨の利用を禁止した専一的流通の宝暦銀札とは異なり、混合流通であった銀仲預手形は、藩札という一般性を有しながら、現実には米という特定の商品を対象としたものであり、商人信用にも依拠しながらその信用確保に努め、幕末維新期まで流通し続けることになる（中野節子、二〇一二）。

斉広はそのほかにも特徴的な政策を打ち出していき、文政元年に芝居小屋、そして同三年に遊郭の設置が公認されたが、それは金沢町の人びとの賑わいのため、渡世のためであり、「御国民成立」の一環であったといわれる。

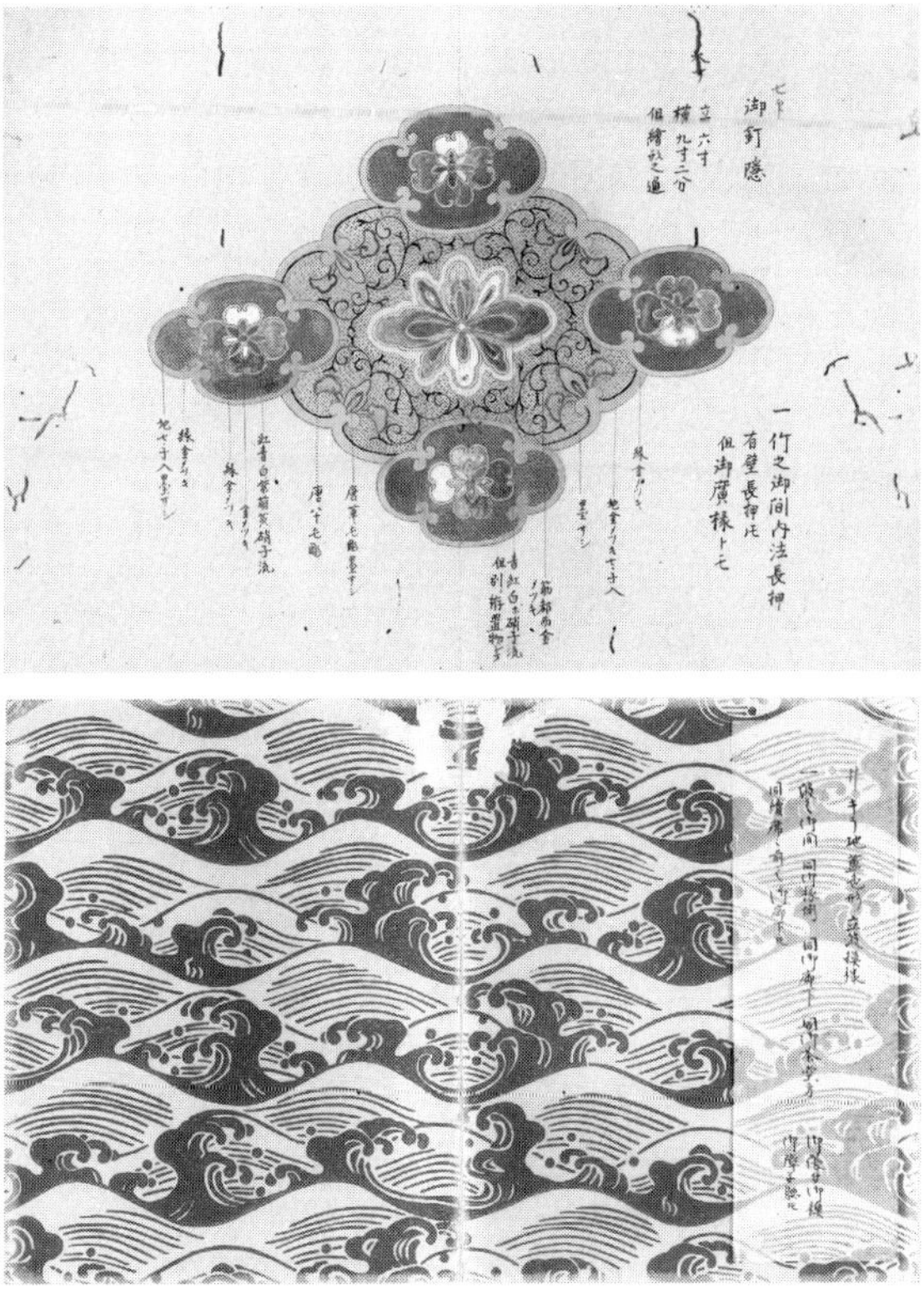

図17　「二之御丸御殿御造営内装等覚及び見本・絵形」
（上）御釘隠,（下）キラ地藍色形立波模様
金沢市立玉川図書館近世史料館所蔵

芝居小屋は犀川川上新町に設置され、遊郭は茶屋町と呼ばれ、石坂町と卯辰茶屋町の二ヶ所にそれぞれ一町四方の地を囲って設置された。この芝居小屋と茶屋町は、武士や郡方の者の立ち入りが禁止されており、あくまでも町人の慰みであったが、違反者が多かったために処分や規制が強化され、徐々に客足も遠のいていったという。そして、斉広死去後の天保二年（一八三一）に茶屋町は廃止され、芝居小屋も同九年に廃止となった

が、その理由は家中の風俗引き締めであった。ちなみに、この芝居小屋と茶屋町については、慶応末期になって再び公認されている。

十村断獄と「御教諭」

そして、文政二年（一八一九）におこなわれた十村断獄は、斉広による「御国民成立」をまさに象徴するものであった。同年三月、二十八名の十村が一斉に役儀免除となり、その後入牢を命じられて能登島に流刑となったが、その多くは御扶持人十村であり、指導者的立場の者ばかりであった。入牢以外の処分を受けた者も含めると、実に総勢三十六名にも及ぶ処分が敢行されている。旧習一洗を掲げ、困窮する農民を救済するために持高の再配分や、打銀・万雑《まんぞう》および小作料の軽減が目指されたが、改作奉行の経験がありその才能を評価されていた寺島蔵人《てらしまくらんど》などから厳しい批判が出るなど、当初から混乱の様相をきたしており、半年程度で改革は行き詰まったとされる。結局、断獄政策は否定され、同三年六月には流刑の十村は赦免されたが、斉広によって実施された十村の名称廃止、改作奉行の廃止による郡奉行への一本化などは大きな政策転換であり、この改革は十村を年貢収納などから解放して農業振興に専念させつつ、郡方の支配強化を狙ったものであったという（ちなみに、十村制度については天保十年に復活している）。

また文政二年には、斉広は隠居の意向を周囲に伝え、隠居所の建設に取りかかっている。場所は現在の兼六園上段の地で、当時は学校が置かれていたが、文学校である明倫堂を動かして用地を確保すると、多くの部屋と能舞台が二ヵ所ある荘厳な建物が完成し、竹沢御殿と呼ばれた。同五年、斉広の嫡男である斉泰は江戸に出、老中歴訪後に将軍徳川家斉への御目見を済ませ、正四位下左近衛権少将、若狭守となり、同年中には斉広の隠居と斉泰の相続が認められている。斉広は年寄前田直時に宛てた書状において、自分は気楽でいたいのに大名としての格式が気になり、外出を勧められても出かける際の作法が気になってしまうと書き記していることから、自身の思いと大名家当主としての体裁のギャップに思い悩む、繊細な人柄であったとも評価される。

こうして隠居した斉広であったが、家中の風俗問題がその後立て続けに発生し、とりわけ家老など人持の者からも処分者が出たことで危機感を抱くと、隠居所の竹沢御殿に家臣を呼び、教戒を加えて風俗を矯正すべく「御教諭」を開始している。また、「御教諭」を補佐するため、組頭から寺島蔵人ら才力を評価された者たちが教諭方主附に任命されているが、この「御教諭」によって家臣の風俗が矯正されて国風がおさまれば人材が育ち、その人材が若き当主斉泰を支えていくとの見込みがあったという。従来は、この「御教諭」の体制は斉広の親裁を支える体制であり、抜擢された組頭の者と旧来の年寄らが対立したとの見解がなされてきたが、実際に教諭方が議論したのは「御教諭」の進め方や政治の方向性といった内容であり、ときには年寄らもこの議論に参画している以上、年寄政治と直接対立する組織ではなかったと現在は評価されている。

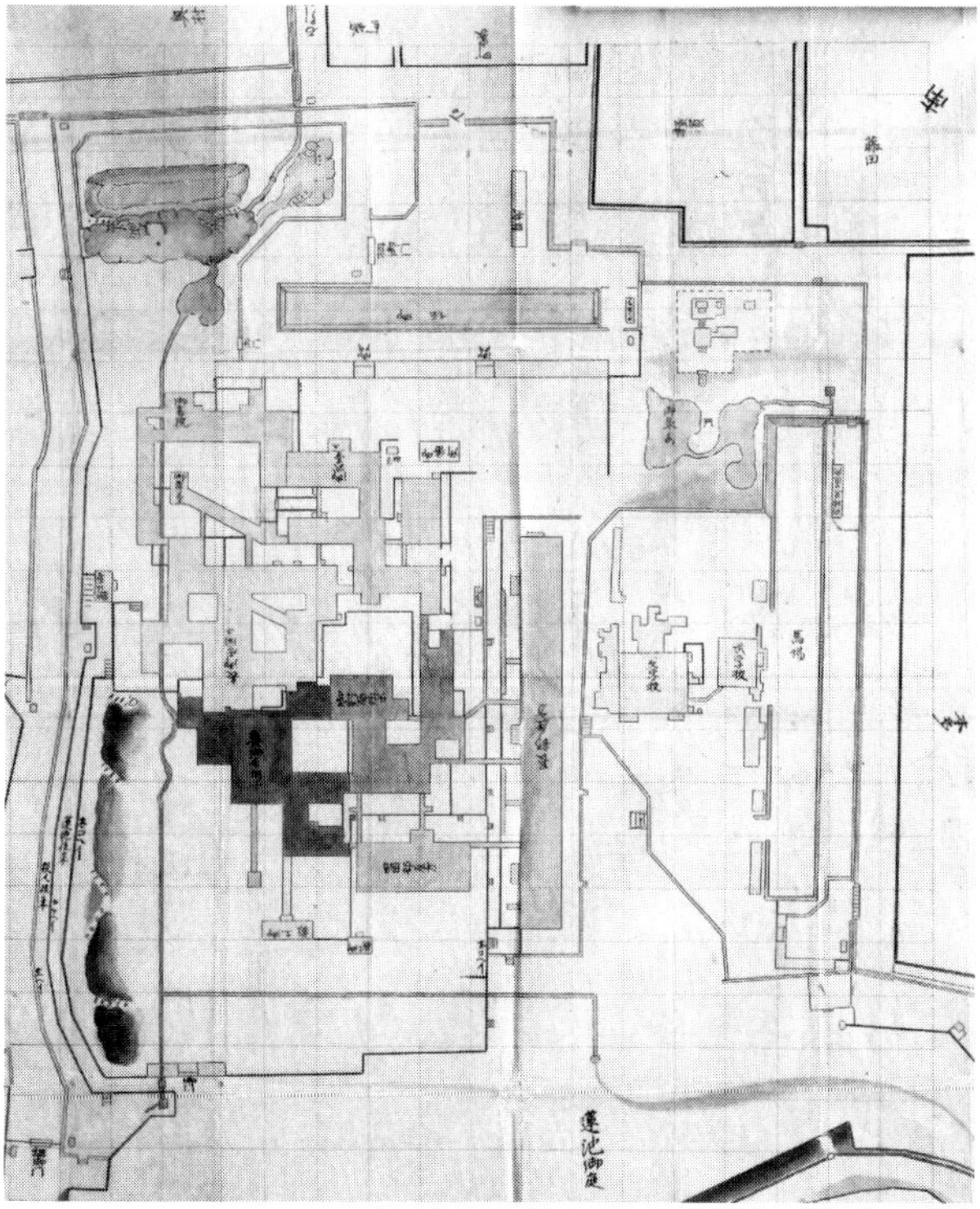

図 18　「両学校ヲ取込竹沢御殿地割絵図」（部分）
金沢市立玉川図書館近世史料館所蔵

　しかし、文政七年から本格的にはじまった「御教諭」は、同年六月に斉広が麻疹にかかり、翌月に死去したことで具体的な成果をみることはなかった。さらに、家督を相続した斉泰が若年であったことから、年寄らは「御教諭」

をしばらく猶予するとして方針を撤回しはじめると、教諭方主附の寺島蔵人は斉広の遺命を守るよう主張したため、同八年には役儀免除で逼塞処分を受けている。

ちなみに、この斉広については父の重教との類似性が指摘される。強引ともいえる改革を実施して挫折したこと、風俗の乱れを問題視して多くの家臣を処分し、風俗の矯正に努めたこと、「御改法」そして「御教諭」といったように隠居後も政治にかかわろうとしたこと、さらに二人ともたいへんに能を好んだことなどである。加賀前田家にあっては、徳川御三家に準じる家格を確立し、安定的な家臣団編制を実現した前田綱紀の政治が理想であったことは間違いないが、一方で斉広のように父の政治を模倣したかのような政治も、一つのあり方だったのかもしれない。

若き当主斉泰と奥村栄実

文政七年（一八二四）に前田斉広が死去したことにより、前田斉泰は当主として本格的に政治を主導することになるが、まだ十代半ばの青年であったため、まずは年寄が中心となって政治を運営している。天保期に入ると、飢饉が頻発して年寄と家老・組頭とのあいだに政策をめぐる対立状況が生まれたが、この家老・組頭の背後には年寄政治を厳しく批判していた元教諭方主附の寺島蔵人がいたといわれ、実際に寺島は複数の家老宛てに意見書を書き著している。また、この対立状況は家臣団編制上の構造的な問題でもあり、役職最上位の年寄が若年の者で固められた場合、下に位置する家老のほうが年齢的にも経験豊富な人物が揃う可能性があった。それは、年寄が八つの家で就任者が固定されるのに対して、家老は七十家前後の人持のなかから数名就任するためである。結果として、斉泰はこの状況を打開すべく家臣団の一致を目指し、寺島蔵人を支持していた家老を罷免して寺島にも能登島での蟄居を命じる一方、長らく政治から遠ざかっていた奥村栄実の復帰を求め、年寄体制の強化を図っている（以下は長山直治、二〇一五・二〇一六）。

奥村栄実は奥村家（宗家）十一代として文化元年（一八〇四）に家督を相続しているが、そのときはわずか十三歳であったという。同五年には、御用加判および月番となって政治にかかわり、勝手方御用主附なども勤めたが、文政元年に前田斉広が「御国民成立」をめざす改革に乗り出したことから罷免され、政治の舞台から遠ざけられており、斉泰自身も文政末期段階では斉広の意思を尊重するかたちで栄実の復帰については慎重な発言をしている。しかし、前述のように飢饉が頻発して米価の高騰や打ちこわしが発生し、家臣団の一致がみられないという状況に陥ったことで、斉泰は栄実に復帰するよう求めたのである。

通説では、加賀藩における天保改革は奥村栄実がかなりの権限をもって主導したと評価され、奥村栄実政権とまでいわれてきたが、これに対して栄実が本当に主導したといえるのかと疑義が呈されている。この天保期の改革では、半知借上、借財仕法、高方仕法、地盤詮議、物価方役所の設置、株立運上銀・冥加銀の廃止といった政策が天保八年（一八三七）に打ち出されており、これらが栄実の主導によるものとされてきた。しかし、近年の研究によって同年の政策は他の年寄らによる応急的措置であり、斉泰が帰国した翌九年以降、栄実が本格的に政治に関与したことが明らかとなっており、その後に学校修補御用主附や勝手方御用主附などを任命されるなかで栄実主導の体制が確立したといわれる。とはいえ、栄実がすべてを取り仕切っているという世間の風評を、栄実自身が気にして就任依頼を辞退しようとしたことや、栄実が同十四年には死去しており、その主導体制が短期間で終わっていることも踏まえるべきであり、その上で改革の全体像を論じる必要があろう。

また、奥村栄実は若き斉泰に対して天保七年（一八三六）から同十三年にかけて多くの上書を提出している。斉泰が国許にいるときは藩政のあり方を説き、江戸にいる場合は国許の様子を報告しているが（長山直治、二〇一五）、注目されるのは「言路」と「一致」である。

「言路」と「一致」

栄実が提出した「愚意之趣可調上草藁」（「奥村栄実意見書」一）は、政治の基本的なあり方に言及し、具体的な提言を書き記したものであるが、栄実は斉泰に対して、聖人でも過ちがあり、その過ちを改めるためにも、「とかく下より万事申し上げ易き様に遊ばされ候儀、最上たる御方の第一の御勤と存じ奉り候、（中略）古人も言路を開き候は治平の基ヒの由申し置き候」と、下の者から申し上げやすいように「言路」を開くことを提言している。また、斉泰から「衆人一致」について問われたときは、「元来一致と申し候は、惣じて善悪によらず同じ意気込みに相成、力を合わせて仕り候ところ、すなわち一致の形と存じ奉り候」、「御役人に誠実なる者を仰せ付けられ候へば、人々我身は構ひ申さず、ただ御上を大切に相心得、他の役々の儀をも我役職と差別なく相心得申し候故、（中略）小役人までも各その風を受け申し候て、人の心自然に一致仕るべき儀と存じ奉り候」（「奥村栄実言上書」二）と、「一致」には善悪によらず同じ意気込みで力を合わせることが肝要であり、役人に誠実な人を選ぶことで「一致」に至ると回答しており、加えて斉泰自身が学問によって心身を鍛錬し、「仁心」をもって下の者と親しく接することによって「衆人一致」に向かうと後日補足している。

実際、この上書の内容は斉泰に影響を与えており、嘉永七年（一八五四）に年寄長連弘の月番加判、および勝手方御用主附を免除した際、連弘が「偏信」であり「人和」を失っていることを理由とし、「故丹後守（奥村栄実）なども常々申し聞かせ候事にて実に大切の儀」（「御親翰留」）と述べていることからも、斉泰は栄実の提言を意識しながら、家中の「一致」を目指して連弘を処断したといえる。

幕末期の斉泰は、国事にかかる政治意思決定や具体的な政策決定において「言路」を重視した姿勢を示しており、自身が決断した内容を受け入れない家臣に対しては幾度も説得し、それでも承服しない場合は長連弘のように役儀免除という処断により「一致」を導こうとしている。「御家」の維持・存続のために困難な決断が繰り返される幕末期にあって、斉泰はまさに栄実の教訓を体現し、「決断する君主」の役割を担っていたと考えられるが（第五章）、それはまた斉泰にとって栄実の存在がいかに大きかったかを物語っている。

コラム—4
江戸屋敷の変遷
明治維新

慶応四年（一八六八）閏四月、本郷春木町からの出火によって本郷邸は御主殿門（赤門）や物見などを残して焼失してしまう。同年十月、「本郷六丁目居屋敷、板橋平尾裏下屋敷とも願の通下賜候、ほか屋敷の義は追って下賜候旨御沙汰に候事」（「維新以来御達」）との朝命が出され、焼失後の本郷邸および平尾邸があらためて加賀前田家に下賜されると、十二月には築地邸（旧淀藩邸）が下賜されて上屋敷となり（同時期に本郷邸が中屋敷、駒込邸が抱屋敷になったともいわれる）、さらに明治三年（一八七〇）五月には築地邸が御用によって上地となり、相生橋邸（旧福山藩邸）を拝領、上屋敷としている。

そして同年八月、政府の命令によって加賀前田家は東京府内の屋敷および坪数を届け出ている。そこでは、前月に官邸一ヵ所、私邸一ヵ所とする布告が出されていたこともあってか、本郷邸を官邸、平尾邸を私邸として届け出ており、前述の相生橋邸は賜邸としているが、これによって相生橋邸が本郷邸の焼失により特別に下賜された屋敷であることが推定される。ちなみに、駒込邸については同四年二月に政府の命令によって上地となるが、平尾邸とともに当時は私邸という扱いであった。

なお、慶長十一年（一六〇六）八丈島に流された宇喜多秀家の一類が明治二年に赦免されて東京に移住するが、前田慶寧は政府から彼らを引き取り扶助するように命じられており、同三年に宇喜多一類は平尾邸に入っている（大西泰正、二〇一八）。前田利家と芳春院の娘である南御方（豪）が宇喜多秀家に嫁いだこと、芳春院による八丈島への支援以降、幕末に至るまで支援が継続されたことが「旧来の由緒」となり、慶寧に命じられたといわれる。

五　幕末期の国事周旋と政治意思決定

1　京都の政局と前田家の対応

前田斉泰と溶姫

前田斉泰は、前田斉広の子として文化八年（一八一一）に金沢で誕生し（母は栄操院）、翌九年には斉広の正室真龍院の養子となって幕府に出生と嫡子の届け出がなされた。文政五年（一八二二）に江戸へ赴き、十一代将軍徳川家斉への拝謁後に偏諱を賜い斉泰と名を改め、正四位下左近衛権少将となり若狭守を称している。同年末に斉広が隠居し、幼少ながら家督を相続すると、左近衛権中将に任じられて加賀守を称した。翌六年には家斉の二十一女である溶（景徳院）と婚約、同十年に斉泰と溶の婚儀が執り行われている。斉泰は過去に二人の女性と婚約したがいずれも死去しており、将軍家との婚姻は財政難のため避けたかったものの、幕閣らの強い説得もあって受諾しており、前田家としては他の大名家のような家格上昇や加増などを求めず、膨大な経費を少しでも減らし、負担の軽減を望んだという（小松愛子、二〇一七）。その後の斉泰は、天保二年（一八三一）に参議（中将兼任）、安政二年（一八五五）に権中納言、元治元年（一八六四）には正三位に昇叙するなど、前田家の極官を凌駕する武家官位の上昇がみられ、斉泰自身も幕末期では治世が四十年をこえて年齢も五十代をむかえる経験豊富な当主であった。

正室の溶については、斉泰との婚礼は前田家が要望した「御手軽」とはならず、実際には想定以上の出費があり、当初「御住居」とされた住まいも「御守殿」に変更されている。「御守殿」については、徳川家斉以降では御三家・御三卿と婚姻を結んだ将軍息女に限って許された表現であったが、今回は加賀前田家、とりわけ溶の要望によって実現したといわれる。また、溶に対しては婚姻後も徳川将軍家の一員として贈答儀礼がおこなわれたことから、「諸家御住居の姫君」とはまさに的を射た表現といえる（畑尚子、二〇一七）。

しかし、本郷御守殿で暮らしていた溶は、文久二年（一八六二）の幕府改革によって金沢に向かうことになる。翌三年四月、金沢に向かって出発しているが、当時は強硬な攘夷論が世の中を席捲しており、不穏な状況での金沢到着となった。溶を迎えるにあたって金沢城二ノ丸御殿では、表向の空間も取り込みながら女性たちの空間を確保していったが、これによって表向が圧迫され、二ノ丸御殿の政治空間に変化があったことは間違いない。とはいえ、この滞在は短期間であり、元治元年（一八六四）十月には幕府の命令に従って東海道まわりで溶は江戸に戻っている。これは、禁門の変後に幕府が強硬な姿勢を示したことによるが、従わない大名家がいるなかで前田家が溶を江戸に戻したのは、前田家と徳川家の緊密な関係に加え、禁門の変における世嗣前田慶寧の行動が強く批判されたことも影響したとおもわれる。息子の慶寧が謹慎していることを憂いた溶は、大奥を通じて働きかけていたようで、謹慎が解かれたのちに御礼の品を大奥に贈っている（同右）。

図19「前田斉泰写真」
金沢市立玉川図書館近世史料館所蔵

そして、慶応四年（一八六八）に勃発した戊辰戦争のさなか、溶は江戸を出発し、下街道を通行して再び金沢を目指している。三月下旬にようやく金沢城内の金谷御殿に入っているが、御附女中らは領境の越中泊において追い返されており、徳川家との関係を断ち切ろうとする姿勢がうかがえる。その溶は、わずか二ヵ月足らずの五月初めに金沢において死去しており、息子の慶寧は当時金沢にいたが、夫の斉泰は上洛していたため最期を看取ることは叶わず、葬儀は同月下旬に金沢の天徳院で執行された。在京の斉泰が帰国の許可を得て金沢に戻ったのは、六月下旬であった。

海防体制の強化と「西洋流」

前田家が領有する加賀・能登・越中は長い海岸を有しており、海防強化は喫緊の課題であった。前田斉広の時代にも外国船の渡来に備え、船数・出張人員の確認、海岸地形の調査、大砲配備の命令などが出されていたが、斉泰期では嘉永以降に本格化していく。海防に関する現状調査および詮議、台場の築造、泉野調練場・鈴見鋳造場・壮猶館《そうゆうかん》・軍艦所といった軍事関連施設の建設、軍艦の購入、大砲・小銃の製造・購入など内容は多岐にわたり、幕府の方針を踏まえつつ海防体制の構築が急がれている。もちろん斉泰・慶寧父子の海防意識が前提になっており、両者は数十回以上にわたって軍事調練を見学している。

そして、嘉永六年（一八五三）四月には斉泰自身が異例の約二十日間にわたる能登巡見に向かっている。能登巡見での第一の目的は、良港が多い能登における外国船対処を目的とした視察であったといえるが、数百人規模の動員や銀百貫目におよぶ経費、巡見一行を受け入れる村々の対応などをみると、加賀や越中とは異なり参勤交代で通行することがない能登において前田家の威光を示す目的もあったのではないか。他家の事例にもみられるが、海防という難題に当主として自らが立ち向かう姿勢を示そうとした可能性がある。

さらに、この時期に問題となったのは「西洋流」の受容であり、具体的には西洋軍制導入の是非として問題化していく。斉泰自身、安政期には衆評を聞いたうえで軍制を改止することはあり得ると述べるなど積極的な姿勢を示していたが、攘夷論が全国的に高揚した文久末期には、「西洋流」に対する見解の齟齬があるために家臣団が「一致」していないと批判し、海防方御用を担っていた年寄らとの対立が表面化した。

そもそも西洋諸国の脅威に対抗すべく攘夷を掲げながら、その実現のために西洋の制度や兵器を導入すること自体、論理的な整合性がとり難い。ゆえにどこまで許容できるか、家臣団統制にもかかわるために斉泰が決断することになるが、当時は「西洋流」の受容を積極的に主張する者もいれば、全否定する者もいるような状況であり、そこで「一致」を求めた斉泰が導き出した考えが、西洋兵器は採用するがそれ以上、すなわち軍制までは導入しないとするものであった。しかし、これで「一致」に至ることはなく、「西洋流」をより手広く受容すべきと主張する年寄らと対立していった結果、対立は先鋭化し、年寄らの海防方辞任願いや、斉泰による年寄本多政均《まさちか》の処分断行へと展開していったのである。

しかし、斉泰は一方的に処断することなく、反対する年寄らの説得を幾度も試みており、当時世嗣であった慶寧までもが説得に加わっている。この点からも「一致」にこだわる斉泰の姿勢が読みとれよう。また、斉泰の「西洋流」認識の根底には夷狄《いてき》観が見受けられる。西洋諸国を日本型華夷秩序の外に位置付けて警戒・蔑視する夷狄観を斉泰も有していたために、家中が「西洋流」に浸ってしまうことを危惧したと考えられる一方で、「卑賤の者」とみなした地域の百姓・町人らにはある程度容認していったことが、彼らを動員する銃卒制度（百姓・町人に銃稽古を実施し、兵卒とする制度）に繋がっていく。

その銃卒制度だが、城下集住制をとる以上、海防体制を強化するために不可欠な政策であった。兵学者や国学者のほか、家臣からの上申が相次ぐなかで斉泰は意見を募り、その結果、家老不破為儀の意見書を基本にして議論を重ね、文久三年（一八六三）に実施している。斉泰は、百姓らを夫役のように動員することは「農兵指解」になると慎重であり、当初は稽古人に扶持を与えた上で小者格に召し抱えることが主張されたが、実際には召し抱えられることはなく、従来の身分のまま郷土防衛意識によって動員され、生活困窮者に対しては手当銀が支給されている。これは、斉泰が懸念した夫役同様の動員であり、いわゆる農兵の範疇といえるが、そもそもなぜ斉泰は農兵を解禁することに慎重だったのだろうか。それは、武力を行使する存在である士身分のアイデンティティを「卑賤の者」とみなした百姓らに揺るがされかねないとして、身分制を基礎とする家臣団体制を維持することが斉泰の念頭にあったことは指摘できよう。銃卒を領外に派遣するなど、海防以外で動員する場合には、その期間に限って身分変更の手続きをしていることからも、それはうかがえる。ただし、この銃卒制度は稽古人のモチベーションを保つのが難しかったようで、各地域で稽古忌避などもみられたが、藩組織の末端に位置しつつ地域の代表者でもある十村が実施主体となることで何とか維持されていた。

そして、慶応四年（一八六八）戊辰戦争がはじまると、銃卒制度も大きく改編され、稽古経験者で銃卒のスキルを備えた者たちによる精鋭部隊が編制された。この段階では能力ある者を扶持米で雇用して編制するという傭兵的な側面がみられることから、郷土防衛意識に基づいて動員された段階とは明らかに異なり、むしろ兵賦のような扱いにもみえる。さらに、希望者には新足軽並に採用されるルートがひらかれるなど、身分制に影響を与えるような対応もみられる。

この銃卒制度については、「夷狄」の慣習とされた西洋軍制を「卑賤の者」とみなした百姓らに許容したことで、まがりなりにも西洋式の銃隊が藩直属の軍事力に先駆けて地域で編制されたことになる。その後、藩組織において西洋軍制に基づいた軍事力を編制した際、銃卒経験者など地域から多くの兵卒を採用したことは、まさしく斉泰が危惧していた家臣団体制の揺らぎに繋がっていくものであった。

本分家関係の再構築

前田斉泰には多くの男子が誕生している。嫡男は溶とのあいだに生まれた前田慶寧で、斉泰の隠居後に家督を相続しており、他の男子では鳥取池田家の養子となった慶栄《よしたか》や、一門筆頭の前田土佐守家に入った直会などがいるが、分家の富山前田家には利同《としあつ》が、大聖寺前田家には利義《としのり》・利行《としみち》・利鬯《としか》が立て続けに養子に入っている。

富山前田家については、極度の財政難や利保《としやす》・利声《としかた》父子の対立などにより安政三年（一八五六）から本家による教諭が開始されると、同六年には斉泰の子である利同が養子に入り家督を相続する。その後、文久二年（一八六二）まで本家の家老や十村が常駐して藩政に介入していたとされるが、その後も富山御用主附に任命された家老や、富山財用方御用・富山御横目主附に任命された人物が確認できるため、慶応末期まで本家の関与が続いていたと推察される。

また大聖寺前田家についても、嘉永二年（一八四九）に斉泰の子である利義が養子となって家督を相続したが、

図20　前田斉泰の男子一覧　石野友康「加賀藩前田家の庶子と重臣層」（加賀藩研究ネットワーク編『加賀藩武家社会と学問・情報』岩田書院、二〇一五）より作成

斉泰

慶寧	加賀前田家十四代
釣次郎	夭　逝
利義	大聖寺前田家十二代
慶栄	鳥取池田慶行養子
利行	大聖寺前田家十三代
純六郎	夭　逝
利鬯	加賀前田家家臣前田貞事養子、のち大聖寺前田家十四代
直会	加賀前田家家臣前田直養養子
亮麻呂	東本願寺法主猶子として越中善徳寺へ
簡之允	夭　逝
利同	富山前田家十三代
利武	明治十四年分家、のち男爵

利義が安政二年に死去したため、同じく斉泰の子の利行が利義の養子となる旨を幕府に届け出たが、その利行が金沢で死去してしまう。御家存続にもかかわる事態となったが、すでに家臣の養子となっていた斉泰の子利鬯を大聖寺に入れることを決定し、利行死去の発喪を遅らせて先に養子の手続きを済ませることで事なきを得ている。その大聖寺に対しても、飛弾守様（利鬯）御勝手方御用に任じられた者が慶応末期に確認できる。富山の場合は大名父子の対立や財政難、大聖寺は当主の相次ぐ早世という不確定な事情があったにせよ、本家の血筋

が両分家に入り、斉泰の子が加賀・富山・大聖寺の家督をそれぞれ相続したことになる。これは分家を創出した前田利常以来（光高・利次・利治）のことであり、結果として本家が分家に関与する体制が整ったことになる。幕末期における加賀前田家の政治過程を十分に評価するには、加賀前田家だけではなく本分家関係を踏まえた、北陸に拠を構える前田家として分析することが求められる。

文久期の政局と意見上申

ここからは、幕末期の政治情勢に加賀前田家がどのように対応していったのかについて、藩組織の長としての前田斉泰の言動に注目しながら述べていきたい。当該期の国事（国政）については、あくまでも幕府の専権事項と捉えていたようであり、ペリー来航後に老中阿部正弘が意見を求めたときは、斉泰・慶寧の連名で意見書を提出しているが、このように幕府から諮問を受けたとき以外は国事に関して意見を述べてこなかった。しかし、文久二年（一八六二）八月に世嗣の前田慶寧が江戸城に登城した際、国事に関して意見がある場合は忌憚なく申し述べるようにとの上意を示されたことで、本格的に国事を意識するようになる。そして政局の舞台が江戸から京都に移行するなか、探索および交渉を担当する聞番《ききばん》を江戸のみならず京都にも派遣し、さらに家老を御守衛の総裁と位置付けて京都に常駐させ、在京軍事力を統括させるなど、京都詰体制を整備していった。

このような動きについては、幕府による文久二年の改革が影響していたとおもわれる。薩摩国父の島津久光が無位無官でありながら上洛・参内し、朝廷と交渉したのち勅使大原重徳をともなって江戸で幕府に改革を要求した一件は、国内に大きな衝撃を与えた。幕府はこの要求を受け入れ、将軍後見職や政事総裁職を設置するなどの改革を実施したが、これらの改革により有力諸藩の国事への政治参画が許容されるようになっていった。そして、参勤交代の緩和や大名妻子の帰国といった制度改革については、財政難を緩和する効果も期待され、海防費用の捻出に苦しむ藩から歓迎された一方で、幕府と藩との関係に変化をもたらし、政局の中心が江戸から京都へと移るのに拍車がかかったと考えられる。

前田利家と芳春院とのあいだに生まれた次男利政を家祖とする前田家（直之系）は、一門筆頭の家柄であり、家臣団のなかでも格別とされたが、幕末期の当主であり年寄筆頭の立場であった前田直信は、文久二年六月に意見書を提出している。直信は幕府の姿勢を御趣意一貫仕らずと批判し、何より朝廷尊崇の道を立てるべきと主張した上で、幕府が態度を改めて公武一和になることが必要であり、前田家が周旋して水魚のごとく一和となれば、将軍上洛に供奉することや、斉泰・慶寧が江戸に向かうことになっても問題ないとする。また、万が一にも違勅となった幕府を支持した場合、上は朝廷から、下は浪士雑卒に至るまで怨敵とみなされ、万人に嘲笑されて後世まで批判されるとして、「公辺御続柄等の重き所」と「天朝御本主の重き所」を天秤にかけるような状況、すなわち幕府と朝廷のいずれかを選択するような状況になった場合は、何より朝廷を選択すべきと発言している（前田土佐守家資料館所蔵「公武之間柄に付存知之趣上申控」）。

この前田直信の意見は、この国が「皇国」であり、我々が「皇国」に属する者であるとの認識が根底にあるともわれる。だからこそ、ここから逸脱すれば厳しく批判され、前田家存続の危機に繫がると考えたのではないか。それゆえ幕府、そして徳川家が「皇国」の害となるに至ったならば、そのときは徳川家と袂を分かつべきと主張したのである。朝廷尊崇を第一としながら、徳川家との関係を考える必要性について、前田家一門かつ年寄筆頭の前田直信が文久期の段階で言及していたことが注目される。

政治意思決定と藩是・「藩論」

文久三年（一八六三）六月、世嗣の前田慶寧に対して江戸から老中奉書が届き、「御用召」として参府するよう命じられたが、その対応をめぐり紛糾することになる。問題は、なぜ世嗣にすぎない慶寧が江戸に呼び出されたのかという点であり、幕府失政の罪をきせるためではないか、もしくは加賀前田家が幕府に追従する姿を世間に示して将軍権威を保持したいのではないかとの疑念が出されたが、

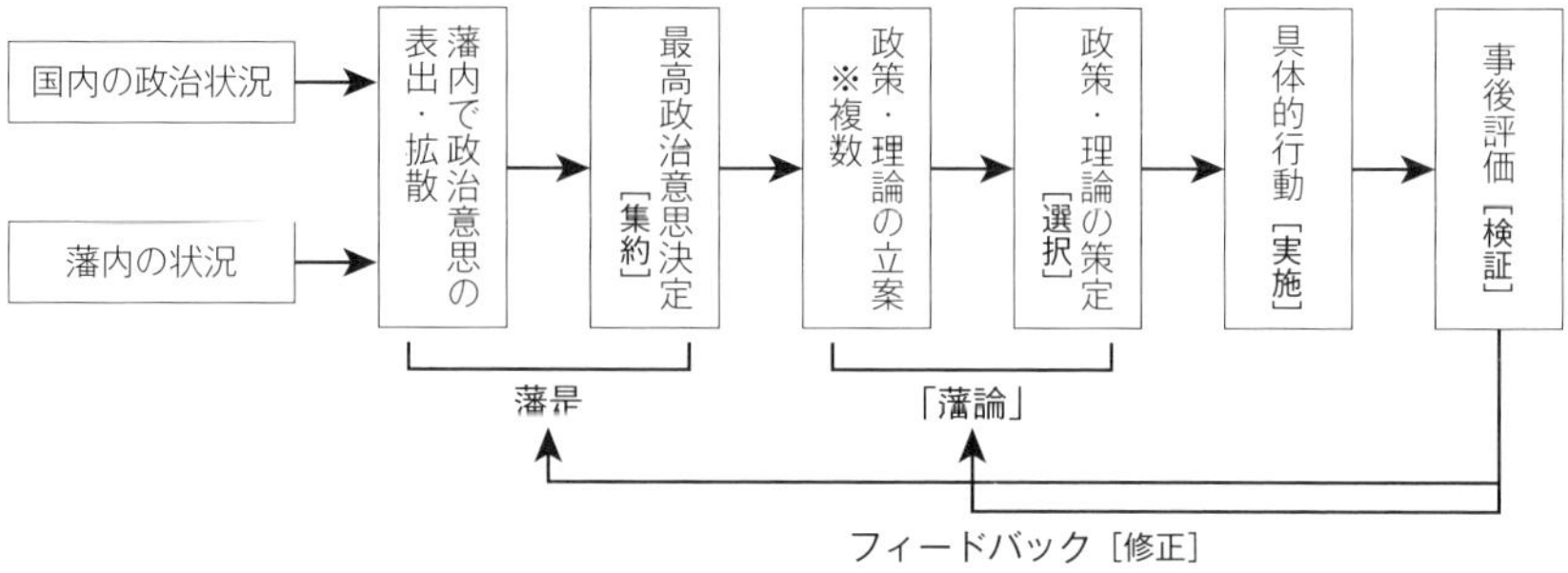

図21　藩の政治意思決定および循環モデル

実際この「御用召」で慶寧に政事総裁職を任命するという風聞があったことから、国内が東西二分の状況にあるなかで前田家が徳川家寄りだと認識されてしまうとの警戒がみられた。また、侍読《じどく》として斉泰・慶寧父子の側にいた儒者千秋順之《せんしゅうじゅんの》助《すけ》は、世嗣は国の根本であると述べて、慶寧を幕府方に奪われてはならないと主張している。結局、京都で情報を収集していた聞番が、縁家である二条家の見解などを国許に伝えたこともあり、慶寧が江戸に向かうことはなかったが、国事に対して周旋するにせよ傍観するにせよ、前田家にとって根本となる思召を示してほしいと複数の年寄が前田斉泰に願い出るような状況となった。

　このような背景もあって、翌月には根本の思召となる藩是が決定している。まず斉泰は、この情勢では傍観というわけにはいかないため、朝廷・幕府双方に対して周旋することを決定したと述べたが、御用加判を担う年寄・家老らが一旦の思召で決断してはならないと再考を願い出たことから、斉泰と慶寧、御用加判の一同が勢揃いした「御前評議」が開催された。その場では斉泰の求めに応じて皆が意見を述べているが、周旋の意思を示す斉泰の考えが申し渡されると一同が承認し、ここにおいて藩の最高政治意思としての藩是が確定した。そして二日後には斉泰の親翰が出され、内外の周知が図られている。

　その藩是の内容は、天皇の叡慮のもと、叡慮を遵奉する徳川家への政権委任を基本とした公武一和体制の構築を目指すというものであり、前田家として政令一途の実現をめざすとの宣言であったといえるが、ここでは国事における政治意思決定のあり方がうかがえる。斉泰の発言に対して年寄が再考を願い出、斉泰がそれを受け入れたことで「御前評議」が開催され、その評議によって決着するという過程からは、斉泰個人の政治意思では集約せず、世嗣そして御用加判の一同が参画する「御前評議」によって政治意思が集約され、藩是が確定したことがわかる。

以上の経緯については、次のようにまとめることができるだろう。

①入手した情報を踏まえて斉泰が年寄を呼び出し、自身の考えを提示
②容易でない内容であるため、御用加判が再考を願い出る
③斉泰と慶寧、御用加判が金沢城二ノ丸御殿の御居間書院で一堂に会し、各人の意見が出る
④斉泰の決断と、評議に参加した一同の承認によって意見が集約（一致）される
⑤斉泰の親翰によって内容が家臣団に周知される

この藩是確定の過程では、藩組織の長たる藩主の決断（①）に対して疑義や意見がある場合には、再度の決断を仰ぐということが許容されていたことがうかがえ（②）、評議に参画した者たちの多数意見（衆議）に対し（③）、藩主が至当性（正しさ）を示すことで一致が図られ（④）、藩としての「公議」が構築されて周知が図られたとみることができる（⑤）。また、そのようにして構築された「藩公議」は、組織全体に同調の圧力を促す作用があったと考えられ、当初は世嗣慶寧がかかわっていなかったことからも、政治意思決定にかかる決裁権は、あくまでも斉泰が有していたことがわかる。

そして、藩是を最高政治意思とするならば、次に求められるのは藩是を実現するための具体的な政策や理論となる。元治元年（一八六四）二月、長州征討の風聞を入手すると、世嗣慶寧が建白書の提出に動き、斉泰の名で朝廷・幕府の双方に建白書を提出することが決定する。その内容は、幕府が主張する横浜鎖港の実施と、内乱を回避するための長州赦免であったが、これは前述した藩是（天皇の叡慮のもとでの公武一和体制構築）を実現するための政

策・理論（以降は「藩論」と表記）として評価できる。この「藩論」策定の過程においても、斉泰と慶寧に加え、御用加判の一同が参画して「御前評議」が開催されており、意見の集約が図られている。そして提出する建白書についても、事前に御用加判の年寄・家老に披見されるなど、斉泰個人の専断ではなく「一致」が図られたものであった。なお、この建白書については、侍読の千秋順之助らにも事前に提示されている。千秋は江戸昌平黌《しょうへいこう》で学んだ儒者として帰国後は藩校明倫堂の助教をつとめ、前田家の侍読となった人物であり、政策に関するブレーンのような存在でもあったことが推察される。

世嗣前田慶寧の上洛

このように、加賀前田家は藩是や「藩論」にもとづいた建白書を朝廷・幕府に提出していたが、その行為によって双方から上洛・周旋を求められる状況となり、斉泰か慶寧のどちらかが上洛することは避けられない状況となっていた。そのため、聞番などを京都に派遣して情報を収集し、縁家の二条家とも相談しながら、いつ上洛すべきかタイミングを図っていたとおもわれる。そして、京都方面からの情報を得た年寄・家老は、国事周旋を宣言して建白書も提出したにもかかわらず、いまだ上洛しない状況を憂慮し、病の斉泰ではなく世嗣慶寧の上洛を一貫して要求していた。また、攘夷を重んじて長州擁護の姿勢をとる者たちにとっても、長州征討回避は不可欠であったことから、やはり慶寧の上洛を求めており、藩内において上洛の気運は高揚していた。斉泰としては自身が上洛・周旋し、上手くいけば勇退、失敗すれば責任をとって隠居することで、慶寧に家督を譲ろうと考えていたようだが、斉泰が脚気のために上洛することが叶わず、さらに家臣団による強い突き上げがあって最終的には慶寧の上洛を承認している。ただし、それはあくまでも天皇への拝謁を目的とした上洛であり、国事周旋に失敗して慶寧に家督を継がせられなくなることを憂慮した末の判断であった。

そして元治元年（一八六四）四月下旬、世嗣慶寧は満を持して上洛している。斉泰が望んだ朝覲（天皇への拝謁）を目的とした上洛は、十万石以下の大名がするものとして拒否されたが、その直後に将軍徳川家茂が江戸に戻った後の京都警衛を命じられ、慶寧は京都に留まることになった。つまり、斉泰が危惧していた慶寧の国事への関与が現実になったのである。

その後、京都の情勢は悪化の一途をたどっていく。六月五日に池田屋事件が発生し、強硬論が主流となった長州勢が同月下旬に伏見や天王寺付近に展開すると、京都警衛任務に就いていた世嗣慶寧の立場は複雑なものになる。慶寧の御前で頻繁に評議がおこなわれるなど緊迫感が高まるなかで、内乱回避を周旋する他の勢力とは直接連携をとらず、独自に禁裏守衛総督をはじめ在京老中や京都守護職、二条家などに使者を派遣して周旋を試み、さらに京都の長州邸、伏見に駐屯する長州の家老にも使者を送って大坂まで退くように求めている。

当時の在京体制は世嗣慶寧のほか、年寄奥村栄通、家老の松平康正・山崎範正・本多《ほんだ》政醇《まさあつ》ら上層部が中心ではあったが、国許であれば政治意思決定に直接関与できなかった者たちも強硬な発言を主張するなど、かなり不安定であった。そして、長州が京都周辺からの退却を拒絶して周旋活動が行き詰まると、幕府も態度を硬化させて両者の衝突は避けられない状況となっていく。当初、家督相続のこともあって国事周旋をさせずに穏便に慶寧を退京させようと考えていた国許の斉泰は、在京の年寄奥村栄通に親翰を送り、ここに至ってはもはや朝廷や幕府の処置に従うこと、これ以上の周旋は長州荷担の姿にみえるためにすべきでないと述べ、さらに病気を理由とした退京については言語同断であると反対している。幕府勢と長州との軍事衝突が避けられない状況では、何よりも京都警衛任務に専念すべきと斉泰が考えていたことがわかる。

一方、当初は世嗣慶寧の上洛周旋を強く望んでいた者たち、すなわち攘夷を主張して長州擁護の姿勢がみられた者たちも、この段階では主張を変容させている。慶寧附の家臣らが連名で年寄奥村栄通に提出した書状では、内乱回避を周旋していた慶寧が京都警衛任務によって長州を征討すれば、世間の批判を一身に受けることになるため、今のうちに退京すべきだと主張している。つまり、長州擁護を望んだ者たちは慶寧の上洛・周旋を何より望んでいたが、この段階に至っては慶寧に京都警衛任務を放棄させてでも退京させ、長州と軍事衝突しないことを願っていたことがわかる。このように上洛・周旋に慎重であった方が京都警衛任務の貫徹を求め、望んでいた方が退京による軍事衝突回避を主張しており、結果として両者は政治決断の経験がない慶寧に対し、重大な決断を迫っている。このことは、国許の斉泰が親翰によって政治意思を表明しても「一致」には至らず、在京の慶寧による決断が優先される状況であったことを示している。

以上を踏まえると、禁門の変直前の段階では、おおむね三つの選択肢があったと考えられる。まずは、在京の世嗣慶寧が京都にとどまって警衛任務を遵守するというものであるが（滞京論）、これは幕命重視の路線となるため、長州との戦闘が避けられず、言行不一致と批判されるリスクがあった。次は、長州擁護の姿勢を重視して慶寧が京都から離れるべきとするものであるが（退京論）、この場合は長州との戦闘は回避できるが、退京の時機を誤ると警衛任務を放棄したとみなされる可能性があった。そしてもう一つは、以前提出した建白書の内容を貫徹し、掲げた「藩論」（横浜鎖港・長州赦免）を遂行し続けるものであるが、これは体調不良に悩まされていた慶寧自身が主張していた。もちろんうまくいけば最善の選択肢ではあるが、もはや軍事衝突が避けられないような状況では、警衛任務を遵守しつつ長州支援の周旋をおこなうことは、事実上不可能であった。

以上により、この重大な局面においても政治意思決定がなされず、かなり混乱していたことがわかるが、これは藩組織内に国事を専門に担当する役職を設置しなかったことや、さまざまな階層に「言路」を保障したことによる政治参加枠の拡大も要因の一つであろう。また、「御前評議」を重んじた決定のあり方が、斉泰自身の発言力低下に繋がった可能性もあるが、いずれにせよ在京の慶寧に決断を委ねざるを得ない状況となっていった。

そして七月十八日、禁門の変が発生すると世嗣慶寧は病気が重篤であることを理由に退京を決断した。十九日未明にはすでに伏見において長州と大垣の兵が軍事衝突し、市中でも火災が発生して御所周辺が混乱しているなかの決断であったため、御家名を汚すことになると諫める声があるなか、京都警衛任務を年寄奥村栄通に任せて退京を強行している。その慶寧は、二十四日に飛び地として領有する近江海津に入って逗留していたが、金沢から「御慎」を伝える使者として年寄前田直信が到着すると、その後海津を出発、翌月十八日に帰国して金沢城金谷御殿において謹慎する。

禁門の変と前田家存続の危機

この禁門の変によって京都は大火にみまわれ、撃退された長州は朝敵として征討の対象となったが、在京聞番の津田権五郎は縁家の二条家に出向き、家司の北小路から前田家に対する評判を入手している。禁裏守衛総督の一橋慶喜は、慶寧は「跡届」という体裁で届け出をしてはいるが（未許可）、実態は形勢を見て逃げ出したようなものであり、天皇を見捨てて逃げ出した行動を許してしまえば、今後は誰も警衛しなくなるし、本当に病気なら手続きをとれば許可されるはずだと厳しく批判している。また、関白二条斉敬も深く憂慮し、容易でない行動であり、今となっては致し方ないと嘆息しつつ、加賀前田家の存続にかかわるため、当主である前田斉泰が急ぎ上洛すべきだと説いている。

この事態を収束させるため、前述のように世嗣慶寧は謹慎、京都詰家老の松平康正は海津にて切腹、年寄奥村栄通および山崎範正・本多政醇の両家老は帰国後に謹慎や役儀免除の処分がなされ、さらに長州擁護の姿勢を示していた四十名以上の家臣が一斉に処分されたが、これは藩組織の長である斉泰の意向が反映していると考えて良いだろう。この一斉処分について、従来は挙藩体制創出の目的で組み込んでいた尊攘派を一掃したとの理解、つまり藩内イデオロギーの淘汰として理解されてきたが、年寄奥村栄通など尊攘派とはいえない者も処分されていることや、尊攘派とされる者たちも皆が同じ主張や行動をとっていたとは考えにくいことから、主張の小異にかかわらず、前田家の存続を目的として、冷徹かつきわめて現実的な政治判断のもとで引きおこされたものと評価した方がよい。ちなみに、退京した世嗣慶寧の体調が重篤であったことが近年明らかにされている（池田仁子、二〇一五）。帰国後、謹慎という体裁はとりつつも、城内の金谷御殿では溶附の幕医、御家中医、町医、さらに眼科医といった三十名以上におよぶ医療チームが結成され、万全の医療体制をもって治療を受けており、同年十月ごろより良化の方向に向かったという。前田家の嫡男を何としてでも快復させるという強い姿勢がみてとれる。

2 慶応期の国事周旋と前田慶寧の決断

京都詰家老体制

ここで幕末期の京都詰の体制について、簡単にまとめておきたい。屋敷地については、河原町三条邸が京都詰人を中心に活動をおこなう拠点であったが、この時期には拠点としての重要度は低下し、むしろ建仁寺が拠点となっている。ただし、建仁寺全体を借り受けるのではなく、必要に応じて複数の塔頭を借り受けており、前田斉泰および前田慶寧、そして後述する詰家老らは建仁寺に入っている。

そしてもう一ヵ所、京都警衛と密接にかかわるのが岡崎屋敷である。京都警衛に対処するために一定程度の軍事力を京都に駐屯させる必要が生じたが、その滞在場所となる地を幕府に望み、郊外の岡崎村四万坪余を取得している。慶応二年（一八六六）に慶寧が上洛した際には建仁寺を宿所とし、岡崎屋敷に赴いて新兵組の稽古を見学していることから、上層部が建仁寺、そのほかは岡崎屋敷といったように利用されたとおもわれる。

次に、詰人として注目すべきは詰家老である。成立を文久三年（一八六三）末とした場合、歴代の詰家老は表7となる。天機奉伺《てんきほうし》として上京した大音厚義《おとお》がそのまま留まったことが詰家老の契機になったと考えられるが、容易ではない京都警衛命令に対応するために詰家老の常駐体制は維持されていく。表7によると、まず大音厚義から前田孝錫《たかてる》までの九名が正月〜七月、七月〜翌年正月と約半年で交替していることがわかるが（表7、1〜9）、それ以外にも篠原一貞・前田孝備《たかたり》・本多政醇の三名が、慶応元年を端緒として同様に約半年で交替している（表7、a〜d）。こちらは、最初の篠原一貞が前田斉泰の上洛御供として在京した際に京都詰を命じられたことが端緒となるが、慶応元年に京都警衛目的で上洛した斉泰が病を理由に帰国したいと願い出たときに、将軍進発中は家臣に警衛人数を添えて厳重に警衛するよう在坂老中から命じられたためではないかと推察される。結局、それ以降も継続したため、慶応末期に至るまで詰家老は半年交替制をとる実質二名体制で遂行されていた。ただし、斉泰や慶寧、年寄のように詰家老よりも上位の者が在京することも多く、詰家老が常に政治的な決断を迫られたわけではないことに留意しなければならない。

表7　歴代京都詰家老一覧

	家老名	通称	禄高	期間
1	大音厚義	帯刀	4,300	文久3年8月〜元治元年正月
2	松平康正	大弐	3,000	元治元年正月〜元治元年7月
3	本多政醇	図書	10,000	元治元年6月〜慶応元年2月
4	横山政和	蔵人	10,000	慶応元年正月〜慶応元年7月
a	篠原一貞	勘六	3,000	慶応元年閏5月〜慶応元年9月
5	前田孝錫	内蔵太	3,000	慶応元年6月〜慶応2年正月
b	前田孝備	典膳	2,500	慶応元年8月〜慶応2年3月
6	大音厚義	帯刀	4,300	慶応2年正月〜慶応2年7月
c	本多政醇	図書	10,000	慶応2年正月〜慶応2年10月
7	横山隆淑	外記	3,500	慶応2年7月〜慶応3年2月
d	篠原一貞	勘六	3,000	慶応2年10月〜慶応3年5月
8	前田恒敬	将監	3,400	慶応3年正月〜慶応3年8月
9	前田孝錫	内蔵太	3,000	慶応3年7月〜慶応4年2月

※京都詰家老には2つの系統がみられるため，1〜9とa〜dに分けて表記した．
期間については，各家の「先祖由緒并一類附帳」(金沢市立玉川図書館近世史料館所蔵)を元に作成し，横山政和のみ「横山家系図等十三種」(同館所蔵)を使用している．

京都警衛と前田家

大名家に出された京都警衛命令としては大きく二つあり、まずは文久三年（一八六三）三月、十万石以上の大名家に対して一万石につき一名の禁裏御守衛兵士を御親兵として差し出すことを命じたものであり、加賀前田家は家臣の岡田隼人を禁裏御守衛兵士支配に任じ、百二名の兵士とともに上京させているが、この御親兵については、同年の八・一八政変後に解散となっている。次いで同年四月に出されたのが、こちらも十万石以上の大名家を対象とした三ヵ月交替の京都警衛命令である。原則三ヶ月交替で大名自身が指定された場（御所諸門や指定地）を警衛することになるが、決定後の取消や直前の変更など、大名家も対応が難しい上に負担となっていた。こちらは慶応末期まで継続し、前田家にも幾度か命令が出されている。ただし、警衛命令はこれですべてではなく、特定の大名家にのみ命令が出されるなど複雑であり、大名家は随時その対応を迫られることになる。

そして、この警衛においてとりわけ重要となったのが御所の御門警衛である（図22）。御門の警衛としては御所の外構九門（堺町・乾・今出川・石薬師・清和院・中立売・寺町・蛤・下立売）と、内構六門（朔平・唐〈公家〉・南〈建礼〉・日〈建春〉・御台所〈清所〉・准后）があり、外構九門の場合は堺町・乾・今出川・石薬師・清和院・中立売の六門の方が、寺町・蛤・下立売の三門よりも重視され、内構六門も朔平・公家・南・日の四門が重視されたといわれる（家近良樹、一九九五）。

前田家の早い事例としては、文久三年に内構六門のうち南門、次いで外構九門の中立売門の警衛を命じられ、堀川通三条の警衛も担当している。三ヵ月警衛については、文久三年夏（七〜九月）に命じられるも、翌元治元年（一八六四）春（四〜六月）に変更となり、結局は免除されている。この経緯について、因幡鳥取池田家が「加州侯御断りのために詰め替え仰せ付けられ候と申す訳にては、甚だもって不快の儀に存じ奉り候」（『維新史料綱要』四）と、変更を命じられたことに強く反発しているが、これは「ほか万石以上と違ひ、格別の家柄にもこれあり、かつはかねがね臨時御警衛として重役の者へ人数相添え出京致させ候義につき、かたがた中納言（前田斉泰）義は出京御用捨なし下され候様仕りたし」（『同右』五）との前田家の申し入れがあり、それが受理されたためとおもわれる。前田家としては、すでに御門警衛や市中警衛といった重い任務に就いている以上、三ヵ月警衛によって格下の大名家と同じ扱いをされたくない、もしくは単なる負担増だと捉えた可能性がある。

その後、元治元年に世嗣慶寧が上洛すると、「家柄殊に御近親」、つまり徳川家と前田家の関係性を理由として将軍徳川家茂のかわりに京都警衛任務を命じられており、御所九門外の昼夜巡邏《じゅんら》をつとめ、さらに千本通二条の警衛なども担当している。そして禁門の変後、慶寧が無許可退京するなか、在京の年寄奥村栄通は仙洞御所や清和院門などを警衛し、慶寧が担当していた京都警衛については父の斉泰が命じられている。「段々申し立ての趣もこれあり候につき、京師警衛の義はその方へ仰せつけられ候」（「文慶雑録」十五）とあることから、どうもこれは前田家から願い出ていたようである。おそらくだが、慶寧の謹慎解除にむけて積極的な姿勢を示すことはもちろんのこと、格別な家柄として一度手にした洛中の警衛任務を手放したくないという思惑があったのではないかと推察される。

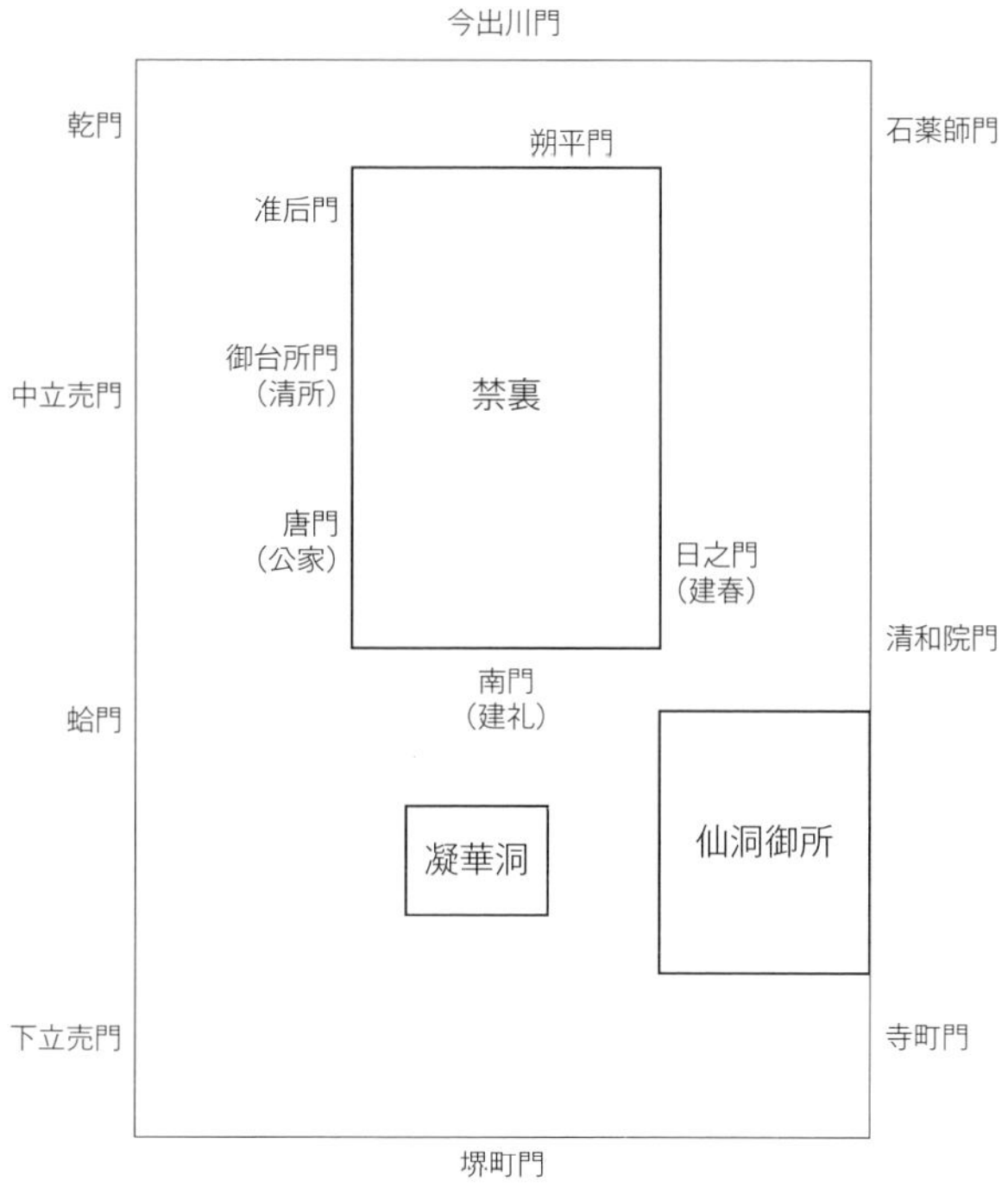

図22　御所における諸門（外構九門・内構六門）

　慶応初年には市中巡邏のほか、御所の内構六門にあたる南門と外構九門の清和院門を同時に警衛することになったが、さすがに軍事的負担が大きかったのか、清和院門の警衛免除を幕府に願い出ている。ここからわかることは、京都警衛は特定の大名家に負担がかかるものであったこと、さらに大名家の側にも警衛場所に優先順位があったということである。前田家としては、まず市中巡邏は洛中の広範囲で権力を行使し得るものであり、さらに「忍廻り」という内々の巡邏も担当したことから優先度が高かった。そして内構御門は、天皇が居住する禁裏御門であるため、当然ながら重視されたとおもわれ、そのため外構九門の優先度が下がって清和院門の免除を願い出たのではないだろうか。結果、清和院門から内構の日之門に変更となり、内構御門のうち二門を警衛することになったが、これも有事に指揮方が行き届くと主張した前田家の意向が受け入れられたためであり、前田家が内構御門の警衛にこだわっていたことがわかる。また、市中「忍廻り」についてもこの時期に命じられており、目立たないよう見廻りつつ、怪しい者を捕縛できる権限を有していたが、これは京都守護職と所司代のほか、京都見廻役、そして新撰組が担当しており、一会桑勢力以外では前田家のみであった。

さらに、将軍進発に際しての三ヵ月警衛では、「御進発中は加賀中納言《前田斉泰》一手に仰せ付けられ候」（『維新史料綱要』六）と、米沢上杉家と久留米有馬家が免除されて前田家のみで担当することが決定しているが、これは長州再征が本格化すれば将軍以下主要な面々が京坂地域を離れるため、その期間の京都警衛を前田家に一任するという意味であり、ここからも相当良好な関係が築かれていたとみてよい。もう一つ興味深い事例としては、慶応二年（一八六六）七月に因幡鳥取・備前岡山の両池田家から提出された建白書がある。前月に開戦した幕長戦争に反対していた両家は、「長防御討入しきりに建言仕り候会津中将《松平容保》義、寸刻も早く帝都御守衛御免、加賀宰相《前田慶寧》へ仰せ付けられ候事」（『同右』六）と、松平容保の守護職解任と前田慶寧への任命を求めている。戦争の責任をとらせて容保を追放する場合、後任人事いかんで主張の説得力がかわる以上、ここで慶寧の名が挙がるということは、前田家に対する評価が相応に高かったと考えられよう。このように禁門の変以降、急速に一会桑勢力との関係性が強まるなかで、前田家の評価も高まっていったが、それは慶応三年秋の段階でもかわっておらず、「仙洞御旧地前など三ヶ所御警衛場所勤番」（「京都詰中御用留」）という表現にみられるように、築地内の仙洞御所および内構六門である南門と日之門を警衛し、さらに市中巡邏も担当していたことがわかっている（ちなみに、王政復古直前の段階では仙洞御所のみの警衛となる）。

以上から、前田家は京都警衛をかなり重視していたと考えて差しつかえないだろう。幕末期の京都は政治空間化しており、どこを警衛するかが何より重要であった。武家伝奏《てんそう》を聞番が訪問した際、「元来洛外などの御固は好まざる義」（「京都詰中手留」二）と、はっきり伝えていることからもわかるが、前田家としては御所（とくに内構御門）や市中警衛を望んでいたことは明らかである。格別の家柄である前田家が、京都において政治運動を展開するには、できるかぎり京都の中心にいる必要があったと考えられる。そして朝廷を掌握して大きな勢力となった一会桑にしても、彼らのみで勢力を維持することは難しいため、一会桑や二条家との良好な関係性を築いていた前田家が、相当の負担をもって支えてくれたことは大きかったはずである。もちろん、前田家としても天皇の叡慮を遵奉する徳川家を中心とした公武一和体制を構築とするという、自らの藩是を実現するためにも必要な活動であったといえるだろう。

長州処分と条約勅許

前田家としては、禁門の変後における一番の問題は世嗣慶寧の病状と謹慎であったが、体調は少しずつ快方に向かっており、謹慎についても慶応元年（一八六五）三月上旬に斉泰が江戸に向かうと、同月下旬には慶寧の処分解除が認められている。もっとも、謹慎の原因が京都警衛の不手際であったことから、念のために幕府から朝廷に確認がとられ、翌四月上旬に許可の運びとなった。

また、元治元年末（一八六四）には長州征討への参加や水戸浪士西上に対応するなど、前田家としては汚名の返上に努めている。長州征討では年寄長連恭を派遣しているが、その際に斉泰は「先だって引き取り候始末、諸藩の嘲りにかかり候次第、実に残情の至りに候、（中略）このたびの先鋒、大義ながら筑前守《（前田慶寧）》引き取り方不都合を相そそぎたく、この段頼み入り候」（「御親翰留」）と述べており、長州征討を汚名返上の機会と捉えていたことは明らかである。また、水戸浪士西上への対応については、一橋家用人から急に出兵を通達されているが、当時は長州征討および京都警衛に人員が割かれていたため、待機中だった征討の後詰めから捻出するほかなく、在京の永原甚七郎を御加勢兵士支配に任じて部隊を派遣することとなった。永原らの部隊は長州征討に向かわずに幕府の指示に従って越前に入り、葉原の地に陣を敷くと水戸浪士と降伏交渉をすすめ、彼らを降伏させている。そして陣払い後に永原は上京し、禁裏守衛総督一橋慶喜、京都守護職松平容保、関白二条斉敬と面会して各人から御意を蒙り拝領物も与えられているが、ここからも当時京都において独自の政治勢力となっていた、一橋—会津—二条ラインとの関係性がみえてくる。帰国後、永原は前田斉泰から出張大義の御意を蒙り、さらに三百石の大幅加増を受けていることからも、水戸浪士への対応が前田家にとって重要であったことがわかる。

そして、慶応元年秋にみられた条約勅許をめぐる動静のなかで、在京の聞番が特徴的な動きをみせているが、まずは当時の政局について概観しておきたい（青山忠正、二〇一一など）。元治元年の長州征討が将軍徳川家茂の決断なきままに終了し、長州をどう処分するのかが懸案事項となるし、幕権強化をもくろむ一部の幕閣は、不穏な動きをみせる長州を再度征討するとの令を出し、慶応元年五月に将軍進発を実現させた。この将軍進発によって長州はもちろんのこと、朝廷権威を利用して政治工作をおこなう薩摩や、その朝廷権威を背景に独自の政治性を有する一橋ら一会桑勢力を追いやり、事態を一挙に好転させようと考えていたといわれる。また、在京の一橋慶喜や松平容保らは、暗躍する薩摩によって将軍抜きで諸侯会議が開催され、長州処分が決定してしまうことを警戒しており、将軍家茂の上洛と政治参画によって公武一和路線が確立されることを望んでいた。これは、従来の将軍像である「権威の将軍」と、あらたに求められた「国事の将軍」のせめぎ合いでもあるが、将軍家茂に期待をかけて上洛を要請した点において一致していた（久住真也、二〇〇九）。一方の薩摩は、将軍不在の状況をむしろ好機として政治工作をすすめつつ、裏では長州と接触していたが、それは長州が幕府への対抗勢力となり得ると考えたためであり、それが同二年正月の薩長提携へと繋がっていく。

そして事態をさらに複雑にさせたのが、慶応元年九月の英仏蘭米四ヵ国艦隊の兵庫沖来航である。いつまでも条約勅許がなされない上に、幕府による横浜鎖港方針などで苛立っていた外国側は、将軍が畿内にいる今を好機とみて、軍事的に威圧しながら条約勅許と兵庫の早期開港を強く要求した。この要求への対応をめぐり将軍家茂が辞表を提出するなど混乱したが、深夜におよぶ朝廷での評議の結果、兵庫開港は認めないとしたものの、孝明天皇はついに勅許を決断している。これにより将軍家茂は辞表を撤回、四ヵ国艦隊も兵庫沖を離れており、幕府はその後本格的に長州処分の解決に向けて動き出すことになる。

聞番の京都派遣とその活動

このような状況にあって在京の聞番が京都・大坂で目まぐるしく活動しているが、この聞番とはどのような者たちであったのか。聞番は国許および江戸を拠点に、幕府役人や他家の者と交渉して情報収集することを職務としており、定員は四名であったが、幕末期には増員されて京都にも派遣されるようになる。任命される者は物頭並で、さらに組頭並からも任じられる場合もあったが、いずれにせよ家臣団においては頭分に位置している（第三章）。情報収集や交渉に特化していることから、幕末期では留守居というよりは周旋方に近い存在といえよう。

もともと京都には京都詰人が二名配置されており、留守居として機能していたとされる（千葉拓真、二〇二〇）。会所奉行や馬廻組である彼らは、年貢米や銀の出納・管理、贈答品や衣服・調度品などの調達、そのほか朝廷や幕府を相手とした儀礼・交際など、多岐にわたる業務をこなしていた。しかし幕末期には、政治的な交渉など留守居に求められるものが変化してきたこともあり、京都詰人よりも聞番が留守居の立場で行動するようになっている。たとえば、慶応元年（一八六五）十月には「小笠原壱岐守殿へ御留守居御呼び立てにつき、聞番まかり出候」（「京都詰中手留」二）と、在京老中小笠原長行《ながゆき》の呼び出しに聞番の里見亥三郎が出向いている。これについては、そもそも政治的な案件は聞番の職掌であったことも大きいが、聞番と京都詰人の階層差も影響しているとおもわれる。頭分

表8　京都での聞番の接触先
（慶応元年８月～２年正月）

京都守護職	松平容保
京都所司代	松平定敬
老　中	小笠原長行
老　中	松前崇広
老　中	本荘宗秀
幕　臣	**片山与八郎**
幕　臣	**山脇治右衛門**
幕　臣	佐山八十次郎
幕　臣	小永井五八郎
親王家	賀陽宮朝彦親王
伝　奏	飛鳥井雅典
伝　奏	野宮定功
野宮家	木下右兵衛尉
二条家	**北小路治部権大輔**
二条家	**村田左衛門権大尉**
二条家	高嶋右衛門
一橋家	**黒川嘉兵衛**
一橋家	**川村恵十郎**
一橋家	渋沢成一郎
一橋家	原　市之進
一橋家	水嶋八左衛門
会津松平家	**上田伝次**
会津松平家	小野権之丞
会津松平家	手代木直右衛門
会津松平家	広沢富次郎
会津松平家	田中左内
会津松平家	野村左兵衛
安芸浅野家	**野村帯刀**
安芸浅野家	寺尾生十郎
肥後細川家	芝野清一郎

「京都詰中手留」巻1・2(金沢市立玉川図書館近世史料館所蔵)により聞番が本人もしくはその家来と接触した事例をもとに作成し，名前については各史料等により適宜補完した．ゴチック体の人物は聞番との接触回数が複数ある者たちである．

である聞番と、その配下に位置付けられる京都詰人を比較すると、当時留守居として相応しかったのは聞番だったのではないか。つまり在京体制としては、近世後期までは京都詰人が留守居に位置付けられるが、幕末期に聞番が派遣されるようになると、聞番が留守居の立場で行動しており、周囲もそう認識していたといえよう。ただ、聞番はあくまでも情報収集や交渉に特化した存在であり、多岐にわたる従来の職務は京都詰人がこなしていたとおもわれる。

ちなみに、慶応元年八月から翌二年正月にかけて聞番が接触した相手先をまとめたものが表8である。これをみると一目瞭然であるが、相手先は幕閣のほか、一橋家と会津松平家、そして二条家および武家伝奏にほぼ限られている。老中や幕臣が多いのは、四ヵ国艦隊による条約勅許の圧力と、それに関連した将軍家茂東帰問題の影響であり、慶応元年九月以降は連日のように聞番が訪問している。そして一橋家と会津松平家、二条家については、先にも指摘したように、一橋―会津―二条ラインと前田家の関係性が想起され、京都警衛でも同様の傾向がみられたが、一橋家とは黒川嘉兵衛や川村恵十郎といった慶喜の側で活動していた者との接触が多く、慶喜の活動のほか、当時の懸案事項全般にわたって情報を得ている。会津松平家とは、上田伝次ほか数名と接触しているが、いずれも公用方として情報を握っていた者たちであり、長州処分の議論がすすむ時期に接触例が増加している。また二条家の場合は、家司である北小路・村田との接触がほとんどで、朝廷関係を中心にさまざまな情報を入手している。このように、会津松平家および二条家とは婚姻を通じて古くから関係があったが、当時は慶寧娘の礼と松平容保との婚約が内定していたし、朝廷向きの情報については二条家から入手しており、慶応末期までその関係性は強固であった。また、一橋家との関係も重要で、慶喜がのちに徳川宗家を相続したことから、一橋家との関係のみならず徳川家との関係としても位置付けられるようになり、前田家が慶応末期に慶喜を支持する動きに影響を与えたと考えざるを得ない。

また、ここで強調しておきたいのは、聞番が単なる情報収集役ではなかったという点である。慶応元年十月五日、条約勅許をめぐる評議が開催された日に、聞番の里見亥三郎は会津公用方の小野権之丞と面会し、幕府のみの議論で決定してしまえば、諸藩が異論を唱えて折り合いが悪くなるかもしれないため、「諸藩御呼び立て存底御尋ね、おのおの見込みの御受け御聞き遊ばさるべき等の旨」（「京都詰中手留」一）を伝えられる。そして、実際に伝奏からの呼び出しに応じて聞番の里見が御所仮建に参上したところ、関白以下三公が列座、左右に議奏《ぎそう》・伝奏、禁裏守衛総督、京都守護職、京都所司代、老中が列居しており、そこで伝奏の野宮定功《ののみやさだいさ》が「諸家様御留守居」を呼び寄せて、「摂海へ異船渡来切迫におよび、容易ならざる申し立て、公武御衆評これあり、なお諸藩存底いちおう御尋、御決議なさるべく銘々存底申し聞かすべき旨」（「同右」一）を述べたという。十五もの大名家の留守居が呼び出されたこの一件については、「重要なのは、意見の内容そのものより、大名でもない一般の家来が、国事を審議する場に実質的に連なったことである。（中略）この諸藩士招集と意見聴取は画期的な事件であった」（青山忠正、二〇一二）と評価されている。会津の外島機兵衛《としまきへえ》の発言が有名だが、ここで前田家を代表して発言した里見の発言内容を簡単に

まとめると、

- 以前に前田斉泰が建白した、長崎・箱館の開港と横浜鎖港については、以前と同様の考えという平穏の処置が妥当
- ただし、当時と現在は時勢が格段に変容しており、自分としては公武の議論が一致した上で三港の勅許を出すという平穏の処置が妥当
- これまでの処置ぶりでは人心疑惑が生じ、公武真実の一和にならなければ国内は難事となる

と主張したという［同右］一）。当時、詰家老がいたにもかかわらず、留守居の呼び出しに聞番の里見が対応し、前田家を代表して発言したことはきわめて重要である。当時の聞番については、その活動がほとんど評価されておらず、他大名家の定例集会となった酒宴の場にも足を運んでいなかったことが指摘されるが、それは消極的であったというよりは、ここにみたように幕閣との関係性が良好かつ一橋―会津―二条ラインと前田家が強く繋がっていたことが大きいとおもわれる。前田家として、すでに強固な政治周旋ルートを確立している以上、定例集会などに参加して他家との関係をあえて構築する必要はなかったとみてよいだろう。つまり、強固なルートを構築し、その維持・強化に努めたのが聞番であったと評価できる。

斉泰隠居と慶寧の家督相続

慶応元年（一八六五）三月に江戸に向かった前田斉泰は、その後金沢に戻ると、ほどなくして禁裏三ヵ月警衛目的で上洛して天皇に拝謁しており、帰国後には慶寧に家督を譲るために家臣団への根回しを図っている。世嗣慶寧は政治状況を考慮して、相続を拒む姿勢も示したが、最終的には斉泰の意向を尊重するかたちで内諾している。その後、幕府に届け出を済ませると、同二年四月に斉泰の隠居と慶寧の相続が正式に認められた。斉泰はこれまで当主として松平加賀守、そして加賀中納言であったが、隠居後は金沢中納言（および肥前守）となり、あらたな当主である慶寧が松平加賀守を称し、翌月には加賀宰相中将となる。このことから、実際に受領している国名の「加賀」を称するのは、当主であったことがわかる。

その慶寧は同年七月に帰国するが、十四代将軍徳川家茂が大坂で死去すると、朝廷から上洛命令が届いている。有力大名家を対象に出された上洛命令であり、諸侯衆議による新たな国是の決定を目的としていたが、実際は徳川慶喜を将軍に推戴する面がみられたことから、多くの大名家が上洛を見合わせている。そのなかで慶寧は上洛し、訪問先では徳川慶喜が将軍職を固辞したとしても将軍宣下をおこなうように求め、二条城で慶喜と面会したときには、公武合体によって朝幕の威光が立つよう英断を慶喜に要請している。この一連の行動は、前田家が徳川家寄りであったと認識されるものであるが、天皇の叡慮のもとで徳川家を中心とした公武一和体制を構築することが藩是である以上、文久期から一貫した姿勢であったといえる。

また、徳川慶喜と同席して幕府の軍事演習を見学した慶寧は、その内容に感銘を受けたようで、西洋軍制の本格導入による藩軍事力の強化を推進していく。帰国後、西洋軍制の導入に関して馬廻組以上から意見を募るなど整備に着手し、同三年秋には西洋軍制に基づいた銃隊による大隊編制が実現する。この編制では、惣司《そうつかさ》である銃隊馬廻頭が率いる一組に対して銃隊物頭の部隊を四組、砲隊物頭の部隊を一組附属させて一大隊を構成しており、十一月には京都の兵力増員のため、この一大隊が派遣されている。

大政奉還後の政局と慶寧上洛

家督を相続した前田慶寧は、まずは領内統治に注力しているが、京都詰家老を中心とした情報収集も継続していた。相手先は在京老中板倉勝静《いたくらかつきよ》のほか、渋沢成一郎《しぶさわせいいちろう》や榎本享造といった一橋家用人から幕府直臣となった者、そして京都守護職の松平容保が多く、基本的には幕府周辺から政治情報を入手していたことがわかる一方、やはり他の大名家との接触はほとんどみられない。また、朝廷向きの情報についても、これまで同様ほぼ二条家から入手していた（「京都詰中手留」三）。このような偏りは、前田家と徳川家との姻戚関係が理由として考えられるが、当該期の政治判断にも少なからず影響を与えている。慶応三年（一八六七）六月に前田家は禁裏九門の三ヵ月警衛を命じられたが、在京聞番を老中板倉勝静に派遣し、文久三年

（一八六三）のときには御三家と同等の扱いによって免除されたこと、そして御三家と同等の家格であることを日々誇りとして兵を常駐させて警衛に励んでいると主張し、他の大名家と同じ扱いとなる三ヵ月警衛を拒否している。

つまり、婚姻によって構築された徳川家との親疎関係は、大名家の家格だけではなく、幕末期に政治運動を展開するときにも影響し、政治意思決定における基礎的な要因となったことがわかる。また、前田家の武家官位や江戸城の殿席なども影響したと考えてよく、情報収集先が幕府方に偏っていることや、御三家同等の家格という意識で他大名家と同じ扱いを拒む姿勢がそれを裏付けている。

そして、慶応三年十月十四日に大政奉還が上奏され、諸侯衆議をめざした上洛命令が出されると、慶寧は名代として年寄本多政均を上京させている。慶寧の体調不良が理由とされるが、まずは本多を上京させて情勢を判断させようとする意図もあったようである。上京する本多に対して慶寧は、徳川慶喜の政権返上には思召以外に何かあるのではないか、「王政」も公明正大に聞こえるが実際はどうなのかと疑問を呈している。そして、「予が本心においては、どこまでも徳川家を助け、天下のために尽力いたしたき存じ寄りに候」（「御親翰留」）と心情を吐露し、情勢次第では自身が上洛すると述べている。慶寧がこの段階でも徳川家を助けることが天下のためであると考えていたことがわかるが、上洛する場合に随行させる年寄・家老を選定していたことからも、慶寧本人が徳川家を支援する意思があったことは間違いないだろう。

このような動きに対して在京老中の板倉勝静は、以前から変わらぬ姿勢は頼もしく、徳川慶喜も頼みにして諸事相談もあるだろうと述べて、少しでも体調が良くなれば慶寧自ら上洛してほしいと願っている。京都守護職の松平容保も、徳川慶喜が頼みとしていること、さらに「御大家」、つまり前田家が在京するだけで「三藩」（薩摩・土佐・安芸）への抑えになるので、体調次第で慶寧に上洛してほしいと述べている。薩摩らは慶喜を大政奉還に追いやった存在として、当時は会津や桑名、幕臣を中心に反発が強まっており、薩摩らへの対抗策として前田家を利用できると考えていた可能性もあろう。京都詰家老の前田孝錫や在京年寄らは、これらを踏まえて協議し、いずれ元のように徳川家に政権が戻らねばならず、他論にかかわらず忠節を尽くすと慶寧自身が考えているのであれば、もちろん異存はなく、慶寧が上洛するのがよいとの見解に至っている。この大政奉還後の過程においては、国許に情報が入ってからも「御前評議」などは開催されておらず、これまでの藩是が修正されたようにはみえない。徳川家が政権を返上したとしても、徳川家を中心とした体制構築を志向しつづけ、その実現を目指しての慶寧上洛であったと考えられる。

王政復古と藩是の動揺

在京の要請を得て、慶応三年（一八六七）十一月末に上洛を開始した慶寧は、十二月九日に着京して宿所の建仁寺に入ったが、それはまさに王政復古の大号令当日であった。市中が騒然とするなかで建仁寺において評議がなされ、薩摩らの「暴の極」により兵端が開かれれば帰国も叶わないため、慶寧は帰国すべきとの意見が出されている。その後、年寄の本多政均と長連恭の両名を使者として二条城に派遣し、兵が暴発しないよう徳川慶喜に大坂まで下がるように願い出、慶寧自身は上洛後に一度も参内することなく数日の滞在で金沢に戻っているが、これは元治元年（一八六四）の長州周旋にかかる退京問題が念頭にあったとおもわれる。この慶寧の退京については、周旋を期待したであろう在京老中の板倉勝静が、国持はもちろん譜代ですら奮い立つ様子がないなかで、加賀の挙動を見習うものも出てくるかもしれないと批判しているが、この王政復古によって国許においても混乱することになる。

国許にいち早く到着した急使の近習成瀬《なるせ》正居《まさすえ》は、隠居の斉泰や年寄・家老と面会して慶寧の意向を伝えたが、その内容は、王政復古によって尽力の手段もなくなり、やむを得ず京都を離れたが、ここに至っては加越能三州を守り「割拠」の覚悟であるというものであった。たしかに、天皇の叡慮のもとで徳川家を中心とした公武一和体制の構築を藩是としていた以上は、徳川慶喜の将軍職辞任許可、幕府および摂政・関白の廃止といった王政復古の内容は、藩是そのものを根底から覆すものであったし、ひとまず既存権力との距離を置き、加賀前田家の存続を最優先とする主張が出てきた可能性は十分に想定されよう。この「割拠」論については、分家の富山・大聖寺にも伝えられ、実際に大聖寺には藩領境に軍事力を展開するよう求めている。しかしながら、前田家存続を最優先とする「割拠」論については、当時から慎重な動きがみられた。慶寧の御意を家中に伝達する際に、「割拠」は「ちと耳にかかり候方につき、一同への申し聞かせには、御発途あそばされ候所までを申し聞かせ、御割拠などの処は相省」（「諸事留帳」十六）とあることから、「割拠」という語の影響力が大きいために、意図的に伏せたことがわかる。

さらに、慶寧帰国後の同月二十五日には、年寄奥村栄通が「割拠」論への反対意見を主張している。奥村は、「皇国の御為」に尽力するという考えを貫徹して朝廷尊崇を第一とし、どこまでも徳川家に助力するとの考えは改めてほしいと説き、「割拠」については「皇国の者」が残らず敵方となって勝利はおぼつかないとして反対している（「御用方手留附録」七）。朝廷尊崇を重んじる奥村からすれば、「割拠」論は「皇国の者」を敵に回す論であり、朝廷尊崇よりも前田家の存続を優先とする姿勢について批判していたことは間違いないだろう。

また、家老の篠原一貞は王土王民論に基づいた主張を展開し、皇国の臣下として藩屏の任を尽くすことを強く求めている。篠原は、現在の朝廷は「無名偽勅」と糾弾し、他に先がけて朝敵となることが真の皇室への忠誠であるとまで述べて、「今すみやかに幕府を御輔翼あらせられ、正義の諸藩等と御はなし合わせられ、（中略）御中興の御大業、御国威御更張の御機会は、今この御一挙に御座あるべしと存じ奉り候」（『加賀藩史料』藩末編下）と主張している。先の奥村の内容とは、徳川家への助力如何についてけ見解がまったく異なるが、「割拠」論を批判して朝廷尊崇の姿勢を強く求める点は同様である。

王政復古が既存の政治勢力の一掃を図る内容であったことから、従来の藩是が成立しないことはもはや明らかであった。それゆえに前述のように混乱し、あらたな藩是の確定を急がねばならない状況となったが、この段階では概ね三つの選択肢があったと考えられる。まずは、幕府が廃止となり徳川慶喜が将軍職を辞したとしても、徳川家を支持し、これまでのように公武一和体制の構築を目指すものである。ただし、この場合は徳川家を支持することが天皇への忠節に繋がることが大前提であるため、当時は懐疑的な状況であった。次は、先の奥村栄通が述べたように、天皇への忠節を何より重んじ、徳川家のことはひとまず次に考えるというものである。この場合、天皇への忠節については明確になるが、徳川家との関係が難しくなること、薩長を中心とした新たな体制に従うことの是非が問われることになる。そしてもう一つは、藩領境に軍事展開し、富山・大聖寺も含めた前田家自身の実力によって加越能三州の領有維持を最優先するものである。政局の推移が不明瞭である以上、軍事展開はある程度許容されるとしても、大きなリスクをともなう。これは「割拠」論であり、当時から議論になっているが、「御家」の存続を最優先することを内外に宣言することになるため、やはりリスクの高い選択肢であったといわざるを得ない。

このような状況にあって、帰国した慶寧は家老の横山政和《よこやままさとも》と本多政醇を二ノ丸御殿御用の間に呼び、自身の考えを直接二人に伝えているが、主に次のような内容であった（「御内々御尋并申上候品等覚」）。

- 今回の上洛は、徳川家を中心とした体制の再構築を目的としたもの
- 王政復古の混乱が薩摩主導で引き起こされ、尾張や越前福井は巻き込まれた
- 両家のように巻き込まれないこと、兵の暴発を避けるためにやむを得ず退京した
- 「割拠」論が出たことはたしかだが、市中警衛の命令もある以上、求めて「割拠」する筋合いにはない
- 力が及ばないならば「割拠」よりほかないとの趣旨であったところ、「割拠」という言葉が先行し、内実が抜けてしまったのではないか
- 天下太平となるよう「皇国之御為」に尽力するが、徳川家が「正義」であることから、徳川家を助け尽力することは申すまでもない

・一方で、薩摩が横暴を止め、「正義」に基づいて勅命を奉じるならば、従うことも可能

この内容については、慶寧に同行していた年寄本多政均にも確認しているが、現状ではクーデターに関与した勢力よりも徳川家を「正義」とみなすほかなく、ともかくも皇国のために尽力し、力が及ばなければ「割拠」になるとの説明を受けている。

以上から、慶寧が現段階での「割拠」を明確に否定しつつ、「正義」とみなした徳川家を支持する姿勢を示していたことがわかるが、ここでの「正義」とは、天皇が統治する「皇国」において、政権を担当するのに相応しいとみなせる正しい道理のことだと考えられる。つまり、天皇のもとで現実的に政権を担うという、政治権力として正当であるか否かを重視した慶寧は、この段階でもそれを薩摩ではなく徳川家に見出していたことになるが、もしそれが徳川家に見出せなくなった場合には、徳川家とは袂を分かつ選択肢が浮上してくることになる。なお、王政復古によって幕藩体制が否定されたことは、加越能三州を領有する正当性が制度的に喪失してしまったことを意味しており、それをもはや将軍職ではない徳川家か、薩摩を中心とした新体制に見出すのか、もしくは軍事力を背景とした前田家自身の実力によるのかの判断に迫られたことにもなるが、この段階では「正義」とみなしていた徳川家にその正当性を負託したといえるだろう。

そして慶寧は、この内容を家臣団で共有するように命じており、やはり「御前評議」は開催されていない。父の斉泰が重要な局面では「御前評議」によって政治意思を集約する手法を用いていたのに対して、慶寧は自らの御意や親翰を用いて、自身の政治意思を家臣団に浸透させようとする傾向がみられる。

コラム—5

大名庭園

兼六園

大名庭園として有名な兼六園は、延宝四年（一六七六）に前田綱紀が現在の兼六園下段にあたる場所に庭と建物を設けたことをはじまりとし、綱紀晩年には蓮池御庭と呼ばれていた。また、上段の場所には古くは家臣の屋敷が置かれていたが、元禄期になると金沢城への類焼を防ぐ目的で火除地が設置されている。

その後、前田吉徳や前田治脩によって御庭に手が加えられたが、寛政四年（一七九二）には上段の火除地に学校が建設され、さらに文政五年（一八二二）、前田斉広が自身の隠居所である竹沢御殿を学校の敷地内に造営している（第四章）。兼六園の名称はこの年に命名されたといわれ、この段階では竹沢御殿と蓮池御庭は塀で区切られていた。そして、斉広死去後の天保元年（一八三〇）以降、前田斉泰は竹沢御殿を取り壊しながら庭園化をすすめ、万延元年（一八六〇）には竹沢御殿の御庭と蓮池御庭を隔てていた門や塀が取り払われて御庭が一体化し、文久三年（一八六三）に斉広の正室である真龍院の居宅として巽御殿（現在の成巽閣）が造営されたことで、ほぼ現在の形になったといわれる（長山直治、二〇〇六）。

そして明治四年（一八七一）、前田慶寧は与楽園と命名して制限付きで一般に開放したが、すぐに兼六園と改称、公称となり、同七年に兼六公園の名で一般公開され、同九年には金沢勧業博物館が置かれるなど、賑わいをみせたという。また、同十三年には西南戦争戦没者の慰霊碑として「明治紀念之標」（日本武尊像）、昭和五年（一九三〇）には「加越能維新勤王紀念標」（前田慶寧像）という二つの銅像が園内に建造されているが、これは天皇および国家と地域を結びつけ、統合する作用をもったといえる（本康宏史、二〇一六）。その後、兼六園は昭和五十一年から有料となり、市民の公園から再び大名庭園として整備されて現在に至る。

六　あらたな時代の到来と前田家

1　戊辰戦争への参加

最後の藩主前田慶寧

ここで、前田慶寧について簡単にまとめておきたい。天保元年（一八三〇）に前田斉泰と溶とのあいだに生まれ、同十三年には十二代将軍徳川家慶の偏諱を賜い慶寧と名を改めるとともに、正四位下左近衛権少将となり筑前守を称している。弘化二年（一八四五）の初入国後は、父の斉泰と入れ替わるかたちで参勤するようになり、官位も嘉永五年（一八五二）に左近衛権中将、安政五年（一八五八）には正四位上と昇叙している。嘉永六年のペリー来航後、老中阿部正弘が大名家に対して意見を求めた際は、斉泰とともに書面を提出するなど、嫡男として斉泰のかたわらで政務に関与していたことがわかる。いまだ嫡男でありながら文久三年（一八六三）に政事総裁職就任の風聞が流れたことは、慶寧がすでに参勤をつとめるなど、その風聞に信憑性が出るような立場であったことを示していよう。

前章で指摘したように、幕末期の慶寧は世嗣の立場ながら、藩組織において政治意思決定に参画する場合があり、朝廷や幕府に提出する建白書案も提出するなど、政治に対する意識は高かったとおもわれる。そして元治元年（一八六四）四月、藩是の実現をめざして慶寧は初めて上洛しているが、長州の強硬な軍事展開などで政治決断を迫られた結果、禁門の変において無許可退京という行動をとり、帰国後に謹慎している。

慶応元年（一八六五）に謹慎が解除された慶寧は、翌二年四月に斉泰から家督を譲られ、加賀守を称し、翌月には宰相中将となる。そして、同三年の大政奉還後には徳川家支援目的で上洛するが、王政復古による混乱のさなかに帰国すると、あくまでも徳川家を「正義」とみなし、徳川家を助け尽力することは申すまでもないと発言している。鳥羽・伏見戦争以降については本章にて言及するが、明治四年（一八七一）の廃藩後には東京に移住、同七年に療養先の熱海において死去し、嫡男の利嗣が家督を相続している。

鳥羽・伏見戦争と徳川家軍事支援

慶応四年（一八六八）正月三日に鳥羽・伏見戦争が発生するが、金沢と京都を移動する場合、早飛脚で二日半、急使で三日から四日、通常の移動では十日前後かかるとされるため、このタイムラグを考慮しながら整理してみたい。正月朔日付で京都詰家老の前田孝錫が国許の年寄前田孝敬に宛てた書状では、旧幕府方からの上洛および近江大津への派兵要請が伝えられるとともに、ひとまずは飛び地の近江今津に兵を駐屯させるのがよいのではないかとの京都詰の見解が示されている。この書状への返書として、国許の年寄前田直信から京都の前田孝錫に宛てた同五日付の書状では、徳川家支援を目的とした千人強の軍事力を派遣するつもりであると記されており、五日の段階ではまだ国許に鳥羽・伏見戦争の情報が入っていない。

そして京都では、三日に発生した鳥羽・伏見の軍事衝突を伝えるべく、使者が次々と京都を出発している。国許での第一報は六日の早朝であったようで、容易でない時節となり、一同が恐縮する状況であったという。その後も使者が到着しており、徳川慶喜による討薩の直書もこの日に届いているが、軍事衝突という非常事態が発生したことで、

図23 「前田慶寧公御写真」
金沢市立玉川図書館近世史料館所蔵

図24　「毛利嶋山官軍大勝利之図」（部分）　石川県立歴史博物館所蔵

その日のうちに御用加判の年寄・家老らが「御前評議」の開催を求めており、隠居の斉泰が居住する金沢城金谷御殿から前田慶寧がいる二ノ丸御殿に入っていることから、「御前評議」が開催されたことは間違いないとおもわれ、その後で慶寧の御意が書面に書き認められた御意書が披露されている。その内容は、今回の元凶は薩摩であり、その証拠も明らかであることから、「皇国の御為」に徳川慶喜の討薩に呼応して出兵すると宣言するものであった。さらに、慶寧自身も軍事力をもって上洛する意思があることも伝えられたが、これらは六日に開催された「御前評議」を踏まえた内容であると考えて良いだろう。つまり、王政復古後に揺らいだ藩是は、徳川家を中心とした公武一和体制の構築でまとまり、具体的には徳川家を軍事支援することで薩摩を討つことがめざされたのである。

その後も京都から戦局を伝える使者が到着しているが、四日現在の戦況が記された京都詰家老前田孝錫の書状では、徳川方はかなり分が悪い状況であることに加え、「仁和寺宮（嘉彰親王）惣大将にて錦の御旗押し立て、薩人数一中隊ばかり指し添え、昼頃より御出馬なられ候」（金沢大学附属図書館所蔵「成瀬日記」二十四）と、戦地で錦旗《きんき》が出されたことが伝えられている。ただし、このことがいかなる意味をもつのか、この段階で京都詰が把握していた様子はみられない。この情報について、国許は九日の段階で知ることになるが、それでも藩是に変更はみられず、徳川家を軍事支援するプランが具体的に策定されており、出兵する家臣には「皇国の御為」に徳川慶喜に協力し、必ず戦闘となるため粉骨を尽くし忠勤に励むようにとの慶寧の御意が与えられている。戦闘となる対象は、一連の経緯からも薩摩と考えてよいだろう。七日に先発隊の一番手が、九日には先発隊の総裁として年寄村井長在《むらいながあきら》が金沢を出発しており、翌十日には慶寧の上洛に随行する年寄・家老ら五名が選定されていることからも、徳川家を軍事支援する明確な意思が読みとれる。

徳川家支援の断念と勤王宣言

しかし、十二日に京都から到着した使者がもたらした情報によって状況は一変する。国許で前田慶寧が徳川家への軍事支援を表明した六日、京都では御所に呼び出された聞番里見亥三郎が西四辻公業《にしよつつじきみなり》と面会したところ、「此方様御藩情、一向合点まいり申さず、旧冬御引き取り等につき相考え候処、まったく佐幕の国論にてこれあるべし、朝廷において甚だ御疑念深く」と、昨年末に慶寧が参内せずに帰国してしまったことで、徳川家寄りの姿勢が強く疑われたとともに、「いかがの国論に候や、勤王か佐幕か」と、詰問されたのである。里見はその場で「かれこれなく勤王の国論、御尋の義なんとも恐縮たてまつり候」と回答するも、慶寧や斉泰は「勤王」でも、家臣のなかには「佐幕」の者がいるのではないかとさらなる追及をうけ、その場で否定する事態となっている（「京都詰中手留」三）。

もはや疑われていることは明らかであり、京都詰は急ぎ国許への使者の派遣を決定した。この段階ではお互いの状況がわかっていないため、国許と京都では判断に乖離が生じていたが、京都詰からすれば徳川家支援出兵をとにかく中止させ、朝廷の疑念を晴らすために慶寧、もしくは斉泰の上洛を促す必要があった。そしてその使者が十二日に到着し、御所でのやりとりを報告しているが、当然徳川家支援を目的とした出兵の中止も求めたはずであり、ここに至って国許の上層部は徳川家が朝敵とされたことを理解したとおもわれる。その後、慶寧の求めによって父の斉泰が金沢城金谷御殿を出て二ノ丸御殿に入っていることから、ここで再度の「御前評議」が開催されたとおもわれ、「昨今討薩・討越暴論盛ん、御両殿様《（慶寧・斉泰）》御説得、治まり候事」と、慶寧と斉泰の説得によって強硬な討薩論などがおさえられたとあるため（金沢大学附属図書館所蔵「成瀬日記」二十四）、ここにおいて前田家による徳川家支援の出兵が取り止められたと考えられる。翌十三日には、慶寧の母であり斉泰の妻である溶をどのようにして江戸から金沢に引き取るかを議論しているが、二ヵ月後の三月初めになって慶寧が溶を金沢に引き取りたいと朝廷に届け出ている。徳川家追討の沙汰が出ている以上、夫の斉泰は徳川の娘である溶とは離縁すべきであるが、私にとっては母であり忍びがたく、国許に引き取りたいと願っており、「御家」の存続を考えなければならない立場ながら、母を守りたいとする息子の思いがみえてくる。

さらに十四日になると、七日に公布された徳川慶喜討伐令が金沢に届き、年寄前田直信の名で家臣団に通知されていることから、徳川家が「朝敵」となったことが周知されたことがわかり、ここにおいて前田家が徳川家と袂を分かつことが明確になった。十五日夜には、徳川家支援のために出兵していた年寄村井長在が加賀小松から金沢に戻っているが、金沢—小松は一日足らずの距離であり、しばらく小松で待機していたことになる。そして部隊を待機させたのは、「京都御家老中より指図の趣これあり、同所（小松）に滞留」（「先祖由緒并一類附帳」「山田半内」）とあることから、京都詰家老の指示を受けて金沢に向かっていた使者が道中で進軍を止めたとみられる。

そして十九日、慶寧は親翰を出して「勤王」を旨として尽力することを宣言している。これは家臣団のうち頭分以上を呼び出して披露した親翰であるため、強い拘束力を有したものといえる。親翰では、従来の心得もあるが、皇国の大事であるために「勤王」の志で尽力するように求めており、政治意思を一致させようと試みている。家老横山政和はこの親翰を書き留めているが、その末尾には、「討薩等の仰せ出されは、まったく御取り消しの訳なり、もし京都表において討薩の義等御尋ね向きこれあり候へば、さようの義はかつてこれなき旨御答えの筈なり」（「諸事留帳」十七）とあるため、それまでの討薩の動きについてはなかったことにし、問われた場合は取り繕うことになっていたことがわかる。

以上の経緯を踏まえると、幕末段階での「勤王」認識は、徳川体制の否定を内包していないため、「勤王」を掲げつつ徳川家を支持することは何ら問題がなかったといえる。だからこそ、前田家は朝廷尊崇を掲げながら徳川家支援をめざしている。しかし、鳥羽・伏見戦争後には「朝敵」とみなされた徳川家を支持することが「佐幕」であり、「佐幕」と「勤王」は相容れないとの論理が構築されている。つまり、鳥羽・伏見以降における「勤王」には、「朝敵」徳川家と対峙するとの認識が入り込んでくるため、「勤王」か「佐幕」かとの問いは、新政府か徳川家かとの意味に繋がっていかざるを得ず、天皇権威を背景に新政府が大名家に突きつけた大きな二択であった。

よって、慶応末期の政局における政治判断は、新政府か徳川家かといった二択の発想ではなく、前田家における朝廷尊崇の貫徹と徳川家支援の挫折としてまずは理解されるべきであり、「勤王」を宣言しても新政府に恭順するとは主張していない姿からもそれはうかがえるだろう。これは換言すれば、徳川家が「朝敵」とされて「正義」とみなせなくなることと、新政府に「正義」が見出せることは同義ではないということである。またこのことは、従来言われてきたような、「日和見」的思考によって「御家」の存続に邁進していたわけではないことも示している。近世後期、天皇権威の上昇にともない「藩屏」は「将軍の藩屏」から「天子の藩屏」へとその意味が変化したといわれるが（青山忠正、二〇〇〇）、ここにみえる決断は、まさに「天子の藩屏」としての決断であったといえよう。

戊辰戦争における北越戦線の展開

新政府は、北陸地域に対して鎮撫総督高倉永祜《たかくらながさち》一行を制圧のために派遣している。慶応四年（一八六八）正月十五日付で去就を糾問する書が出されると、加賀は二月六日に誓約書を提出し（富山は同九日、大聖寺は同六日）、高倉らが三月二日に金沢に到着して大号令・制札・農商布告・天皇元服の大赦令・窮民救恤の通達を示した際は、同五日に請書を提出している。さらに、前田慶寧が上洛命令をうけると、隠居の身である父の前田斉泰が病の慶寧に代わって二月下旬に上洛し、恭順の姿勢を示しているが、新政府の「錦旗」に象徴される政治的優位性や、最新兵器の威力を背景とした軍事的優位性が、反論を許さずに帰順させていく大きな要因となったと考えられる。

その後、越後方面の情勢が緊迫化したことにより、四月十五日には薩摩・長州に加えて加賀にも北国筋を鎮圧するようにとの朝命が出されたため、在京していた銃隊物頭の小川仙之助《おがわせんのすけ》と箕輪知大夫《みのわちだゆう》の両名に対して、急ぎ帰国して出兵するよう命じている。ただし、小川・箕輪の両名は配下の部隊を所有していなかったことから、帰国後に自身の部隊編制に取りかかり、不足人員については歩兵名簿を作成後、両隊の司令役がくじを引いて奇数を小川隊、偶数を箕輪隊に振り分けている。この小川仙之助については、嘉永三年（一八五〇）家督を相続後、斉泰附の近習をつとめたほか、書写奉行や書物奉行などの役職に就いていたが、元治元年（一八六四）に兵士使役として上京すると、新兵番頭や銃隊物頭などに任命されている。そして戦争後は大属となり大隊長をつとめ、廃藩後には二等警部や金沢警察署長、さらに石川県の河北・羽咋《はくい》・鹿島郡長を歴任した人物である。このように小川は長きにわたって多様な職に就いていたことから、明治中期には前田家編輯方による聞き取りがあり、その成果である「小川清太見聞録」「小川清太実歴話稿」は、回顧録の類といえども豊富な内容が書き記されている（袖吉正樹、二〇一六）。

話を戻すと、小川や箕輪が部隊を編制していた時期には、越後筋より領内を通過して上洛をめざす浮浪の輩がいるとの風聞があったことから、銃隊馬廻頭斎藤与兵衛を惣司とする一大隊を派遣している。ただしこの一大隊は、官軍編制の小川・箕輪の部隊とは異なり、あくまでも領境の警備を目的として藩として独自に派遣した部隊であったために、在京聞番は出兵した旨を新政府に届け出ている。それは、新政府が二月に出した戊辰戦争の動員規程において、独自の軍制に基づいた軍事動員を認めていなかったためとおもわれるが、この経緯からも斎藤ら一大隊はこの段階では官軍ではないことがわかる。

しかし、閏四月八日、斎藤ら一大隊は新政府から官軍への附属を正式に命じられて越後高田へ向かうことになる。

この官軍への附属命令が高田周辺の不穏な情勢を踏まえた内容であること、越後柿崎で参謀と面会した際に、はじめて軍令状と海陸軍諸法度が示されていることなどから、斎藤ら一大隊の官軍附属は急遽決定したと考えてよいだろう。ただし、斎藤らの部隊はあくまでも独自の軍制に基づいた一大隊であったため、新政府の参謀によって分散・解体させられ、薩摩や長州の部隊と同じように、小隊もしくは半隊単位で動員されていった。このような動員のあり方は、一大隊を派遣している側としては本意ではなかったとおもわれ、五月には慶寧が現地の斎藤に宛てて親翰を送っている。慶寧は、「元来境まで出張申し付け候処、やむをえざること次第につき右ヶ所まで出張いたし候のみならず、参謀指図ながら一軍のうち物頭等離散働いたし候義、勝利にかかわらず一同心外の筋にこれあるべきやと察し入り候」(「御親翰留」)と、斎藤らが臨時出張であるのみならず、部隊を解体させられて戦闘に参加している状況を憂いている。そして今後は、官軍附属を想定した部隊を再編制して派遣するので、到着次第交替するようにと伝えている。これは再編制した部隊で成果を上げようとする意図もあっただろうが、慶寧が親翰によって直接慰撫したことは、最前線で例外的な扱いを受ける者たちにとっては大きな意味をもったとおもわれる。

その後は、複数の部隊が入れ替わりながら戦地に派遣され、閏四月末の越後鯨波《くじらなみ》での戦闘を皮切りに、戦闘しながら北上し、二度にわたる長岡城攻めにも参加している。とりわけ前述の小川仙之助の部隊は、長州の報国隊、薩摩の三番徴兵隊とともに、「抜群強兵」と評価されたといい、家老津田正邦の部隊は七月の長岡城再攻撃において、城内突入の際、戸板に乗せられて退却する長岡の河井継之助を目撃するも、討ちもらしたことが後日談として記されている。長岡落城後は、会津方面と庄内方面に分かれて部隊を展開しており、散発的な戦闘のほかは後方支援と戍兵(守備兵)として活動し、占領した城の警備や会津降伏人を護送する任務などに就いている。

この戦争に動員された人員は総勢で約七千七百人、死傷者も二百六十人(戦死者七十二人)にのぼり、きわめて大きな戦争であった(「加賀藩北越軍事輯録」四)。戦後には戦功書を新政府へ提出し、さらに賞功慰労もおこなわれてい

備　　考
慶応4年2月に家老役，4月に手当として越中高岡まで出張，6月に北越戦争に参加
慶応4年4月に手当として越中境まで出張，6月に北越戦争に参加
新兵頭をへて銃隊馬廻頭，慶応年4月越中境警固のために一大隊の惣司として出張，のち官軍附属
新兵頭，小将頭をへて銃隊馬廻頭，慶応4年6月に北越戦争に参加して羽州鶴岡まで出張
馬廻番頭や先手物頭を歴任，銃隊物頭任命後に斎藤率いる一大隊の一隊として北越戦争に参加
慶寧附物頭を免除後に銃隊物頭となり，斎藤率いる一大隊の一隊として北越戦争に参加
慶応3年10月の寄合馬廻番頭をへて銃隊物頭，斎藤率いる一大隊の一隊として北越戦争に参加
頭並後に銃隊物頭となり，慶応4年4月に斎藤率いる一大隊の一隊として北越戦争に参加
新兵番頭から銃隊物頭，慶応4年4月に京都で官軍附属命令，閏4月に部隊を編制し北越戦争に参加
砲隊物頭，その後銃隊物頭となり慶応4年4月に官軍附属命令，閏4月に部隊を編制し北越戦争に参加
持弓頭の後に銃隊物頭，慶応4年勅使通行の護衛任務をし，6月に北越戦争に参加
先手物頭の後に銃隊物頭となり，慶応4年6月に北越戦争に参加
先手物頭となるが軍制差略により物頭並，慶応4年に銃隊物頭となり，6月に北越戦争に参加
頭並，銃隊馬廻番頭をへて銃隊物頭，一旦組を省かれるが再度編制して慶応4年7月に北越戦争に参加
頭並，銃隊馬廻番頭をへて銃隊物頭，慶応4年閏4月に北越戦争に参加
先手物頭などを歴任，軍制差略後に物頭並，慶応4年4月に斎藤隊の砲隊物頭として北越戦争に参加
銃隊物頭代となり慶応4年4月に北越戦争に参加，その後頭並として越後本営詰
慶応4年4月に北越戦争に参加，現地で死亡(自刃)
慶応4年4月に北越戦争に参加したと思われるが未詳，6月下旬の戦闘で死亡
上京を2度経験，新兵組指止で大小将組に加わり銃隊物頭代，慶応4年7月に富山加勢で北越戦争に参加
慶応4年6月に筒運送方御用として北越戦争に参加，現地において銃隊長となり富山加勢
慶寧附大小将組から大小将組，銃隊長となり，慶応4年5月に北越戦争に参加
料理人，その後割場小銃方教授臨時半隊司令役となり慶応4年閏4月に北越戦争に参加，現地にて銃隊長
斎藤与兵衛組の一員で慶応4年4月に北越戦争に参加，越後妙法寺にて銃隊長
壮猶館教授役，銃隊派遣につき銃隊長となり，慶応4年5月に北越戦争に参加
慶応4年5月に北越戦争に参加，現地で部隊を引き受ける
大小将組，銃隊長となり慶応4年8月に北越戦争に参加，本多政均家臣で部隊を構成
慶応4年8月に北越戦争に参加と推定，長，山崎，伊藤，深美，富田の各家家臣で部隊を構成
慶応4年8月に北越戦争に参加と推定
大小将組から銃隊長，慶応4年8月戦争参加後に戍兵，会津降伏人を東京へ護送，横山家家臣で部隊を構成
小将頭や馬廻頭をへて銃隊馬廻頭，明治元年9月に北越戦争に参加
大小将組，銃隊長となり明治元年9月に北越戦争に参加，会津降伏人を越後高田まで護送
大小将組，銃隊長となり明治元年9月に北越戦争に参加，戍兵および会津降伏人を護送
大小将組，銃隊長となり明治元年9月に北越戦争に参加，戍兵および会津降伏人を護送
未　詳
大小将組から銃隊長となり明治元年9月に北越戦争に参加，戍兵および降伏人を護送
馬廻組，割場奉行および武具奉行　(以降の経歴は未詳)
馬廻組，銃隊馬廻組をへて銃隊長，北越戦争への出陣命令が出るが後に取消
軍制差略で銃隊馬廻組，その後銃隊長となり明治元年12月に北越戦争に参加，戍兵および会津降伏人を護送
銃隊馬廻組，のち銃隊長となり銃隊馬廻頭姉崎石之助に附属して明治元年9月に北越戦争に参加
馬廻組(銃隊か)，のち銃隊長となり，富山加勢として北越戦争への出陣命令が出るが取消
馬廻組(銃隊か)，物頭代となり富山加勢命令が出るが取消，のち銃隊長となり戍兵で北越戦争に参加

までは後発隊，姉崎石之助以降は戍兵(守備兵)として派遣されている(金沢市立玉川図書館近世史料館所蔵「加賀藩北
記「加賀藩北越軍事輯録」の名簿順とし，禄高や経歴，出兵時期については，「先祖由緒并一類附帳」を中心に「諸頭
り凱陣之面々へ御意等調一巻」などで作成した(すべて同館蔵).

るが、この部隊の兵卒には百姓・町人出身者が多く存在していたため、膨大な卒族《そつぞく》（士族と平民の間に位置、のち廃止）を生み出すことになる。そしてこの戦争は、新政府の体制に諸藩をなかば強制的に組み込んでいく戦争でもあった。とくに藩独自の軍制にメスが入り、画一的な軍事動員がおこなわれたことは、軍事組織としての独自性を新政府が否定したということであり、それは家臣団編制、そして「御家」のあり方にも確実に影響を与えている。つまり、戊辰戦争は新政府による近世的な個別領主権への介入過程としても捉えるべき戦争であるといえよう。

動員された部隊の構成

そして、ここにあげた表9は、この戊辰戦争に参加した部隊長を一覧にしたものである。斎藤ら一大隊（③⑤〜⑧⑯）や、小川・箕輪の部隊（⑨⑩）が早い段階から越後に入るなか、五月下旬から六月にかけて前田慶寧が述べていた追加の部隊が投入されている。この追加部隊は、杉浦善左衛門（⑪）、太田小又助（⑫）といった銃隊物頭を隊長とする部隊と、木村実之助（㉑）、春日於菟男《おとお》（㉒）のような、新規に任命された銃隊長が率いる部隊とが混在している。そして銃隊長についても、春日のように金沢で任命され

表9　北越戦線に出兵した部隊長一覧

No	職名等	名	禄高(石)
1	家　老	津田正邦(玄蕃)	10,000
2	(人持組)	今枝直応(民部)	14,000
3	銃隊馬廻頭	斎藤与兵衛	450
4	同	津田権五郎	500
5	銃隊物頭	高畠猪大夫	150
6	同	杉本美和介	200
7	同	近藤新左衛門	1,400
8	同	金子篤太郎	350
9	同	小川仙之助	310
10	同	箕輪知大夫	350
11	同	杉浦善左衛門	800
12	同	太田小又助	300
13	同	田辺仙三郎	300
14	同	青地半四郎	400
15	同	中西太郎左衛門	180
16	砲隊物頭	水上喜八郎	200
17	銃隊物頭代	宮崎久兵衛	450
18	未　詳	堀丈之助	150
19	未　詳	水野徳三郎	未詳
20	銃隊物頭代	多田権太郎	100
21	銃隊長	木村実之助	200
22	同	春日於菟男	250
23	同	雪野順太郎	7人扶持
24	同	津田十之進	400
25	同	今井久太郎	300
26	砲隊長	原余所太郎	150
27	銃隊長	山村甚之助	500
28	同	横地秀之進	300
29	同	堀悌四郎	450
30	同	半井全吉	250
31	銃隊馬廻頭	姉崎石之助	300
32	銃隊長	駒井清二郎	700
33	同	津田新五郎	650
34	同	中村主膳	800
35	同	山本鹿之助	200
36	同	寺西梅之助	170
37	同	井上醒次郎	250
38	同	田辺菊馬	200
39	同	柳源之丞	150
40	同	後藤国介	230
41	同	中村逸平	500
42	同	野尻余所蔵	150

原余所太郎までは先発隊，山村甚之助から半井全吉越軍事輯録」巻4により作成）．隊長については上系譜」「知行高現石人員調帳」「北越戦記」「越後よ

て戦地へ向かった者と、木村のように当初は他の部隊の人員として現地入りし、現地で銃隊長に任命された者に大きく分けられる。

また、表9では四十名をこえる部隊長が確認できるが、原余所太郎㉖までが先発隊であり、前述の小川仙之助のように、戦闘にも多く関与したとして藩による戦後の褒賞が大きい。また、山村甚之助から半井全吉㉗～㉚までは後発隊とされ、彼らは長岡制圧以降に出張している。そして姉崎石之助㉛以降が戍兵とされ、制圧城下の警備や降伏人の護送に従事している（「加賀藩北越軍事輯録」四）。

では、実際に派遣された部隊がどのような構成であったのかをみてみたい。春日於菟男㉒の部隊を例にみると、春日隊は隊長以下、司令役や合図役、伍長などを含め総勢百十名であり（「北越出兵諸調理并記録」）、そのうち五十四名の経歴が確認できる。なかでも兵卒三十五名中七名は、父親が割場支配御歩並や割場附足軽・持筒足軽といった主に足軽身分で、そのうち四名は採用された段階から割場附足軽である。残り二十八名のうち、八名は父親が割場附の小者や小遣小者で（元百姓・町人含む）、自身も父と同様の身分から採用されている。そして十六名は百姓身分から新規に割場附小遣小者として採用された者たちで、うち五名が河北郡や能美郡といった地域で銃卒稽古を経験し、その後金沢引き送りとなって採用されている。また、町人身分から採用された者も四名いるが、一名は能登輪島での銃卒稽古経験者である。彼らは、割場附として銃隊訓練後に春日隊に配属となっているが、配属の際に割場附新足軽並となっている。

以上から、春日隊については現在確認できる兵卒の八〇％がもともと足軽身分ではなく、なかでも五七％が百姓・町人出身であった。そこでは、元陪臣の足軽が割場に附属となった事例や、頭振《あたまふり》百姓から重臣家の小者となり、その後割場に附属となった事例もあり、実に多様である。おそらく他の部隊もこのような構成であったと推定され、元治期以降に郡方・町方から採用された者たちが、訓練後に割場附新足軽並に採用されて、兵卒として越後戦線に投入されていった過程がみえてくる。

2　版籍奉還から廃藩置県へ

明治初年の体制改編と知藩事前田慶寧

慶応四年（一八六八）閏四月、政体書が公布されて五箇条誓文を基本方針とした官制改革が実施されると、地方制度としては府藩県による三治制の施行により「藩」がはじめて公称となった。組織の改編としては、同年十月に新政府から出された藩治職制を踏まえた上層部の改編を十二月に実施しており、従来の年寄・家老を廃止し、あらたに執政・参政としている。当初は、年寄が執政に、家老が参政という単なるスライドにすぎなかったが、年末から翌年にかけての追加任命では、上層部以外からの人選がみられた。これは、直前に予定されていた前田慶寧の上洛前に梃子入れを図ったものとおもわれ、実際に追加任命から三名が慶寧に随行している。その慶寧は、上洛後に五箇条誓文に誓約するとともに奉還を建白し、「藩士奉還」は自身の宿意であるとして「天裁」を願うと述べつつも、天皇による所領の再交付を求めている。

さらに明治二年（一八六九）三月、藩治職制に応じた職制改革を実施して藩組織を大幅に刷新するとともに、九段階にわたる職等の設定（表10）、七段階の士身分改定（元八家→上士上列、元人持→一等上士、元頭役→二等上士、元平士→三等上士、元与力→一等中士、元徒士→二等中士、元徒士並→下士）などを実施した。つまり、この段階では藩組織の改編や人事の任免権などは徳川体制下と同じように藩が掌握していたことがわかるが、先の追加任命や貢士《こうし》・徴士《ちょうし》に採用されて新政府に出仕した者の存在など、旧来の慣習をこえる人事がみられたことは間違いなく、家臣団秩序に楔を打ち込むようなものであった。

そして、同年六月に版籍奉還が実施されたことで金沢藩となり、慶寧は金沢藩知事に任じられたが、個別領有権

表 10　職等一覧（明治２年３月段階）

等級	職			
一	執政			
二	参政	学政・軍政寮知事	民政・会計寮知事	刑獄寮知事
	議長	一等上士頭		
三	上士上列(元八家)	監察	学政・軍政寮副知事	民政・会計寮副知事
	刑獄寮副知事	海軍局主事	陸軍局主事	一等議衆
	二等上士頭	三等上士頭	大隊長	
四	郡宰	市宰	勧農局主事	理財局主事
	商法局主事	鉄砲局主事	弾薬局主事	兵器局主事
	捕亡局主事	一等公用人	二等議衆	一等文学教師
	一等武学教師	海軍局主事試補	陸軍局主事試補	一等中士頭
	二等中士頭	無役之一等上士(元人持)	中隊長	砲隊長
五	庶務局主事	営修局主事	郡宰試補	市宰試補
	勧農局主事試補	理財局主事試補	弾薬局主事試補	兵器局主事試補
	二等公用人	三等議衆	二等文学教師	二等武学教師
	政事堂一等主簿	下士頭	寄合銃兵頭	無役之二等上士(頭役)
六	庶務局主事試補	営修局主事試補	刑獄寮一等承事	海軍局一等承事
	陸軍局一等承事	郡治局一等承事	市政局一等承事	勧農局一等承事
	理財局一等承事	商法局一等承事	鉄砲局一等承事	弾薬局一等承事
	兵器局一等承事	応接方	三等文学教師	三等武学教師
	政事堂二等主簿	無役之三等上士(元平士)	小隊長	
七	庶務局一等承事	営修局一等承事	刑獄寮二等承事	海軍局二等承事
	陸軍局二等承事	郡治局二等承事	市政局二等承事	勧農局二等承事
	理財局二等承事	商法局二等承事	鉄砲局二等承事	弾薬局二等承事
	兵器局二等承事	政事堂一等書吏	学政・軍政寮一等書吏	民政・会計寮一等書吏
	公務局一等書吏	無役之一等中士	半隊長	双砲長
八	庶務局二等承事	営修局二等承事	刑獄寮三等承事	海軍局三等承事
	陸軍局三等承事	郡治局三等承事	市政局三等承事	勧農局三等承事
	理財局三等承事	商法局三等承事	鉄砲局三等承事	弾薬局三等承事
	兵器局三等承事	政事堂二等書吏	学政・軍政寮二等書吏	民政・会計寮二等書吏
	公務局二等承事(書吏)	無役之二等中士	一等郷導	一等弾砲長
九	刑獄寮書吏	諸局一等書吏	公務局三等書吏	無役之下士
	二等郷導	二等弾砲長		

金沢市立玉川図書館近世史料館所蔵「布令留」により作成.

を否定され、慶寧はあくまでも天皇の土地を管理する地方官という位置付けになった。また、十一箇条の諸務変革令が出されたことにより、領内の実収高や諸税など、調査に基づいた藩の基本情報の提出が命じられたほか、「重立候職員、人撰相伺うべきこと」(「維新以来御達等」)と、要職の人選については新政府に確認をとる旨が示されている。さらに、藩収入の一割が知藩事家の家禄となって藩庁経費との分離が図られたことで、前田家の家政と藩政が明確に区分されることになったが、これにより藩に所属する者の給禄は前田家ではなく、行政組織である藩から支給されることになったと考えられ、このことは旧来の主従関係を断ち切る効果をもたらすことになる。さらに、翌月の職員令によって中央集権化の方針が示されると、藩も府県同様の体制への変更が求められ、上層部を執政・参政体制から大参事・少参事体制に移行することが定められた。

このように、藩は段階的に職制改革を実行し、掲げられた府藩県三治制に対応できるような体制の構築をめざしていたことがわかるが、人事権などの裁量を失いながら行政単位化していく藩の姿がみられる一方、知藩事の前田慶寧や藩の上層部が不穏な言動を示した様子はみられない。このような姿勢については、次に述べるように慶寧自身の考えによるところも大きいとおもわれる。

「列藩之標的」と本多政均の暗殺

明治二年(一八六九)七月、慶寧が従三位に昇叙すると、天皇の玉座に召されて勅諚《ちょくじょう》を賜り、さらに三条実美《さねとみ》から詔勅を拝領している。これまでの姿勢が評価されるとともに、「なお帰藩の上、すみやかに実功を奏し、列藩の標的とも相成候様、精々勉励いたすべく候」(「触留」七)と伝えられているが、「列藩の標的」とは他の模範となるような、理想的な藩モデル構築の意味合いで捉えられよう。帰国後、知藩事慶寧はこの「列藩の標的」を実現すべく、皆が一致して尽力すべきことを宣言している。また慶寧は、天皇に拝謁した際に重き勅諚を拝領したことに触れ、朝恩に報いることができるよう互いに尽力することを求めている。この内容から、慶寧が勅諚を重んじていたことがわかるが、「列藩の標的」はその後の藩にとって重要な政治指標となったと考えられる。つまり、新政府が

						明治4年						備考(前職等)
8	9	10	閏10	11	12	1	2	3	4	5	6	
												執政
									(再)			執政
												徴士(慶応4年5月～10月)，参政
												徴士(慶応4年4月～明治2年5月)
											(再)	参政
												徴士(慶応4年5月～10月)，大属
												徴士(慶応4年5月～10月)，大属
												大属
												公議人(明治2年10月)
												参政
												大属
												大属
												参政
												大属
												徴士(明治元年11月)，参政，大属
												貢士(慶応4年3月～4月)，参政
												大属
												参政

并一類附帳」などにより作成 (禄高，身分階層については「御礼次第」にしたがった).

表11　藩大参事・少参事体制の変遷（明治２年９月〜明治４年６月）

		受領名・通称	禄高（石）	身分階層	明治2年				明治3年						
					9	10	11	12	1	2	3	4	5	6	7
大参事	前田直信	土佐守	11,000	八家（年寄）											
	横山政和	蔵人	10,000	人持（家老）											
	岡田政忠	雄次郎	500	平士											
	（篠原一貞）														
権大参事	安井顕比	和介	220	平士											
	前田孝錫	内蔵太	3,000	人持（家老）											
	（篠原一貞）														
	（岡田政忠）														
	（木村　恕）														
	（小幡信節）														
	陸原惟厚	慎太郎	140	平士											
	北川克由	亥之作	60	平士											
	沢村武成	恒右衛門	200	平士											
	（不破貞順）														
少参事	長　成連	九郎左衛門	33,000	八家（年寄）											
	篠原一貞	勘六	3,000	人持（家老）											
	村井長在	又兵衛	16,569	八家（年寄）											
	津田正邦	玄蕃	10,000	人持											
	中川忠良	甚之助	400	平士											
	岡島一式	喜太郎	500	平士											
	丹羽履信	次郎兵衛	150	平士											
	稲葉通安	助五郎	200	平士											
権少参事	赤座孝知	甚七郎	800	平士											
	成瀬正居	主税	2,500	人持											
	不破貞順	亮三郎	650	平士											
	小幡信節	和平	150	平士											
	木村　恕	九左衛門	150	平士											
	篠島久大	左平	300	平士											
	本多政醇	図書	10,000	人持（家老）											

『石川県史料』巻5（石川県立図書館，1975）および金沢市立玉川図書館近世史料館所蔵「御礼次第」「先祖由緒
アミ掛けは在任期間を，矢印は同一人物の他職への異動を示す．

推進する府藩県三治制に適合する理想的な藩体制を追求することが、この段階での藩是であったといえよう。ただし、理想的藩モデルを追求する姿勢を示してはいたものの、新政府の報告書によると、当時の金沢では朝廷を奉戴《ほうたい》せず王政を軽蔑する態度がみられ、暴言を吐く者や怨恨する者などがいるなど、庶民の毀言《きげん》は聞くに堪えないものがあると記されてもいることから、かなり不穏な状況であったことがうかがえる（宮地正人、一九九九）。

さらに八月七日には、執政の本多政均が金沢城二之丸御殿において暗殺される事件が発生している。実行犯の山辺沖太郎・井口義平は、いずれも家臣団では下位の者であったが、取り調べにおいて朝廷を軽蔑し政権を専横しているとと本多を糾弾し、そのほか貢士や徴士としての出仕経験がある者たちを国賊として批判している。新政府の政策を推進する者たちを「国賊」とみなし、藩さらには国家を破壊する者だと主張する論理がここでは読みとれる。当時は全国的に攘夷運動が再び高まった時期であり、この本多政均暗殺の一件からも、攘夷を掲げて反政府的思考を有する者たちの存在がみえてくる。この暗殺では、本多家の家督相続が即日認められており、翌日には知藩事慶寧による声明が出されているが、御一新による一連の改革を、本多政均の独断で実施したと思い込む者がいると述べ、「列藩の標的」となるよう叡旨を蒙った以上は、心得違いの者がいてはならないと強く諭している。

そして十月には、藩上層部を執政・参政の体制から大参事・少参事体制へと変更している（表11）。執政・参政の経験者に加えて、公議人や徴士といった新政府への出仕経験がある者、幕末期に藩の実務を担っていた者たちが多く任命されている。また、先の諸務変革令でみたように、この時期には要職における人事の任免権が徐々に藩から離れていった可能性がある。藩組織の改編や人事の任免などで、政府方針が反映されるようになっていたとおもわれ、本多政均暗殺の実行犯についても独自に処分できる状況にはなく、弾正台の大巡察らが金沢に派遣されている。藩としては新政府にしたがう姿勢を示しながらも、一方では内部の不満をいかにおさえられるかが課題であり、慶寧は知藩事としての限られた裁量のなかで、声明を出して何とか安定させようとしている。

人材の登用

この明治初年では、加賀前田家をいかにして存続させるか、そして天皇への忠節をどのように示すのかを求めた結果、新政府への恭順という姿勢をとらざるを得ず、具体的には戊辰戦争への参加と藩組織の大幅な改編としてあらわれている。とりわけ組織改編については人事に注目することができ、人材の登用と重臣層の排除という特徴がみられるが、それは「御家」の変容としても捉えられよう。これについては、明治元年（一八六八）十月に出された藩治職制において、「従来沿襲の門閥にかかわらず、人材登庸つとめて公挙を旨」（「御用鑑」六）とするよう通達され、それが意識されたであろうこと、改編の過程において実務的な能力がこれまで以上に求められたことなどが想定される。

①貢士の選任

貢士とは「諸藩士、其主の撰に任せ、下の議事所へ差し出す者を貢士とす、すなわち議事官たり、輿論公議をとるを旨とす」（「太政官日誌」一）とあることから、藩の推薦によって新政府の議事官になった者であり、木村九左衛門・陸原慎太郎・永山平太・井口嘉一郎の四名が確認できる。彼らはいずれも禄高が百五十石以下と低く、木村や陸原は人や物資の差配に長け、さらに陸原は西洋軍艦に関する知識も豊かであった。また永山と井口の両名は、のちに文学教師や漢学教師に任じられており、学事に造詣が深かったことがわかる。

②徴士の採用

また、「諸藩士および都鄙有才の者、公議にとり抜擢せらる、すなわち徴士と命ず、参与職各局の判事に任ず」（「同右」一）とあるように、徴士として新政府に出仕し、朝臣扱いとなった者がいる。この徴士については、①諸藩士からのみでなく、士分以外からも人材を得ようとしていること、②新政府から給与を支給されること、の二点に歴史的な意義があるとの指摘があり、①は「四民協力」の形を採用するも推薦方法が何ら規定されておらず、薩長および王政復古の関係者を中心に、リクルートして「一本釣り」のような方式であったとされ、②については給与の支給によって一時的にでも天皇の直臣＝朝臣となり、新政府固有の官僚を形成する道筋がみえたと評価されている（奥田晴樹、二〇一六）。

この徴士採用者をすべて把握することは難しいが、判明した人物としては、幕末期に在京聞番として情報収集を担い、御所で発言した経験もある里見亥三郎（第五章）、のちに藩大参事となった岡田雄次郎、徴士採用後に越後府判事となり従五位下に叙された安井和介などがおり、なかでも興味深い経歴をもつのが鈴木平雄である。鈴木は加賀小松の町人であり、町役人も勤める立場であったが、幕末期の前田斉泰や慶寧の上洛に随行して聞番方手先御内用を勤め、その功績などで一代切りでの名字、旅行中の帯刀が許可されている。慶応四年（一八六八）正月の鳥羽・伏見戦争では事情探索方、さらに奥羽信越事情探索方を命じられるなど、その活動は一町人の範疇をこえ、内々の情報活動に長けた人物であったことがみえてくる。その後、越後高田にて北陸道鎮撫総督高倉永祜、同副総督四条隆平《しじょうたかとし》の両名に面会すると、越後民政方御用に任じられ、明治二年四月には徴士となり新潟県判事を命じられていることから、前述した徴士の特徴①に該当している。その後免官となって帰国すると、権少属民政掛として藩に出仕しており、まさに異色の経歴の持ち主といってよいだろう（「先祖由緒并一類附帳」「鈴木平雄」）。

③参政の追加任用

前述の貢士・徴士は新政府に出仕した者たちであるが、ここからは大規模な改編によって藩組織に採用された者たちについて言及していく。明治元年十月の藩治職制によって、藩も府県と同様に執政・参政の設置が要求されると、十二月には従来の年寄・家老を廃止して執政・参政の体制に移行している。ただしこの段階では、年寄→執政、家老→参政という単なる旧体制からのスライドでしかなかったが、同年末から翌年正月にかけて六名の追加任命がなされている。これは、二月に前田慶寧の上洛を控えるなか、人事の梃子入れを図ったものと考えられるが、岡田雄次郎（元徴士）や木村九左衛門（元貢士）といった、新政府への出仕経験者とともに、手当方人馬等調理方御用や上京跡仕抹方御用といった、人や物資を差配しなければならない御用の経験者もいる。また、ほとんどが聞番や公儀御用、外国接待主事などの交接経験を有する者、年寄中席議事御用という藩議事にかかわった者で構成されているのも特徴である。

④大参事・少参事体制

明治二年六月に版籍奉還がおこなわれ、同月に諸務変革令、翌月に職員令が出されると、藩は府県と同様の体制への変更を迫られ、上層部の体制は執政・参政から大参事・少参事へと移行することが定められた。これらの政策により、加賀前田家の家政と藩政とが切り離され、慶寧も知藩事として藩組織に組み込まれたため、藩組織に属する旧来の家臣団と前田家とのあいだに近世的な主従関係は成り立ちがたく、そこには組織における上下関係と、旧《きゅう》誼《ぎ》や情誼《じょうぎ》による関係性があったとみるほかない。とはいえ、慶寧が知藩事として存在する以上は、藩組織の維持が前田家の存続に繋がるため、単なる上下関係とも、旧誼や情誼の関係性ともいえないのがこの時期の複雑さではないだろうか。いずれにせよ、大名家としての「御家」そのものが揺り動かされているといえる。

このような状況にあって、金沢では九月に大幅な改編を実施し、正式に大参事・少参事体制へと移行している(表11)。全体的な登用の傾向としては、軍艦奉行や壮猶館《そうゆうかん》御用、銃卒取立御用といった幕末期特有の軍事的な職務に就いていた者、軍事方御内用など内々の実情を知り得た者、そして藩議事にかかわった者が多いことが挙げられ、ほかに勝手方などの理財に関与した者もいることから、対外的なネットワークを有する者のみでなく、新政府の命令を着実に履行できる実務能力をそなえた人材が登用されたといえる。

そして翌三年九月、政府はさらに強力な中央集権体制を構築するため、審議を重ねた上で藩制を布告している。藩を物成高《ものなりだか》に応じて大・中・小に分類し、大参事以下の職員数を定めるなど、藩を府県と同様の組織にすることがさらに強調され、藩財政に関しても藩札回収や藩債償却のめどを立てるよう要求しており、藩にとっては大きな負担となった。加えて、「このたび藩制仰せ出されるについては、これまで正権大少参事とも宣下相成おり候へども、なお御趣意を精細取り調べたてまつり、在職・解官ともさらに伺うべく候」（「御手留抄」七）という通達が出されている。これはすでに任命されている人員の再考を促すことになるため、各藩は現状人員の解任と新規の任命を政府から要求されたと捉えた可能性があり、金沢では十月に大参事・少参事の一斉免官が太政官達として出され、翌閏十月には藩内に周知されている。表11ではその状況がよくうかがえるが、ほとんどが大属からの昇格であり、彼らの上位にいた者たちが一斉免官になったことで引き上げられたことがわかる。彼らの経歴をみると、理財や軍事関係の実務経験があり、藩議事関係の職務経験も豊かであることから、やはり新政府の通達を忠実に履行できる人材が配置されたとみられる。これまでの改編では重臣層と実務層のバランスも考慮され、ある程度は高禄の者からも採用されていたことが表11からわかるが、ここではバランスを欠いてでも、低禄かつ実務能力を評価した人材を登用しようとしたといえよう。

しかし数ヵ月後には、元権大参事の篠原一貞が大参事に、元大参事の横山政和、元権大参事の前田孝錫がそれぞれ再任されている。この三名はいずれも元家老で、その後重職を歴任しながらも一斉免官をうけた者たちであったことから、バランスを欠いた人事によって組織が機能せず、彼らを呼び戻した可能性がある。以上のように、この段階における藩体制の維持については、家政と藩政が切り離されたとはいっても、「御家」の存続・変容に繋がるということを念頭に置きながら考える必要もあろう。

重臣層は排除されたか

ここで気になるのは、この明治初年において重臣層はどこまで排除されたのかということである。当たり前だが、組織において定員があるならば、誰かを免除しないと新規に登用することは叶わないのであり、門閥にこだわらない人材の登用を求められた以上、近世的な身分階層の解体は避けられなかったとみてよい。

それがうかがえるものとして、万石以上家臣十二家の儀礼の席における座列の変遷をまとめたものが表12である。儀礼の場は各段階における家臣団の序列を可視化したものであり、年寄・家老体制（表12①）では、前田直信以下の年寄衆八家、その次に今枝直応以下の人持といったように、藩政期の座列と変化はないが、執政・参政体制（表12②）になると、まずは執政や参政が並び、その次に元年寄衆八家（芙蓉間詰）、元人持といった旧来の階層が続いている。ここでは執政・参政という役職が優先されるなかで、旧来の身分階層も維持されたことになるが、元貢士で当時参政の木村九左衛門（百五十石）が、禄高三万石以上ながら無役の長や横山よりも座列が上位になっている。

その後、明治二年（一八六九）三月の組織改編を踏まえた職等が出され（表10）、九月に大参事・少参事体制（表12③）へと移行すると、座列はさらに大きく変化している。前体制同様、まずは大参事や少参事に就任した人物が上位に並ぶが、その下には旧来の身分階層ではなく、独自に設定した職等による座列が続いている（同じ等級内では禄高順）。この職等はまさに役職の等級を示すものであるから、役職に応じた座列ができあがったことになるが、実は役職に就かない元年寄衆八家を第三等、元人持を第四等としており、役職に就いていない元重臣家の維持も意識されていた。

ただし、そうはいっても旧来の身分階層が十分に維持されていたともいいがたい。表12の本多家は、年寄衆八家でも格別の家柄として家臣団最高の五万石を有した家だが、当主の本多政均が叙爵した年が前田直信・奥村栄通よりも後であったため、座列は三番目であった。その後は年寄から執政となったことで座列に変化はなかったが、明治二年八月に政均が暗殺され、相続した政以《まささね》が幼年で役職に就けなかったことから、座列が第三等（職等）の最前列である十七番目まで下がっている。また今枝家は、人持最高禄の一万四千石で、代々家老に任じられた家柄である。今枝直応は文久三年（一八六三）に家督を相続すると、当初は人持最前列で九番目の座列であったが、その後役職に就かなかったことから、大参事・少参事体制では第四等最前列の五十六番目まで後退している。表12をみる

表 12　家臣団万石家における座列の変遷

	禄高（石）	①年寄・家老体制（明治元年12月以前）	②執政・参政体制（明治元年12月末〜同2年3月）※1	③大参事・少参事体制（明治2年10月頃）※2
前田直信	11,000	1（諸大夫）	1（執政）	1（大参事・第一等）
奥村栄通（奥村栄滋）	17,000	2（諸大夫）	2（執政）	18［栄滋］（上士上列・第三等）
本多政均（本多政以）	50,000	3（諸大夫）	3（執政）	17［政以］（上士上列・第三等）
長　成連	33,000	4（人持組頭）	18（芙蓉間詰［八家］）	7（少参事・第二等）
横山隆平	30,000	5（人持組頭）	19（芙蓉間詰［八家］）	11（一等上士頭・第二等）
前田孝敬	18,000	6（人持組頭）	20（芙蓉間詰［八家］）	12（一等上士頭・第二等）
村井長在	16,569	7（人持組頭）	4（執政）	19（上士上列・第三等）
奥村篤輝（奥村則友）	12,000	8（年寄）	21（芙蓉間詰［八家］）	20［則友］（上士上列・第三等）
今枝直応	14,000	9（人持）	22（人持）	56（一等上士・第四等）
横山政和	10,000	10（人持）	5（執政）	3（大参事・第一等）
津田正邦	10,000	11（人持）	6（参政）	57（一等上士・第四等）
本多政醇	10,000	12（人持）	7（参政）	58（一等上士・第四等）

金沢市立玉川図書館近世史料館所蔵「明治元年御礼次第」（請求番号16.33-49）「御礼之次第」（16.33-50・16.33-52）により作成し，表中の（　）は座列を規定することになった階層や役職を表記した．また，氏名欄の（　）は，相続されたことを示し，禄高については給禄改革以前のものである．

※1　執政・参政体制に移行したのが明治元年12月15日，横山政和の執政就任が12月27日であることから，「御礼之次第」（16.33-50）は12月末以降のものであり，記載された役職名が徳川時代と同じであることから，大幅改編前の明治2年3月までと推定される．また，八家で執政に就かなかった若年者は，芙蓉間詰として執政・参政の後に位置付けられた．

※2　上士上列・一等上士といった独自の士分階層は，明治2年10月半ばに廃止されたとあることから，「御礼之次第」（16.33-52）は大参事・少参事体制に移行して間もない時期と推定される．

かぎり、職等である程度維持されたとはいえ、やはり座列の後退はまぬがれなかったと考えられる。加えて、明治二年十月には「上士等の称廃され、士族と御改称の旨仰せ渡される」（「先祖由緒并一類附帳」「恒川清造」）とあるように、士身分内の等級自体を廃止したため、役職に就かない高禄の家は、さらに座列が後退したとおもわれる。

一方、役職に就いていた場合、表12の前田直信は、八家のなかでも本多家と同じく格別の家柄であったが、直信の叙爵歴が長いために筆頭となり、その後も執政、大参事を歴任したことから、座列も最上位であり続けている。そして横山政和は、代々家老をつとめた家柄で、幕末期の座列は十番目であったが、その後執政となって五番目、さらに大参事となったことで三番目となり、むしろ座列が上がっている。

以上をみると、全体的には重臣層が役職をはずれて低禄の者が台頭してくる傾向がみられるが、組織が大幅に改編される過程で求められたのは、職務を忠実に履行する実務的な能力であり、それを有したのが比較的低禄の者であったといえ、それは各人の経歴からも明らかである。一方の重臣層も、役職就任に対して病を理由に断っている事例があり、政府方針に不満があれば辞退するという選択肢があった可能性もある。結果、人材抜擢の例として評価できる者が何名も出てくるなかで、前田直信や横山政和のように重臣層の者も藩政に関わりつづけたことがわかる。

ただし、このようなドラスティックな変化は、組織や集団に混乱と不満を惹起させたことは容易に推察される。それが「御家」の揺らぎにも繋がり、執政本多政均の暗殺事件も発生している。そしてこの状況と向き合ったのが知藩事慶寧だったのであり、知藩事の職掌において親翰を出し、自身の見解を表明することで安定化を図ったと考えられる。

家政に従事した人びと

このように、明治二年（一八六九）六月の版籍奉還以降の動きは、「御家」のあり方に影響を与えているが、十一箇条にわたる諸務変革令のなかで、「一、家禄相応、家令・家扶・家従以下召し仕え候人員、窺い出すべきこと」（「維新以来御達等」）とあり、大名家の家禄に応じて家政に従事する者を配置した場合は届け出るように通達されている。『明治二年ニ於ケル前田家職員』（公益財団法人前田育徳会蔵）によると、家令として横山隆淑・藤懸十郎兵衛・赤井伝右衛門・木村九左衛門・広瀬五十八郎、家扶に葭田左守・林省三の名がみえ、家従として二十二名が記されている。由緒帳をみると、横山隆淑は元家老で参政として藩政にかかわっていたが、大参事・少参事体制に移行した際、参政を免除されて即日家令に任じられている。藤懸十郎兵衛も同様で、参政を免除された同日に家令に任じられているが、翌三年四月には大属（権少参事心得）で議衆となっており、木村九左衛門も参政から家令、そして藤懸と同じく大属（権少参事心得）として民政掛を命じられて藩政に復帰している。また、赤井伝右衛門については、近習御用から同二年七月の当分家令加わりをへて九月に家令を命じられ、広瀬五十八郎も前田慶寧嫡男の利嗣附御用専務の免除後に家令となり（第三等執政支配）、九月に再度家令に任じられている。

以上をまとめると、明治二年六月の諸務変革令をうけて、早くに側廻りから家令に任じられた者（赤井・広瀬）がいるが、その後の大参事・少参事体制への移行を機に、元参政から家令になった者（横山・藤懸・木村）もいたことがわかる。また、早くに任じられていた赤井らもこのときに再度家令に任命されている。そして藤懸と木村については、翌三年藩政に復帰していることから、家政と藩政が切り離されたとはいっても、人事異動で出向するようなかたちで動いていたようにみえ、完全な分離は廃藩置県後まで待たねばならなかったとおもわれる。

ちなみに、「御礼次第并家政職員録」における家政向きの職員録をまとめたものが表13である。内容から明治三年六〜八月と推定したが、家政向きは総勢百六十名にのぼる。この史料では、家令から書吏並に分類した上で、「家司職等」として問遣方・財用方・庶務方・厨膳方・厩方　内庫方・内務方に就くことが示され、たとえば家令では問遣掛・財用掛・庶務掛を担当することが記されている。

表13　前田家における家政向の職員構成（明治3年6〜8月）

職	年俸(両)	人数	備　考
家　令	670	4	
家　扶	500	3	
家　従	330	24	
近　侍	200	6	
近侍並	150	45	近侍並の後ろに近侍列1名，近侍並列2名，ともに医者※
近　習	120	34	
近習並	100	16	近習並の後ろに近習列の医者が7名※
書　吏	70	25	
書吏並	50	3	

金沢市立玉川図書館近世史料館所蔵「御礼次第并家政職員録」より作成
年俸の記載内容から年代を推定した
※医者については，「侍医ハ家従ヨリ近習並迄六級ノ内，臨時其列ニ可命」とあり

具体的な職務内容については残念ながら確認できないが、明治十五年に制定された前田家の諸規則に、家令以下の職務章程がある（公益財団法人前田育徳会所蔵「前田家諸規則」）。まず家令については、「一、家主の旨趣を奉し、家法を遵守し、家従以下の能否勤怠を監視し、すべて一家の事務を施行すべし」「事務裁可を受けるものを上款とし、決行の後具申するものを下款とす」とあり、全体の責任者として家政を統括する立場であった。また家扶は、「一、家令の職務を扶け、家令事故あるときはその事務を代理すべし」「一、事務を分けて庶務・会計の二係とし、各その主任を定む」とあることから、家令を支えることが明示されるとともに、事務が大きく庶務と会計に分かれており、その主任に定められている。そして家従だが、「一、家主ならびに家族の外出に随従し、宿直・使者を勤め、賓客等接待に従事するものとす」「一、庶務係・会計係を分担し、各その主任の指揮に従ひ、事務を整理すべし」とある。主任である家扶のもとで具体的な事務に従事していたといえるが、庶務係として公務・交際のほか、什器・図書関係や邸内取締、墓地管理などが挙げられ、会計係には古金銀、公債・株式・不動産といった資産、金銀出納などの項目がある。近代の前田家における資産運用や投資意思決定に関する成果はあるが（松村敏、二〇一八）、前田家に仕えた人びとに注目した研究はほとんどないといってよい。近世大名から近代華族への連続・非連続を検討することは、大名家の「御家」

を考える上でも有用であることから、研究進展が求められよう。

また、この職務章程は明治十五年のものではあるが、明治初年もおおむね同様だったのではないだろうか。いずれにせよ明治初年の改革は、藩をより行政単位化させて近世的な主従関係を解体し、「御家」のあり方を根本から揺り動かしていく作用があったのであり、それが廃藩置県断行にも結果として繋がっていったと考えられる。

廃藩置県に至る過程と前田慶寧の東京移住

明治三年（一八七〇）九月、府藩県三治制を推進して強力な中央集権体制を構築するため、新政府は審議を重ねた上で藩制を布告している。人材登用の箇所でも言及したが、藩を物成高に応じて大・中・小に分類し、大参事以下の職員数を定めるなど、藩を府県と同様の組織にすることをより強く要求し、さらに各藩の大参事・少参事の人員構成についても再検討を求めたことで、金沢では大参事・少参事を例外なく全員免官させて、あらたな人材を配置している。しかし、藩の運営は不安定であったようで、一部の重臣が復帰しており、藩内を安定させるには実務能力では図れない重臣層の役割があったとおもわれるが、この段階で知藩事である慶寧が表立って何かを主張したような形跡はみられない。

明治四年に入ると、政府の要求に対して藩を維持する見込みが立たないとして、長岡や盛岡は廃藩を願い出て受理されているが、どちらも戊辰戦争で処分を受けた藩であった。また、鳥取や徳島、さらに熊本・名古屋といった藩も廃藩や知藩事の辞職を建議するなど、複数の藩が連携しながら政府方針と異なった運動を展開している。政府内においても動きが慌ただしくなり、四月には岩倉具視《いわくらともみ》による「大藩同心意見書」が作成されている。この意見書については、廃藩の内容に関する評価が研究者によって分かれているが、府藩県三治制を維持した部分的廃藩構想であり、大藩優遇の面がみられるとの指摘もある（勝田政治、二〇〇〇）。

そして、七月四日には山口・鹿児島・高知・名古屋の各知藩事と、元福井藩主が国事諮詢《しじゅん》に任命されたが、さらに同月上旬とされる岩倉具視宛三条実美書簡では、「因（鳥取）・阿（徳島）・加（加賀）・肥（佐賀）の人々も、人物においてはけっして三藩の下に出ず候」（『岩倉具視関係文書』五）とあり、大名諮詢の席に「加」、すなわち前田慶寧も加えるべきとの大藩会議構想が描かれている。府藩県三治制の維持を考えていた三条と岩倉の構想のなかに慶寧が入っていたことは、理想的藩モデルを追求してきた、これまでの姿勢が評価されたと考えられるが、同時期には木《き》戸《ど》孝允《たかよし》・大久保《おおくぼ》利通《としみち》・西郷隆盛《さいごうたかもり》らが廃藩断行に動いており、政府内での意見の相違がみられる。

そして七月十四日、藩に依拠した「公議」体制を放棄し、中央集権化を一挙にめざした廃藩置県が断行されたが、知藩事慶寧は東京からの帰途に就いていたため、帰国後に廃藩の趣旨を藩内に示している。大参事横山政和にあてた親翰では、英断のご趣意を慎んで了解し、旧来の因習を一洗させるよう勉励尽力するとともに、万が一にも異議が生じてしまうと、これまでやってきたことが無駄となり朝廷に対しても恐れ多いため、心得違いのないようにしてほしいと述べて、大参事以下にこれまでの路線を徹底するよう求めている。戊辰戦争以降、天皇を頂点とする新たな国家体制のなかに組み込まれ、府藩県三治制における理想的藩モデルを慶寧以下が追求してきた以上、政府が藩を存続させる限りは、いかなるかたちであれ存続を志向したと考えられる。自主的にせよ戦略的にせよ、藩を放棄するという選択肢はなかったことになるが、この廃藩置県の断行によってその路線は断たれたのである。その後、八月には再び東京に向けて慶寧は金沢を離れているが、この時期には領内統治で長らく重きをなしてきた有力寺院からの歎願があったようで、当初は男子を迎え入れたいと望んだようだが、結果として慶寧娘の貞が金沢専光寺《せんこうじ》、慰は越中井波瑞泉寺《いなみずいせんじ》、先代の斉泰娘の洽は越中城端善徳寺《じょうはなぜんとくじ》、坻は越中古国府勝興寺にそれぞれ入ることになった。当時は神仏分離令に端を発した廃仏毀釈《はいぶつきしゃく》の気運がいまだ残り、当該地域でもその影響はあったが、この嘆願からは生き残りをかけて前田家との繋がりを求めた寺院の姿がうかがえる。

「皇室の藩屏」として

東京移住後、先代の前田斉泰は文芸にいそしんでいるが、とりわけ能については自身が当主のときから熱心であり、明治以降は能の復興に尽力したという。斉泰自身の著述も

図25 「前田家繁栄之図」 石川県立歴史博物館所蔵

確認でき、「申楽免廃論」については、脚気を患った斉泰が、能の鍛錬は身体を健全にするとの実感をもって記述したものといわれ、「能楽記」では、さまざまな呼称があるなか「今定めて能楽という」と提唱しており、岩倉具視とともに「能楽」の普及・定着に大きな役割を果たしたとされる。このように、幼少期から家督を相続して激動の時代を乗り越え、文芸にも長けた斉泰は、明治十七年（一八八四）に東京で死去している。また、斉泰の跡を継ぎ、混迷する政局にあって政治決断を繰り返しながら加賀前田家の存続に苦心した前田慶寧は、東京移住後に体調を崩し、静養先の熱海で斉泰よりも早い同七年五月十八日に死去しており、嫡男の利嗣が前田家の家督を継承して近代を生き抜くことになる。

その前田利嗣は安政五年（一八五八）に生まれ、明治二年二月には従四位下左近衛権少将、筑前守となっている。廃藩後は岩倉遣欧使節団に随行してイギリスに遊学し、帰国後の同七年五月、父慶寧の死去により家督を相続する。版籍奉還後には華族に列した前田家だが、同十七年に華族制度が制定されると、利嗣は侯爵に叙されている。こうして利嗣は、華族として「皇室の藩屏」であることが求められたといえ、その一つのあらわれといえるのが、斉泰および慶寧の娘たちの再嫁である。

前述したように、寺院の求めに応じて斉泰・慶寧の娘が有力寺院に入っていたが、城端善徳寺に縁女として入っていた斉泰娘の洽は、明治八年三月に離縁したのち摂家の二条基弘《もとひろ》に嫁ぎ、慶寧娘の慰は井波瑞泉寺に縁女として入るも、同八年十二月に離縁、同十三年十二月有栖川宮《ありすがわのみや》威仁《たけひと》親王に嫁いでいる。さらに、慶寧娘の貞も金沢専光寺の縁女としていたが、同十八年十月に離縁して前田家に復籍すると、姉の衍が嫁いでいた摂家の近衛《このえ》篤麿《あつまろ》のもとに、衍の死去後に嫁いでいる。ちなみに、勝興寺に入った坻も和談によって同八年に引き取り、同十四年には安芸広島浅野家の浅野長道に嫁ぎ、長道が死去したのち岸和田岡部家の子爵岡部《おかべ》長職《ながもと》に嫁いでいる（「淳正公年表稿」）。このように、前田家では地域の有力寺院で縁女となっていた娘たちを明治八年以降、次々と離縁・復籍して再嫁させているが、同九年に宗族制度が発足して華族同士の血縁関係がより重んじられるなか、有力な華族との姻戚関係を築き、「皇室の藩屏」としての前田家の地位を確立していく上で重要な布石になったとおもわれる。

また、当主の利嗣は当時居住していた本郷邸の新築を家政評議会に諮っているが、それは天皇行幸をめざしたものであったとされる。利嗣は明治三十三年にこの世を去るが、跡を継いだ前田利為《としなり》が遺志を引き継ぎ、本郷では前田侯爵邸として和館が同三十八年、西洋館が同四十年に竣工した。この西洋館は迎賓館の位置付けであり、同四十三年七月には、「皇室の藩屏」として前田家の念願であった明治天皇行幸がおこなわれた（木下直之、二〇〇〇）。このように、近世から近代にかけての前田家は、「将軍の藩屏」から「天子の藩屏」、そして「皇室の藩屏」と変遷していったとみることもできるのである。

コラム—6

近代における家史編纂事業

近代における前田家の家史編纂事業は、慶応四年（一八六八）以降の新政府の命令に対応すべく、前田家累代の盛業と家臣の功績の調査を企図し、家録方を邸内に設置して史料の収集・編纂が開始されたことを契機とするが（堀井美里、二〇一〇）、近世に大規模な編纂事業を実施した形跡がみられないため、これは前田家における家史編纂事業の嚆矢として位置付けられる。その後、明治十六年（一八八三）に前田利嗣が東京本郷邸内に編輯方を設置して編纂事業を本格的に開始しているが、同二十二年の史談会発足後、さらに多くの旧大名家にも特命が出されると、そこに前田家も名を連ねることになる。

さらに前田家では、明治二十四年の宮内大臣からの通達によって明治維新に関する旧藩の事蹟を編纂することになり、旧家臣の安井《やすい》顕比《あきちか》（和介）・岡田棣（雄次郎）・沢田《さわだ》直温《なおあつ》（その後、陸義猶）が編纂を担当している。この二名はいずれも明治初年に徴士として新政府に出仕しており、さらに軍艦操練に関する知識も豊かで、文久末期には藩の軍艦発機丸に乗船した旧知の間柄であった（第六章）。また、岡田と安井は藩の大参事や権大参事などを勤め、辞任後には家令心得（安井）、家扶（岡田）として前田家の家政に関わった経験がある。

彼らの死去後に事業を引き継いだ陸義猶《くがよしなお》については、明治十一年の大久保利通暗殺の斬奸状を起草した罪によって終身禁獄となり、同二十一年の大日本帝国憲法発布による特赦を受けた人物であったが、前述の三名が死去するなかで陸が事業を引き継ぎ、明治末に「旧金沢藩事蹟文書類纂」を完成させている。また、前述の沢田直温についても、朝野新聞社の記者時代に新聞紙条例違反で禁固一年、罰金二百円に処せられた人物であるが、両者は知識や経験、そして編纂に適した能力が認められて前田侯爵家に雇用されたとおもわれる。

エピローグ——あらたな歴史像の構築にむけて

「藩」と「御家」

近世において最大規模の大名家であった加賀前田家については、研究自体は長らく加賀藩研究として展開してきた。戦後、幕藩制構造論の潮流のなかで加賀藩は分析対象としての魅力をもち、初期藩政改革の代表例として周知された改作法の研究などが進展したが、国家論の風潮が強まってからも、政治・社会・文化などの各分野で研究成果が出され、現在では尾張・岡山・佐賀・熊本などと同様に、総合的藩研究の視座からも加賀藩の研究が進められている。

その「藩」の語は、大名家ないし大名領を指す呼称としては当時一般的でなかった。大名家が天皇の「藩屏」であるべきとする観念が成立し、幕末期にはかなり浸透していたといわれるが、実際に「藩」の語が公的に使用されるのは、慶応四年（一八六八）閏四月の政体書まで待たなければならない。定義としては、「「大名」の「家」に主従関係で包摂される「家中」（陪臣）によって「家老」などを長として構成される役人組織が統治する「領民」や地域社会を含む「領知」「領分」という総合的な概念」（高野信治、二〇一四）との指摘があるが、本巻でもこの認識に立っている。

そして近世における「御家」とは、家に擬制化されることを基本とした、軍事的性格を持つ政治権力集団、および武士の共同利害を保障する共同体としての帰属集団という二つの性格を併有した武士集団と定義されており、近世前期には「御家」の前には主君個人すら相対化され、主君よりも「御家」が奉公の対象になったといわれる（高野信治、一九九七）。つまり、大名家において「家中」が形成され、その過程において一門を含めた大身の家臣が「家中」に包摂されていき、主君および家臣が、先に挙げた二つの性格を有した集団となることによって「御家」が成立したと考えられる。

本巻では、加賀前田家における「御家」の成立や変容を意識しながら、前田利家から前田慶寧、さらに前田利嗣も射程に入れて論じてきた。「御家」の視点による分析は、従来の加賀藩研究ではあまり積極的に取り上げられてこなかった武家官位や家中儀礼、「通路」や婚姻関係などが重要な分析視角となるため、これまでにない成果を導く可能性がある。また、すでに研究蓄積がある政治や経済といった分野においても、さらなる成果が期待でき、これらは「百万石」のフレーズによって構築されてきたストーリーとは異なる、あらたな歴史像を構築する挑戦になるはずである。

ただし、今回は当主家の分析が中心であり、分家や一門、家臣（陪臣）についてあまり取り上げることができなかった。本巻では、前田家（直之系）やその家臣の南保大六について取り上げたが、「御家」の視点で分析する場合には、分家や一門、そして陪臣研究が不可欠であり、今後の課題となる。

今後の展望として、大名家の研究については近代へのまなざしも有効ではないかと考える。もちろん近世大名の「御家」のあり方とは大きく異なるものの、近代における大名華族家と旧藩士との関係性に受け継がれていく面もあるのではないか。近世と近代を安易に断絶させずに、近代において変わりゆく両者の関係性について理解を深めることもアプローチの一つになり得るだろう。いわば、近代からの捉え返しが「御家」研究を豊かにさせることに繋がると考える。

大名華族家と旧藩社会

前田慶寧の嫡男である前田利嗣は、安政五年（一八五八）に誕生し、父の死去によって明治七年（一八七四）に家督を継いでいる。その後、侯爵となった利嗣は、加賀前田家の当主として旧藩士や地域とのかかわりをもつなか、同三十三年に死去してしまい、その跡を継いだ前田利為は七日市前田家からの養子であった。つまり、分家からの養子であり、これは加賀前田家においてはじめてのことである。利為は相続後に陸軍士官学校を卒業し（東条英機とは同期）、前田家の当主でありながら軍人としての道を歩んでいく。さらに、陸軍では重職を歴任して陸軍中将となり、その後予備役に入るが、昭和十七年（一九四二）に招集されると、ボルネオ守備軍司令官に任命され、同年ボルネオ沖での搭乗機事故により死去している。

近代の金沢については、廃藩後に名古屋鎮台の分営が置かれ、明治八年に歩兵第七連隊と改称するが、同二十九年には第九師団が金沢城跡に設置されている。これによって明治後半には第九師団のほか、第六旅団司令部、第七連隊、郊外には歩兵第三十五連隊、騎兵・野砲兵第九連隊、工兵・輜重兵《しちょうへい》第九大隊が設置されることになり、軍都としての様相を帯びていく。大正十三年（一九二四）と昭和八年に開催された陸軍特別大演習は、地域でも大きな盛り上がりをみせており、県内からは林銑十郎《はやしせんじゅうろう》・阿部《あべ》信行《のぶゆき》といった陸軍出身の首相経験者に加え、多くの軍人を輩出している。当時、金沢市の人口における約一割が軍関係者だったといわれ、軍縮による第七連隊の移転問題では猛烈な反対運動が展開するなど、地域と軍隊が密接であったことが指摘されている（本康宏史、二〇〇二）。このような軍都金沢の実相については、すでに重要な成果があるが、大名華族家と軍都という視点、すなわち当主が陸軍中将にまでなった前田侯爵家と軍都金沢がいかにかかわりあいながら旧藩社会が形成されたのか、前田侯爵家と旧藩士との関係性がいかなるものであったのかは、検討する余地が多分にあるだろう。

史料の面白さ

そして最後になるが、ここで「御家」にかかわる事例を二つ取り上げてみたい。まず、幕末維新期に当主となる前田慶寧は、元服前の段階で水戸家徳川斉昭の娘と婚約していたが、天保十四年（一八四三）にその娘が疱瘡を患い死去したこともあって、弘化二年（一八四五）になると将軍徳川家慶の養女（有栖川宮韶仁の娘）である精との縁組話が浮上する。この話については、内々に老中阿部《あべ》正弘《まさひろ》から富山の前田利保《としやす》に伝えられたようで、その内容が早飛脚によって金沢に届けられている（「諸事要用雑記」八）。

そこでは、「筑前守（前田慶寧）様御年頃にもなさせられ候、御勤振御様子合御宜敷段は上にも御存じ入らせられ候事故、当時大奥に入らせられ候あき姫様御縁組遊ばされたく思し召し候、（中略）もしもし跡にて何とか御迷惑の義も相聞こえ候ては、折角の思し召しも無になり候事故、伊勢守（阿部正弘）殿極内々右の御様子を出雲守（前田利保）まで申し聞かせられ候」と、慶寧が年齢相応で評判も良いことから、精との縁組の意向が将軍家慶から出され、老中阿部が内々に確認をとっている。加賀前田家としては、家格のこともあり姫の御住居などを軽く扱うことはできず、斉泰の正室で徳川家斉の娘である溶の御住居と重なってしまい負担であること、以前から久留米有馬家との縁組の話が進んでいたことから、「何分御沙汰止みに相成候様、御答及ばれたく思し召され候」と、何とか断りたいとの話になり、溶を通じて大奥から伝えられないかとの話も出ている。結局、前田家側から沙汰止みになるように願い出たところ、「御治定の御趣意、御拠ん処なき趣につき伊勢守殿御介取、宜しく上聞に達し候処、御許容あらせられ候」と、阿部正弘が将軍家慶に申し上げてこの件は沙汰止みとなり、慶寧は同四年に予定通り有馬家の娘と婚姻することになる。ただ、もしも徳川家慶の娘を迎えていた場合、財政的にはかなりの負担になったはずだが、二代続けての徳川将軍家との婚姻は、加賀前田家の家格、そして幕末政治における立ち位置に影響を与えたと推察される。

もう一つは、人材の招聘に関する安政四年（一八五七）の史料である（「御用方手留」十二）。候補者として三名（佐野鼎・村田蔵六〈大村益次郎〉・斎藤弥九郎）の名が出され、国許では三名とも召し抱えるとの話になっていたが、江戸では「蔵六・佐野鼎両人召し抱えられ候事に相伺候へども、当時西洋流専らに相成、鉄砲にてこれなくては相成らざり候様形に相成、片寄り候処もこれあり候間、斎藤弥九郎義も御領国の者の儀にもこれあり候間、旁召し抱えらるべきやと思し召し候、おのおの僉議は如何」との御意が前田斉泰からあったことで、江戸にいる家臣によって再度詮議がなされている。その結果、「蔵六・鼎義はさしあたり壮猶館の御用もこれある義、剣術者の義は御国に相応の者もまかりあり候義、旁御当節の義、まず両人召し抱えられ候義に相伺候へども、（中略）蔵六義は蘭書の方専らに候様に御聞き及び遊ばされ候間、まず御見合わせ、鼎・弥九郎召し抱えられるべし」と、まずは佐《さ》野鼎《のかなえ》と斎藤《さいとう》弥九郎《やくろう》を召し抱えることとし、大村益次郎《おおむらますじろう》は蘭書が専門であるとの風聞から見送りとなっている。結局、招聘されたのは佐野鼎のみであったが、大村益次郎の招聘が実現していたとすればどうなったであろうか。当時、大村は宇和島伊達家に出仕後、江戸で幕府が設置した講武所の教授に就任しており、長州毛利家の家臣になったのが万延元年（一八六〇）であることから、安政五年の段階で前田家への招聘が実現していたとすれば、大村と毛利家とのかかわりも異なっていたかもしれない。また、招聘に至らなかった斎藤弥九郎についても毛利家とのかかわりが深い人物であるため、彼らの招聘があったならば、前田家と毛利家の関係にも影響があった可能性がある。幕末期は政治的な選択・決断の連続であり、その連鎖のなかで「御家」の存続をはかることになるが、この事例はそのことを改めて考えさせてくれる。

以上、この二つの事例についてはあまり知られてはいないが、徳川将軍家との婚姻や人材の招聘などは、いずれも「御家」にかかわるものである。本巻のように、大名家の視点を重視することによって、あらたな史料はもちろんのこと、すでに分析された史料についても再評価が必要になることは間違いない。つまり、「御家」の視点による加賀前田家の研究は、多くの可能性に満ちているといえよう。

参考文献

〈書籍・論文〉

青山忠正「明治維新と国家形成」（吉川弘文館、二〇〇〇年）
青山忠正『明治維新』（『日本近世の歴史』六、吉川弘文館、二〇一二年）
跡部信『豊臣政権の権力構造と天皇』（戎光祥出版、二〇一六年）
家近良樹『幕末政治と倒幕運動』（吉川弘文館、一九九五年）
池田仁子『近世金沢の医療と医家』（岩田書院、二〇一五年）
石野友康「享保十九年剣梅輪鉢紋一件について」（『市史かなざわ』三、一九九七年）
石野友康「加賀藩における貞享の職制改革について」（『加能地域史』三二、二〇〇〇年）
石野友康「吉徳政治批判と前田直躬」（加能地域史研究会編『地域社会の歴史と人物』北國新聞社、二〇〇八年）
石野友康「加賀騒動期の年寄の動向と意識」（『石川の歴史遺産セミナー講演録』第二一・二二回、石川県立歴史博物館、二〇一五年）
上田長生「加賀藩十村の身分意識」（『加賀藩研究』一〇、二〇二〇年）
海野修「加賀藩平尾邸での暮らしと屋敷の機能」（『中山道板橋宿と加賀藩下屋敷』板橋区立郷土資料館、二〇一〇年）
大西泰正『前田利家・利長』（戎光祥出版、二〇一六年）
大西泰正『加賀藩前田家と八丈島宇喜多一類』（桂書房、二〇一八年）
大西泰正『前田利家・利長―創られた「加賀百万石」伝説―』（平凡社、二〇一九年）
大西泰正「初期金沢城の諸問題―尾山・加賀征伐・高山右近の言説をめぐって―」（『金沢城研究』一九、二〇二一年a）
大西泰正「前田利家・利長の遺言状について」（北陸中世近世移行期研究会編『地域統合の多様と複合』桂書房、二〇二一年b）
大野充彦「加賀藩における長家と浦野事件」（『日本海地域史研究』六、一九八四年）
岡嶋大峰「戦場における大名前田家の統制と加賀藩士の自律性―大坂の陣を事例として―」（『加賀藩研究』一一、二〇二一年）

岡嶋大峰「元和・寛永期における加賀藩年寄政治の展開と特質―本多・横山体制の検討を中心に―」(加賀藩研究ネットワーク編『加賀藩武家社会と学問・情報』岩田書院、二〇一五年)
岡嶋大峰「加越能文庫による大坂冬の陣の検討」(長山直治氏追悼集刊行委員会編『加賀藩研究を切り拓く』桂書房、二〇一六年)
岡嶋大峰「『寛永諸家系図伝』編纂における加賀藩の系譜情報収集」(加賀藩研究ネットワーク編『加賀藩政治史研究と史料』岩田書院、二〇二〇年)
奥田晴樹『維新と開化』(『日本近代の歴史』一、吉川弘文館、二〇一六年)
勝田政治『廃藩置県―「明治国家」が生まれた日―』(講談社選書メチエ、講談社、二〇〇〇年)
鎌田康平「近世初・前期の七日市藩と加賀藩―前田利孝・利意を中心として―」(『加賀藩研究』八、二〇一八年)
鎌田康平「七日市前田家の家譜・系図」(加賀藩研究ネットワーク編『加賀藩政治史研究と史料』岩田書院、二〇二〇年)
木越隆三「加賀騒動―八家を軸に騒動を再考する―」(福田千鶴編『新選 御家騒動』下、新人物往来社、二〇〇七年)
木越隆三『加賀藩改作法の地域的展開―地域多様性と藩アイデンティティー―』(桂書房、二〇一九年a)
木越隆三「前田利常隠居と藩主光高の公儀御用」(『加賀藩研究』九、二〇一九年b)
木越隆三「寛永八年の加賀前田家と将軍家―「寛永危機」説への疑義―」(『北陸史学』六九、二〇二〇年)
木越隆三『隠れた名君 前田利常―加賀百万石の運営手腕―』(歴史文化ライブラリー、吉川弘文館、二〇二一年)
木下直之「前田侯爵家の西洋館―天皇を迎える邸―」(西秋良宏編『加賀殿再訪―東京大学本郷キャンパスの遺跡―』東京大学出版会、二〇〇〇年)
久住真也『幕末の将軍』(講談社選書メチエ、講談社、二〇〇九年)
小酒井達也「近世前期加賀前田家の江戸詰重臣の変遷」(加賀藩研究ネットワーク編『加賀藩武家社会と学問・情報』岩田書院、二〇一五年)
小西昌志「加賀藩における平士頭分と役料」(『北陸史学』六五、二〇一六年)
小西昌志「加賀藩における学校の概要」(『第一五回全国藩校サミット金沢大会記念誌』二〇一七年)
小西昌志「加賀藩与力の基礎的考察」(『北陸史学』六七、二〇一八年)
小西昌志「加賀藩組外組の成立と役割」(『北陸史学』七〇、二〇二一年)
小松愛子「溶姫の引移り婚礼」(堀内秀樹・西秋良宏編『赤門―溶姫御殿から東京大学へ―』東京大学総合研究博物館、二〇一七年)

佐藤孝之「加賀藩家臣団の形成過程と家臣の由緒」（東京大学史料編纂所研究成果報告『近世初期の大名と情報』二〇一六年）
篠﨑佑太『近世後期における家格と法令伝達―大廊下下之部屋詰大名を中心に―』（『東京大学史料編纂所研究紀要』二六、二〇一六年）
清水聡「元和期加賀藩における幕藩制的秩序への編成と藩政の成立―出頭人政治の創出とその政治的意義―」（『加能史料研究』一七、二〇〇五年）
清水聡「加賀前田家における隠居利常の政治的位置と藩機構の形成過程」（『立正史学』一二三、二〇一八年）
瀬戸薫「前田利家と南部信直」（『市史かなざわ』五、一九九九年）
袖吉正樹「「小川清太見聞録」に見る藩主の日常生活―「小川清太見聞録」の紹介―」（『金沢城研究』一四、二〇一六年）
高野信治『近世大名家臣団と領主制』（吉川弘文館、一九九七年）
高野信治『大名の相貌―時代性とイメージ化―』（清文堂出版、二〇一四年）
千葉拓真『加賀藩前田家と朝廷』（山川出版社、二〇二〇年）
中野節子『加賀藩の流通経済と城下町金沢』（能登印刷出版部、二〇一一年）
長山直治『寺島蔵人と加賀藩政―化政天保期の百万石群像―』（桂書房　二〇〇三年）
長山直治『兼六園を読み解く―その歴史と利用―』（桂書房、二〇〇六年）
長山直治「「太梁公日記」に見る藩主の生活」（加能地域史研究会編『地域社会の歴史と人物』北國新聞社、二〇〇八年）
長山直治『加賀藩を考える―藩主・海運・金沢町―』（桂書房、二〇一三年）
長山直治「加賀藩天保改革の再検討―奥村栄実言上書の分析―」（加賀藩研究ネットワーク編『加賀藩武家社会と学問・情報』岩田書院、二〇一五年）
長山直治「奥村栄実の加賀藩政復帰の背景について」（長山直治氏追悼集刊行委員会編『加賀藩研究を切り拓く』桂書房、二〇一六年）
西野隆次「南部信直と「取次」前田利家―伏見作事板の賦課をめぐって―」（『地方史研究』三〇五、二〇〇三年）
野口朋隆『江戸大名の本家と分家』（歴史文化ライブラリー、吉川弘文館、二〇一一年）
野口朋隆「加賀藩主前田重煕・重靖の諸大夫叙爵をめぐって―部屋住時代の官位拝領―」（『加賀藩研究』六、二〇一六年）
萩原大輔「「慶長富山大火」をめぐる言説と実相」（『富山史壇』一七四、二〇一四年）
萩原大輔「前田利長隠居政治の構造と展開」（『富山史壇』一七八、二〇一五年）

萩原大輔「高岡瑞龍寺伽藍の創建過程―砺波郡との関わりにもふれつつ―」（『砺波散村地域研究所研究紀要』三八、二〇二一年）
橋本政宣「近世の武家官位」（同編『近世武家官位の研究』続群書類従完成会、一九九九年）
畑尚子「加賀藩邸内の徳川将軍家」（堀内秀樹・西秋良宏編『赤門―溶姫御殿から東京大学へ―』東京大学総合研究博物館、二〇一七年）
林亮太「加賀藩上級家臣団の職掌と職名の変化について―貞享三年の職制改革後を対象として―」（『地方史研究』三六二、二〇一三年）
林亮太「加賀前田家の墓目役と奥村家」（加賀藩研究ネットワーク編『加賀藩武家社会と学問・情報』岩田書院、二〇一五年）
林亮太「加賀藩人持組の構成に関する基礎的検討―元禄一四年以降を対象に―」（『金沢大学日本史学研究室紀要』三、二〇一七年）
林亮太「加賀前田家年寄の家督相続・役職就任時における儀礼―儀礼的行為からみられる身分差に注目して―」（『加賀藩研究』九、二〇一九年）
林亮太「加賀前田家年寄の御用番勤め」（加賀藩研究ネットワーク編『加賀藩政治史研究と史料』岩田書院、二〇二〇年）
林亮太「「御家」形成と由緒―年寄村井家の養子相続と前田綱紀の意志―」（『北陸史学』七一、二〇二三年）
深井雅海「徳川将軍家と前田家の「年頭御礼」について」（『金沢市史』資料編四所収「金沢市史会報」一一、二〇〇一年）
福田千鶴『御家騒動―大名家を揺るがした権力闘争―』（中公新書、中央公論新社、二〇〇五年）
福田千鶴『江戸時代の武家社会―公儀・鷹場・史料論―』（校倉書房、二〇〇五年）
福田千鶴「序論　御家騒動とはなにか」（同編『新選　御家騒動』上、新人物往来社、二〇〇七年）
堀新「近世大名の上昇願望」（堀新・深谷克己編『権威と上昇願望』吉川弘文館、二〇一〇年）
堀井美里「近代以降の石川県における史料蒐集の動向」（『金沢大学資料館紀要』五、二〇一〇年）
松尾美恵子「大名の殿席と家格」（『徳川林政史研究所研究紀要』昭和五十五年度、一九八一年）
松村敏「明治前期における旧加賀藩主前田家の資産と投資意思決定過程―藩政から華族家政へ―」（『商経論叢』五三―一・二、二〇一八年）
丸本由美子『加賀藩救恤考―非人小屋の成立と限界―』（桂書房、二〇一六年）
見瀬和雄『利家・利長・利常―前田三代の人と政治―』（北國新聞社、二〇〇二年）
見瀬和雄「関ヶ原合戦前後における前田利政の動静」（『金沢学院大学紀要』〈文学・美術・社会学編〉一二、二〇一四年）

見瀬和雄「前田利長の遺誡と慶長期の加賀藩政」（加賀藩研究ネットワーク編『加賀藩武家社会と学問・情報』岩田書院、二〇一五年）
宮下和幸『加賀藩の明治維新—新しい藩研究の視座　政治意思決定と「藩公議」—』（有志舎、二〇一九年）
宮下和幸「幕末期加賀藩における京都警衛の特質」（木越隆三編『加賀藩研究を切り拓くⅡ』桂書房、二〇二二年）
宮地正人『幕末維新期の社会的政治史研究』（岩波書店、一九九九年）
本康宏史『軍都の慰霊空間—国民統合と戦死者たち—』（吉川弘文館、二〇〇二年）
本康宏史「金沢兼六園」（小野芳朗・本康宏史・三宅拓也『大名庭園の近代』思文閣出版、二〇一八年）
本康宏史『百万石ブランドの源流—モダンから見た伝統文化—』（能登印刷出版部、二〇一九年）
矢部健太郎『豊臣政権の支配秩序と朝廷』（吉川弘文館、二〇一一年）
山口隆治『大聖寺藩』（シリーズ藩物語、現代書館、二〇二〇年）
吉田政博「加賀藩下屋敷平尾邸をめぐる—下屋敷絵図の検討を中心に—」（『中山道板橋宿と加賀藩下屋敷』板橋区立郷土資料館、二〇一〇年）
若林喜三郎『加賀騒動』（中公新書、中央公論社、一九七九年）
鷲澤淑子「加賀藩武士層における国学の受容—安政〜文久期を中心に—」（加賀藩研究ネットワーク編『加賀藩武家社会と学問・情報』岩田書院、二〇一五年）

〈自治体史・史料集ほか〉
『改定新版　前田土佐守家資料館図録』（前田土佐守家資料館、二〇一五年）
『加賀藩史料』一—十五編および編外編（前田家編輯部、一九二九—一九四二年）
『加賀藩史料』藩末編上・下（前田育徳会、一九五八年）
『金沢市史』資料編三—五（金沢市、一九九九・二〇〇一・二〇〇三年）
『金沢市史』通史編二（金沢市、二〇〇五年）
東四柳史明・宇佐美孝・本康宏史・出越茂和編『図説　金沢の歴史』（金沢市、二〇一三年）

前田家歴代当主一覧

代数	名前	法名	生没年	当主在任年
一	前田利家《としいえ》	高徳院桃雲浄見	天文七（一五三八）—慶長四（一五九九）	永禄十二（一五六九）—慶長三（一五九八）
二	前田利長《としなが》	瑞龍院聖山英賢	永禄五（一五六二）—慶長十九（一六一四）	慶長三（一五九八）—慶長十（一六〇五）
三	前田利常《としつね》	微妙院一峰充乾	文禄二（一五九三）—万治元（一六五八）	慶長十（一六〇五）—寛永十六（一六三九）
四	前田光高《みつたか》	陽広院将厳天良	元和元（一六一五）—正保二（一六四五）	寛永十六（一六三九）—正保二（一六四五）
五	前田綱紀《つなのり》	松雲院徳翁一斎	寛永二十（一六四三）—享保九（一七二四）	正保二（一六四五）—享保八（一七二三）
六	前田吉徳《よしのり》	護国院仏鑑法性	元禄三（一六九〇）—延享二（一七四五）	享保八（一七二三）—延享二（一七四五）
七	前田宗辰《むねとき》	大応院梅観雪峰	享保十（一七二五）—延享三（一七四六）	延享二（一七四五）—延享三（一七四六）
八	前田重熙《しげひろ》	謙徳院緝甫尚古	享保十四（一七二九）—宝暦三（一七五三）	延享四（一七四七）—宝暦三（一七五三）
九	前田重靖《しげのぶ》	天珠院嘯月仁勇	享保二十（一七三五）—宝暦三（一七五三）	宝暦三（一七五三）
十	前田重教《しげみち》	泰雲院仁山彭寿	寛保元（一七四一）—天明六（一七八六）	宝暦四（一七五四）—明和八（一七七一）
十一	前田治脩《はるなが》	太梁院俊山徳英	延享二（一七四五）—文化七（一八一〇）	明和八（一七七一）—享和二（一八〇二）
十二	前田斉広《なりなが》	金龍院文古雲遊	天明二（一七八二）—文政七（一八二四）	享和二（一八〇二）—文政五（一八二二）
十三	前田斉泰《なりやす》	温敬公（神葬）	文化八（一八一一）—明治十七（一八八四）	文政五（一八二二）—慶応二（一八六六）
十四	前田慶寧《よしやす》	恭敏公（神葬）	天保元（一八三〇）—明治七（一八七四）	慶応二（一八六六）—明治四（一八七一）

略年表

年	西暦	事項
天正十一	一五八三	前田利家、賤ヶ岳の戦いの後、能登一国に加賀国二郡を加増されて金沢に入る。
天正十四	一五八六	この頃、金沢城天守が築かれる。
天正十九	一五九一	利家、「清華成」大名となる。
慶長三	一五九八	前田利長、二代当主となる。
慶長五	一六〇〇	利長、大聖寺城を攻め落とし、浅井畷で丹羽長重と戦う。関ヶ原の合戦後、加賀・能登・越中三ヵ国で百二十万石を領する。
慶長六	一六〇一	徳川秀忠娘の珠が前田利常に輿入れする。
慶長九	一六〇四	利長、十村制度を開始する。
慶長十	一六〇五	利常、三代当主となる。利長は隠居して富山城に入る。
慶長十九	一六一四	利常、大坂冬の陣に参戦、真田丸攻めで被害を出す。
元和元	一六一五	利常、大坂夏の陣で大坂岡山口の先陣となり、功を立てる。
寛永八	一六三一	大火で金沢城も焼ける。その後二ノ丸御殿創建など整備が進む。／徳川秀忠の病状悪化に際して利常・光高父子が江戸に参府する。
寛永十	一六三三	光高、水戸徳川頼房娘（将軍家光養女）の大と婚姻する。
寛永十六	一六三九	光高、四代当主となる。弟の利次に富山十万石、利治に大聖寺七万石が分知され、隠居した利常は二十二万石で小松に入る。／領内でキリシタン禁制が掲げられる。
正保二	一六四五	前田綱紀が三歳で五代当主となり、祖父利常が後見役となる。
明暦二	一六五六	村御印が全村を対象に一斉に発給される。
明暦三	一六五七	明暦の大火。綱紀に江戸城の天守台石垣普請が命じられる。
万治元	一六五八	綱紀、後見役保科正之の娘摩須と婚姻する。

万治二	一六五九	前田直之、小松城代に任じられる。
寛文七	一六六七	能登長家領でおきた浦野事件で、浦野孫右衛門らが切腹処分となる。
寛文八	一六六八	白山麓十八ヵ村が幕領に組み込まれる。
寛文十	一六七〇	綱紀、救恤政策として笠舞に非人小屋を設ける。／改定した村御印を全村に発給、祖法となって幕末まで固定化される。
延宝七	一六七九	能登の鹿島半郡に村御印が発給される。
貞享三	一六八六	職制改革で大老・家老の制が定まり、就任する七つの家が固定される。
元禄三	一六九〇	この年より、年寄衆八家が年寄を独占するようになる。
元禄十一	一六九八	綱紀娘の直と二条吉忠との縁組がおこなわれる。
元禄十五	一七〇二	将軍徳川綱吉が江戸本郷邸を訪問する。
宝永五	一七〇八	吉徳、尾張徳川綱誠の娘松（将軍綱吉養女）と婚姻する。
享保八	一七二三	前田吉徳、六代当主となる。
享保九	一七二四	吉徳、先代綱紀が発給していなかった知行宛行状を一斉に発給する。
享保十九	一七三四	加賀前田家と前田家（直之系）の間で紋の使用をめぐる衝突がおきる（剣梅輪鉢紋使用一件）。
延享二	一七四五	吉徳が死去、前田宗辰が七代当主となる。／吉徳に重用されていた大槻朝元（伝蔵）への弾劾が強まる（加賀騒動）。
延享四	一七四七	前田重煕、八代当主となる。
宝暦三	一七五三	前田重靖、九代当主となるがまもなく死去する。
宝暦四	一七五四	大槻朝元の関係者らが処分される。／前田重教、十代当主となる。
宝暦五	一七五五	財政難の中で銀札が発行されるが、銀札騒動が起き翌年発行停止となる（銀札崩れ）。
宝暦九	一七五九	大火により金沢城の大半と、一万軒以上の家屋が焼失する。
宝暦十	一七六〇	金沢城再建に使用する木材が南部家より廻送される。
明和八	一七七一	前田治脩、十一代当主となる。

年	西暦	事項
天明五	一七八五	飢饉の中、隠居した重教が改革をおこなうが、翌年死去する（天明の御改法）。
寛政四	一七九二	藩校の明倫堂（文学校）、経武館（武学校）が開かれる。
享和二	一八〇二	前田斉広、十二代当主となる。
文化四	一八〇七	斉広、鷹司政熙の娘を継室として迎える。
文化五	一八〇八	金沢城の火災により二ノ丸御殿などが焼失、文化七年に復興する。
文政元	一八一八	芝居小屋の設置が公認される。
文政二	一八一九	二十八名の十村を一斉に役儀免除とし、流刑とする（十村断獄）。
文政三	一八二〇	遊郭の設置が公認される。
文政五	一八二二	前田斉泰、十三代当主となる。
文政七	一八二四	隠居した斉広が風俗矯正のための「御教諭」を始めるが、この年に死去する。
文政十	一八二七	斉泰、将軍徳川家斉娘の溶と婚姻する。
嘉永六	一八五三	斉泰、海防を理由に能登巡見をおこなう。
文久三	一八六三	斉泰、将軍徳川家茂の上洛に供奉する。百姓・町人等を兵卒とする銃卒制度を実施する。
元治元	一八六四	世嗣慶寧が上洛し京都警衛を命じられるが、禁門の変で無許可退京したために謹慎となる。
慶応二	一八六六	慶寧、十四代当主となる。
慶応三	一八六七	卯辰山に福祉施設などが開かれる。／大政奉還、慶寧が上洛する。
明治元	一八六八	戊辰戦争が始まると徳川家支援を断念して勤王を宣言、北越戦争に参加する。
明治二	一八六九	版籍奉還により金沢藩となり、慶寧は金沢藩知事となる。
明治四	一八七一	廃藩置県により金沢県が置かれる。

あとがき

拙著『加賀藩の明治維新』を刊行したのが二〇一九年六月であり、その後しばらくしてから野口朋隆氏とやりとりをするなかで本巻の執筆が決まったと記憶している。問題は「家」という視点を活かすために、どのような構成で書き進めていくかであったが、いつごろからか、私の中では前田利家に言及しなければとの思いが芽生えていた（今となっては、自分でそう考えたのか、打診があったのか記憶が曖昧になっている）。その場合、自身の専門である幕末維新期といかに結びつけながら論じられるかを考えたが、それについては以前から関心があった藩祖顕彰と幕末の政治運動に絡めてまとめることができた（第一章）。ただし、それのみでは内容も分量も不足することが想定されたため、悩んだ挙げ句、歴代当主の足跡を追いながらまとめるという決断に至ったが、すでに『金沢市史』という優れた通史がある以上、それと同じではいけないと考え、本巻では市史刊行後に出された研究成果をできるだけ盛り込んでいくことを意識して執筆することにした。この地域では、加能地域史研究会・北陸史学会・加賀藩研究ネットワークなどの研究会が活発に活動し、この二十年にかぎっても多くの研究成果が出されており、さらに新出史料も積極的に整理・公開されるなかで、県外の方々にも研究しやすい環境が整っていき、現在では加賀藩および前田家の研究は活況を呈している。

そうなると、膨大な研究成果や貴重な史料群について、私がどれだけ読み込んで評価できるのかということが問われることになったが、コロナ禍で行動が大きく制限される世の中にあって勤務先が金沢市立玉川図書館近世史料館であったことが大きなメリットになった。加賀藩や前田家を研究する場合、ほとんどの方が利用する加越能文庫はもちろんのこと、その他にも多くの史料を収蔵する施設であり、それらを常に閲覧できたことは何より幸いであった。また、加賀藩や前田家に関する（研究および史料の）情報が自然と集まってくる環境であるため、働いているだけで知識が蓄えられたことも、幕末維新期を専門とする私にとって大きな学びに繋がっていった（私自身、大学で近世ゼミに所属していたことも基礎になっている）。そして、デジタルアーカイブやオープンデータが推進され、他施設の史料情報へ容易にアクセスすることができるようになったことも、研究を進める上で大きな後押しになった。

しかし、いざ執筆に向けて作業を進めてみると、膨大な研究成果に圧倒され、あまり目にしてこなかった史料とも向き合うなど、困難な作業が続き、生来の気質も相俟って先延ばしになったりもしたが、編集部から激励をいただきながら何とか進めることができた。執筆にあたり留意した点としては、①どのような新しい成果が出されているか、それは従来の研究とはどう異なるのか、②見解が異なる場合は、何がポイントになっているか、という点について、自分なりに理解し、評価することであった。今回、それがどれだけ達成できているかについては、読者の皆さまに評価を委ねたいと考えている。

また、今回の執筆に際して、思いがけない経験となったのは、宮間純一氏の共同研究に参加できたことである（科学研究費助成金・基盤Ｂ「地域社会史の視座に立った旧藩社会の総合的研究―「旧藩地域社会論」をめざして―」）。近代における大名華族家の分析は、私自身の視野をさらに近代へと本格的に広げる契機となったが、この研究によって公益財団法人前田育徳会に足を運ぶことが叶い、ご厚意により近代史料を閲覧できたことは本当に大きな成果であった。まだまだ読むべき史料は膨大にあるが、これまで閲覧したことのない史料を目にすることができ、年甲斐もなく気持ちが高まったのを覚えている。第六章において、前田家は「将軍の藩屏」から「天子の藩屏」、そして「皇室の藩屏」へと変遷していったと指摘したが、それはスタートラインのひとつに過ぎず、今後も継続調査が不可欠であると考える。

さて、本巻の執筆にあたっては勤務先の小西昌志・小酒井達也の両氏にたいへんお世話になった。ときに仕事上の戦力にならず、現在進行形でご迷惑をおかけしており、この場を借りてお詫び申し上げる。あわせて、内容の確認などをお願いした方々にも、お力添えをいただいたことを御礼申し上げたい。また、前著のときと同じく、妻にも感謝したい。とかく気が散漫になりがちな私を日々支えてくれたことは有り難かった。そして、にゅうた（モルモット）には感謝してもしきれない。ときに鬱屈した気分にもなるような日もあるなか、私にはとても大きな存在で、愛情過多のため何度指を噛まれたかわからないが、毎日のコミュニケーションが本当に活力になった。昨年末、長い闘病生活の末に他界してしまったが、日々思いを馳せている。

最後に、自分への戒めでもあるが、史料館にとって史料の収集・整理・公開は責務である。勤務先の所蔵史料に関するデジタルアーカイブやオープンデータの推進については私が主に担当しており、自身の業務如何で多くの方々の研究に影響を与えることになる。今回、執筆の過程であらためてそれを実感したが、そのやりがいと怖さを感じながら今後も業務に取り組み、多くの方々に史料を閲覧してもらえるよう努めていく所存である。

末尾になるが、今回執筆する機会をいただいた、企画編集委員の野口朋隆氏と兼平賢治氏に心より感謝申し上げ、ここで擱筆することにしたい。

二〇二三年六月

宮下和幸

著者略歴

一九七五年、石川県に生まれる
一九九八年、埼玉大学教養学部卒業
二〇〇七年、金沢大学大学院社会環境科学研究科博士課程修了、博士（文学）
現在、金沢市立玉川図書館近世史料館学芸員

〔主要著書・論文〕

『加賀藩の明治維新―新しい藩研究の視座　政治意思決定と「藩公議」―』（有志舎、二〇一九年）
「「勤王」が地域にもたらしたもの―近代における「旧藩」の編纂事業とその叙述―」（加賀藩研究ネットワーク編『加賀藩政治史研究と史料』岩田書院、二〇二〇年）
「幕末期加賀藩における京都警衛の特質」（木越隆三編『加賀藩研究を切り拓くⅡ』桂書房、二〇二二年）
「幕末政治史と藩研究―特集　幕末史研究入門」（『歴史評論』八七五号、二〇二三年）

家からみる江戸大名
前田家　加賀藩

二〇二三年（令和五）八月一日　第一刷発行

著者　宮《みや》下《した》和《かず》幸《ゆき》
発行者　吉川道郎
発行所　株式会社　吉川弘文館
郵便番号一一三―〇〇三三
東京都文京区本郷七丁目二番八号
電話〇三―三八一三―九一五一〈代〉
振替口座〇〇一〇〇―五―二四四番
http://www.yoshikawa-k.co.jp/

印刷＝株式会社 三秀舎
製本＝誠製本株式会社
装幀＝河村　誠

ISBN978-4-642-06880-2

家からみる
江戸大名

徳川将軍家　総論編　野口朋隆著　＊

南部家　盛岡藩　兼平賢治著　＊

井伊家　彦根藩　野田浩子著　＊

毛利家　萩藩　根本みなみ著　＊

前田家　加賀藩　宮下和幸著　＊

伊達家　仙台藩　J・F・モリス著

島津家　薩摩藩　佐藤宏之著

各2200円（価格は税別）　＊は既刊

吉川弘文館